ISA-Jahrbuch zur Sozialen Arbeit

ISA-Jahrbuch zur Sozialen Arbeit 2008

Herausgegeben vom
Institut für soziale Arbeit e.V.

Redaktion
Katharina Groß, Eva Lindner,
Dagmar Schulze-Oben,
Ute Projahn

Waxmann 2008
Münster / New York / München / Berlin

Institut für
soziale Arbeit e.V.
Studtstraße 20
48149 Münster
Fon + 49 251 92536-0
www.isa-muenster.de

Bibliografische Information der Deutschen Bibliothek
Die Deutsche Bibliothek verzeichnet diese Publikation in der
Deutschen Nationalbibliografie; detaillierte bibliografische
Daten sind im Internet über http://dnb.d-nb.de abrufbar.

ISBN 978-3-8309-2091-5

© Waxmann Verlag GmbH, 2008
Postfach 8603, D-48046 Münster

www.waxmann.com
info@waxmann.com

Umschlag: KJM Werbeagentur, Münster
Titelfoto mit freundlicher Genehmigung der DKJS Deutsche Kinder- und
Jugendstiftung gGmbH, Tempelhofer Ufer 11, 10963 Berlin
Satz: Stoddart Satz- und Layoutservice, Münster
Druck: Griebsch & Rochel, Hamm
Gedruckt auf alterungsbeständigem Papier,
säurefrei gemäß ISO 9706

Alle Rechte vorbehalten
Printed in Germany

Inhalt

Katharina Groß, Eva Lindner,
Dagmar Schulze-Oben und Ute Projahn
Vorwort 7

Frühe Kindheit und Familie

Gregor Hensen und Stephan Rietmann
Entwicklungspsychologische Hinweise und methodische Zugänge
für die Gestaltung Früher Hilfen 14

Pascal Bastian, Eva Lindner, Dirk Nüsken und Britta Sievers
Elternbriefe in Nordrhein-Westfalen
Zusammenfassung der wissenschaftlichen Analyse für das
Ministerium für Generationen, Familie, Frauen und Integration
des Landes Nordrhein-Westfalen 34

Ursula Peveling
Neue Formen aufsuchender Elternarbeit 61

Jugendhilfe und Ganztagsschule

Uwe Schulz und Stephan Maykus
Für das Arbeitsfeld Ganztagsschule qualifizieren:
Multiplikator/inn/enschulung und Transfernetzwerke 80

Eva Christina Stuckstätte
Schulsozialarbeit als Bindeglied zwischen Schule und
Jugendhilfe im Ganztag 108

Manfred Grimm und Ulrich Deinet
Sozialraumorientierung macht Schule 121

Erziehungshilfen und Jugendsozialarbeit

Dirk Nüsken und Bernd Seidenstücker
Der empirisch informierte Professionelle:
Ein Beispiel zur wirkungsorientierten Qualifizierung der
Erziehungshilfen durch evidenzbasierte Professionalität 141

Désirée Frese
Präventionsmaßnahmen gegen häusliche Gewalt im
Bereich Schule – Aktivitäten der Bundesländer 163

Katharina Groß
Die „insoweit erfahrene Fachkraft": Anlass, Hintergrund und
Gestaltung einer Fachberatung im Sinne des § 8a SGB VIII 177

Erwin Jordan und Dirk Nüsken
Kinderschutz in Nordrhein-Westfalen 199

Johannes Münder und Angela Smessaert
Zur Relevanz des Gesetzes zur Weiterentwicklung und
Verbesserung des Schutzes von Kindern und Jugendlichen
in Schleswig-Holstein 224

Dirk Nüsken
Das Institut für soziale Arbeit in den Jahren 2007/2008 240

Zu den Autorinnen und Autoren 261

Vorwort

Wie in den Jahren zuvor bietet das ISA-Jahrbuch vielfältige Einblicke in aktuelle Fragestellungen der Sozialen Arbeit, die aus Erkenntnissen von Forschungs- und Praxisentwicklungsprojekten des Instituts für soziale Arbeit aus dem Jahr 2008 resultieren.

Die einzelnen Beiträge greifen Fragen auf, stellen neue Forschungsergebnisse und Handlungskonzepte sowie Perspektiven der Kinder- und Jugendhilfe vor. Alle Beiträge zeichnen sich durch das Bemühen aus, Lösungswege für eine zukunftsweisende Entwicklung der Hilfen für Kinder, Jugendliche und ihre Familien zu finden. Hierbei spiegelt die Gliederung des Jahrbuches die drei Arbeitsbereiche des ISA wider:
- Frühe Kindheit und Familie
- Jugendhilfe und Ganztagsschule
- Erziehungshilfe und Jugendsozialarbeit.

Frühe Kindheit und Familie

Die Entwicklung von Frühen Hilfen und Sozialen Frühwarnsystemen war auch in dem vergangenen Jahr ein zentrales Anliegen des Arbeitsbereiches Frühe Kindheit und Familie. Gregor Hensen und Stephan Rietmann stellen in ihrem Artikel Grundlagen für die Initiierung und die Koordinierung von Frühen Hilfen dar. Sie beziehen sich zum einen auf die Notwendigkeit eines einheitlichen fachlichen Grundverständnisses hinsichtlich kindlicher Entwicklungsverläufe. Dafür wird die Bindungstheorie von ihnen als wissenschaftlich fundierter Rahmen beschrieben, der über alle fachlichen Grenzen hinweg als gleichsam bedeutend eingeschätzt wird. Andererseits gehen sie auf organisationsspezifische Hindernisse der fachlichen Kommunikation ein und stellen methodische Zugänge vor. Hierbei wird vor allem die Interessenanalyse beschrieben, mit deren Hilfe disziplinbezogene Kooperationshindernisse überwunden werden können. Die Interessenanalyse liefert weiter die Grundlage für den Aufbau von Netzwerken Früher Hilfen, in dem alle teilnehmenden Partner in gleicher Weise beteiligt werden.

Ebenfalls dem Arbeitsbereich Frühe Kindheit und Familie zuzuordnen ist eine empirische Untersuchung zum Thema Eltern- und Familienbildung. Das ISA hat im Auftrag des Ministeriums für Generationen, Familie, Frauen und Integration des Landes Nordrhein-Westfalen eine Analyse der deutschsprachigen Elternbriefe durchgeführt. Pascal Bastian, Eva Lindner, Dirk Nüsken und Britta Sievers haben sich mit unterschiedlichen Teilaspekten befasst und die Ergebnisse des Abschlussberichts hier in Kurzform dargestellt. Zunächst werden die vier Elternbriefe, die von verschiedenen Anbietern auch in unterschiedlichen Regionen Deutschlands bzw. der Schweiz vertrieben werden, vorgestellt. Von besonderem Interesse für den Auftraggeber war die Analyse der Vertriebswege, d.h. wie und von wem Eltern die Briefe erhalten. Darüber hinaus wurden die Leserinnen und Leser der Briefe auch direkt über Inhalte und den eingeschätzten persönlichen Nutzen befragt. Ein ganz wichtiger Teil der gesamten Untersuchung besteht in der Prüfung internationaler Elternbriefe im Vergleich zu den deutschsprachigen. Insgesamt konnte diese Untersuchung den überaus positiven Nutzen der Elternbriefe aus Elternsicht zeigen und sie als eine Methode der Elternbildung, die auch sinnvoller Bestandteil von aufsuchenden Kontakten zu Familien (also Früher Hilfen) sein können, vorstellen.

Ursula Peveling wendet sich in ihrem Beitrag „Neue Formen der aufsuchenden Elternarbeit" zunächst den vertrauten Formen der Elternarbeit zu, die eher Komm-Strukturen aufweisen. Dabei kann es sich um Kooperationsformen handeln, in denen Eltern mit Fachkräften zusammenarbeiten, aber auch um Beratungsansätze oder therapeutische Interventionen.
Die aufsuchende Elternarbeit zeichnet sich dagegen durch eine Geh-Struktur aus. Diese Methode ist vor allem für die Familien hilfreich, die von sich aus keine Hilfen annehmen würden. Dabei kann es sich um Hausbesuche oder aber auch um aufsuchende Hilfen nach der Geburt eines Kindes handeln. Später kann die Kindertagesstätte zu einem Ort der Begegnung zwischen Eltern und Fachkräften werden. Ebenso werden Hausbesuchsprogramme, die therapeutische Familieninterventionen enthalten können sowie die Grenzen der aufsuchenden Elternarbeit beschrieben. Insbesondere schwer belastete Familien lassen sich nur dann beraten, wenn sie Vertrauen zur Helfen wollenden Seite aufbauen

können. Denn es besteht kein Zweifel: Auch aufsuchende Elternarbeit hat einen Kontrollaspekt!

Jugendhilfe und Ganztagsschule

Stephan Maykus und Uwe Schulz sind die Autoren des ersten Beitrages zum Thema Jugendhilfe und Schule. Ihr Thema lautet „Für das Arbeitsfeld Ganztagsschule qualifizieren: Multiplikatorenschulung und Transfernetzwerke". Die Bedeutung und Notwendigkeit des quantitativen Ausbaus von Ganztagsschulen ist in vielen Bundesländern bildungs- und gesellschaftspolitisch zunehmend unbestritten. Die zahlenmäßige Erweiterung des Angebotes an unterschiedlichen Schulformen alleine reicht aber nicht aus. Im Interesse der Schülerinnen und Schüler ist der tatsächliche Erfolg der Ganztagsschule in entscheidendem Maße von der Qualität der Bildungs-, Erziehungs- und Betreuungsprozesse und der Professionalität der in Ganztagsschulen tätigen Personen abhängig. In dem vorliegenden Beitrag von Uwe Schulz und Stephan Maykus geht es daher primär um die Frage der Vermittlung der im Verbundprojekt „Lernen für den GanzTag" entwickelten Projektelemente und Fortbildungsmodule. Diese Fragestellung wird unter drei Perspektiven bearbeitet. Die Ausführungen basieren auf den Ergebnissen umfangreicher systematischer Prozessanalysen und auf praxisorientierte Erfahrungswerte aus den beteiligten Bundesländern.

Eva Christina Stuckstätte setzt sich in ihrem Artikel umfassend mit den Ergebnissen einer Studie zur Rolle der Schulsozialarbeit im Aufbau der Ganztagsschulen in der Sekundarstufe I am Beispiel der gebundenen Ganztagshauptschulen in Nordrhein-Westfalen auseinander.
Eine gelingende Ganztagsschule versteht sich nicht nur als Lern-, sondern auch als Lebensort für Kinder. Zunehmend setzt sich auch bildungs- und sozialpolitisch durch, dass Schule und Jugendhilfe gleichermaßen die Verantwortung dafür tragen. Einen wesentlichen Beitrag im Bereich der Jugendhilfe leistet die Schulsozialarbeit, insbesondere dort, wo Schülerinnen und Schüler einen erhöhten Förderbedarf aufgrund vielschichtiger Probleme aufweisen. Mit Bezug auf entsprechende Studien weist Eva Christina Stuckstätte allerdings eingangs darauf hin, dass die

Implementierung sozialpädagogischer Arbeitsansätze in den Schulalltag bisher häufig nicht in dem erwünschten Maße gelungen ist.

Welche neuen Möglichkeiten der Einführung sozialpädagogischer Arbeitsansätze ergeben sich durch die aktuelle Ganztagsschulentwicklung? Im Kontext damit ging die Serviceagentur „Ganztägig lernen" im Rahmen einer qualitativen Studie der Frage nach, ob und wie die fachlichen Ressourcen der Schulsozialarbeit in diesem Prozess genutzt werden. Anhand ausgewählter Ergebnisse wird der aktuelle Sachstand dargestellt sowie Probleme und „gelungene Beispiele" beschrieben. Unter der Überschrift „Ausblick – was ist zu tun?" formuliert Eva Christina Stuckstätte abschließend Voraussetzungen und Anforderungen an eine zukunftsorientierte Weiterentwicklung der Implementierung von Schulsozialarbeit in Schulen nicht nur aus fachlicher, sondern auch aus fachpolitischer Sicht.

Kinder- und Jugendhilfe findet nicht im luftleeren Raum statt, sondern hat laut SGB VIII „…das engere soziale Umfeld des Kindes oder des Jugendlichen ein(zu)beziehen" (§ 27 Abs. 2 SGB VIII) sowie darüber hinaus dafür zu sorgen, dass „junge Menschen und Familien in gefährdeten Lebens- und Wohnbereichen besonders gefördert werden" (§ 80 Abs. 2 SGB VIII). Daher hat die Sozialraumorientierung nicht nur als Gütesiegelkriterium in Kindertagesstätten beziehungsweise Familienzentren Relevanz, sondern eine mindest gleichwertige Bedeutung im Bereich der Schule unter dem Stichwort „Öffnung von Schule". Die Welt der Schülerinnen und Schüler, in der sie leben und die sie umgibt, ist ein großer Einflussfaktor für Verhaltens- und Denkweisen, die sich im Unterricht widerspiegeln. Die Autoren Manfred Grimm und Ulrich Deinet stellen in ihrem Artikel Methoden sozialräumlich orientierter Lebensweltanalysen vor und beschreiben detailliert, wie man diese im Unterricht mit den Schülerinnen und Schülern gemeinsam planen und durchführen kann. Sie beschreiben insgesamt fünf unterschiedliche Methoden, dokumentieren diese mit Erfahrungsberichten und Fotografien aus den Projekten und nehmen sowohl inhaltliche als auch methodische Auswertungen vor. Nicht nur die Schülerinnen und Schüler, sondern auch das Lehrpersonal haben durch den Einsatz von sozialräumlichen Analysemethoden einen Erkenntnisgewinn über die Lebenswelten in und um Schule.

Erziehungshilfen und Jugendsozialarbeit

Der Bedeutung der Ergebnisse von Wirkungsforschung für die Erbringung sozialer Dienstleistungen in der Praxis widmen sich Dirk Nüsken und Bernd Seidenstücker in ihrem Beitrag „Der empirisch informierte Professionelle – Ein Beispiel zur wirkungsorientierten Qualifizierung der Erziehungshilfen durch evidenzbasierten Professionalismus". Zentraler Rahmen dieses Beitrages sind die Fragen nach den Möglichkeiten zur Gestaltung und Steuerung einer wirksamen Kinder- und Jugendhilfe und die bisherigen Entwicklungen im Kontext des Bundesmodellprogramms „Wirkungsorientierte Jugendhilfe". Aus Sicht der Autoren ist es zentraler Anspruch einer wirkungsorientierten Steuerung individuelle und gesellschaftliche Nutzwerte in optimaler Form, oder zumindest besser als bisher, sicher zu stellen. Eben jene Nutzwerte und die dazu förderlichen Variablen bilden den Anknüpfungspunkt für den vorliegenden Beitrag, der die Idee des evidenzbasierten Professionalismus, wie sie von Otto und Schrödter/Ziegler in Auswertung zahlreicher englischsprachiger empirischer Studien vertreten wird, aufgreift. Im Mittelpunkt steht dabei die Frage nach der Verknüpfung von empirischer Erkenntnis und Praxisgestaltung auf prinzipieller Ebene und ihrer möglichen Umsetzung im Bereich der Hilfen zur Erziehung.

Désirée Frese beschreibt in ihrem Artikel „Präventionsmaßnahmen gegen häusliche Gewalt im Bereich Schule – Aktivitäten der Bundesländer" ihre Recherche und kommt dabei zu interessanten Ergebnissen. Vor dem Hintergrund der unstrittigen Erkenntnis, dass Schule ein wichtiger sozialer Ort für Kinder und Jugendliche ist, stellt sie fest, dass in der Mehrzahl der Bundesländer eine rechtliche Verbindlichkeit für Schulen zur Kooperation mit Jugendhilfe, Polizei und Familiengerichten noch fehlt. Zwar wird das Thema „Häusliche Gewalt" in einigen Bundesländern aktiv in das schulische Erleben einbezogen, so z. B. bei der Lehrerfortbildung oder in schulischen Projekten. Es gibt aber auch noch einige Bundesländer, in denen der Umgang mit „Häuslicher Gewalt" den Institutionen vorbehalten bleibt, die sich schon immer damit auseinandersetzen mussten. Hier wäre es wünschenswert, wenn sie sich der beschriebenen gelungenen Kooperationsbeziehungen zwischen Schule, Jugendhilfe, Polizei und Familiengerichten annehmen könnten. Schule darf nicht mehr länger als reiner „Lernort" verstanden werden, sondern immer mehr als „Lebensort" für Kinder und Jugendliche.

Durch die seit einigen Monaten besonders intensiv verlaufende Diskussion zum Schutz von Kindern sah sich Schleswig-Holstein als eines der ersten Bundesländer zu einer eigenen Landes-Kinderschutzgesetzinitiative veranlasst. Der Beitrag von Johannes Münder und Angela Smessart „Zur Relevanz des Gesetzes zur Weiterentwicklung und Verbesserung des Schutzes von Kindern und Jugendlichen in Schleswig-Holstein" geht neben der Darstellung der beschlossenen Regelungen der Frage nach, ob es sinnvoll und notwendig ist, die vorgesehenen Bereiche auf gesetzlicher Grundlage zu normieren und betonen den stringent an einer sozialpädagogischen Orientierung festgehaltenen Geist des Gesetzes.

Zwar mit keinem Kinderschutzgesetz auf Landesebene, sondern vielmehr mit den Fragen nach den Ursachen von Kindeswohlgefährdung, ihrer öffentlichen Wahrnehmung und tatsächlichen Fallentwicklung in Nordrhein-Westfalen beschäftigen sich Erwin Jordan und Dirk Nüsken in ihrem Beitrag „Kinderschutz in Nordrhein-Westfalen". Fragen des Datenschutzes, die Ausgestaltung des staatlichen Wächteramtes, die vorliegenden Erfahrungen in der Umsetzung des § 8a SGB VIII sowie Empfehlungen für politische Aktivitäten zum Kinderschutz werden thematisiert. Weiten Raum nehmen die Fragen nach Hilfsmaßnahmen für Familien ein, die neben Sozialen Frühwarnsystemen vor allem die Erziehungsfähigkeit der Eltern stärken, Bildung und Beratung umfassen und Familien insgesamt unterstützen wollen.

Im Zuge eines konkretisierten Kinderschutzauftrages für Einrichtungen und Dienste freier Träger der Kinder- und Jugendhilfe, schuf der Gesetzgeber mit § 8a Abs. 2 SGB VIII die neue juristische Figur der „insoweit erfahrenen Fachkraft". Drei Jahre nach Inkrafttreten des § 8a SGB VIII sind noch viele Aspekte im Hinblick auf die Aufgaben und Rolle der „insoweit erfahrenen Fachkraft" ungeklärt. Der Beitrag von Katharina Groß „Die ‚insoweit erfahrene Fachkraft': Anlass, Hintergrund und Gestaltung einer Fachberatung im Sinne des § 8a SGB VIII" greift diesbezüglich häufig gestellte Fragen auf und bietet einen guten Überblick über die derzeit diskutierten Praxisempfehlungen. Dabei nimmt Katharina Groß insbesondere den Auftrag und die fachliche Verantwortung im Rahmen einer Fachberatung nach § 8a Abs. 2 SGB VIII in den Blick, stellt verschiedene Rollenmodelle der „insoweit erfahrenen Fachkraft" vor und bietet Empfehlungen im Hinblick auf die Regelung der Kostentragung sowie die Anforderungen an die Qualifikation der „insoweit erfahrenen Fachkraft".

Zu Guter letzt bietet Dirk Nüsken wiederum einen Überblick über die Entwicklung der Arbeitsbereiche und Schwerpunktthemen des ISA in den Jahren 2007 und 2008.

Ad multos annos – auf viele weitere Jahre! In diesem Sinne wünschen wir unseren Leserinnen und Lesern eine anregende Lektüre.

Münster, im Oktober 2008
Katharina Groß, Eva Lindner, Dagmar Schulze-Oben, Ute Projahn

Entwicklungspsychologische Hinweise und methodische Zugänge für die Gestaltung Früher Hilfen

Gregor Hensen und Stephan Rietmann

Frühe Hilfen und Soziale Frühwarnsysteme sollen frühzeitig riskante Entwicklungen erkennen und bearbeiten, einer Verfestigung dieser Problemlagen entgegen wirken und dazu Fachsystemen Zugänge zu Kindern und Familien ermöglichen. Um diesem Anspruch in der Praxis gerecht zu werden, sind eine Fundierung des fachlichen Handlungsansatzes und tragfähige Kooperationsmodelle nötig.

In diesem Beitrag befassen wir uns mit der fachlichen Dimension und der kooperativen Dimension des methodischen Zugangs zu Frühen Hilfen. Beide Betrachtungsperspektiven erscheinen gleichermaßen relevant, weil Netzwerke – z. B. Akteure aus den Bereichen des Gesundheitssystems und der Jugendhilfe – zunächst ein gemeinsames Verständnis gelungener und riskanter Entwicklungen benötigen. Ferner ist in jedem Netzwerk zu klären, wie einerseits die aus funktionaler Differenzierung resultierende Komplexität und andererseits die Dynamik von Kooperation und Konkurrenz zielorientiert gestaltet werden können.

Als erstes möchten wir den Nutzen eines geteilten fachlichen Verständnisses betrachten. Wir sehen entwicklungspsychologische Befunde als bedeutsam für Frühe Hilfen an, wobei uns die Bindungstheorie als Schlüsseltheorie erscheint. Aus der Bindungstheorie werden über beobachtbares Verhalten längsschnittlich relevante Bindungs- und Verhaltensstile ableitbar, die für den Aufbau Früher Hilfen grundlegend sind. Besondere Aufmerksamkeit für die interdisziplinäre Zusammenarbeit verdient diese Theorie auch deswegen, weil sie als *shared value* im medizinischen, psychologischen und pädagogischen Kontext gleichermaßen anerkannt ist. Dies macht sie anschlussfähig an eine gemeinsame Praxis. Im folgenden Schritt betrachten wir die Frage, wie Netzwerkbildung zum Nutzen von Kindern und Familien gelingen kann. Dazu nehmen wir die besonderen organisationalen und methodischen Bedingungen, Handlungslogiken und Problem erzeugenden Spezifizierungen in den Blick. Mit der Interessenanalyse stellen wir ein bewährtes Modell dialogischer Projektentwicklung vor.

1. Weshalb ist Entwicklungspsychologie für Frühe Hilfen bedeutsam?

Mit Blick auf das Kindeswohl sind entwicklungspsychologische und insbesondere bindungstheoretische ausgerichtete Grundlagen von hohem Interesse. Es liegt eine Vielzahl praxisrelevanter Arbeiten vor (z. B. Bowlby & Ainsworth 2001, Papoušek 2001, Grossmann & Grossmann 2003, Suess, Scheurer-Englisch, & Pfeifer 2001), die nicht isoliert das Kind, sondern vorwiegend das Familiensystem, zumeist spezifiziert als Mutter-Kind- oder Vater-Kind-Dyade, als relevante soziale Einheit in den Mittelpunkt stellen. Entwicklungspsychologische Arbeiten liefern für die Praxis Früher Hilfen vielfältige Hinweise und benennen auch Risikofaktoren für Kindeswohlgefährdungen, wie an drei ausgewählten empirischen Ergebnissen exemplarisch deutlich wird:

1. Als ein mit Abstand bedeutsamer Risikofaktor für sexuelle und körperliche Misshandlung von vorpubertären Kindern ist – kulturunabhängig betrachtet – die fehlende genetische Verwandtschaft eines Kindes zu seinem erwachsenen männlichen Erziehungsberechtigten zu nennen (Kanada, England, Wales und Schweden: Daly & Wilson 1988, 1994, 2001; BRD: Engfer 1996).
2. In der Kinderschutzpraxis erfolgt häufig eine undifferenzierte Betrachtung der Eltern, ohne zu berücksichtigen, ob von Vätern oder Müttern die Rede ist. Während beispielsweise für eine Mutter die Beziehung zu ihrem Partner keinerlei Einfluss auf die Beziehung zu ihren Kindern hat, kümmern sich Väter umso engagierter um ihre Kinder, je intakter die Beziehung zu deren Mutter ist (Snarey 1993).

3. Bezogen auf das Erziehungsverhalten geben bereits Studien (hier: Berkeley-Growth-Studie) aus den 1970er Jahren übereinstimmend Auskunft über sozioökonomische Einflüsse (vgl. Bayley & Schaefer 1972). So zeigen Mütter und Väter aus sozioökonomischen benachteiligten Bevölkerungsgruppen bei der Erziehung ihrer Kinder ein Verhalten, bei dem sie stärker Kontrolle ausüben, reizbarer sind und verstärkt mit Strafen reagieren. Mit Zunahme des sozioökonomischen Status verändert sich dieses Verhalten, es wird bejahender, verständnisvoller und wärmer. Diese Tendenz zeigt sich vor allem während der ersten drei Lebensjahre.

Die Bedeutung der Bindung

Die Befassung mit entwicklungspsychologischen Befunden lohnt, weil sich daraus fruchtbare Hinweise für die Fundierung von Prävention ergeben. Die Bindungstheorie geht zurück auf Arbeiten des Kinderarztes und Psychoanalytikers John Bowlby, der in den 1950er Jahren Forschung zu Entwicklungsschäden begonnen hat, die Kinder in Kinderheimen und Institutionen erleiden. Dabei hat er gemeinsam mit der Bindungsforscherin Mary Ainsworth empirisch fundierte Grundprinzipien aufgezeigt, die wegweisende und umwälzende Veränderungen in entwicklungspsychologischer Forschung und der Praxis herbeigeführt haben. Grundlagentexte der Bindungsforschung und klinisch bedeutsame Grundlagen finden sich beispielsweise bei Grossmann & Grossmann (2003). Interessante Anwendungen finden sich bei Brisch (2003). Die Bindungsforschung und die sich daraus resultierenden Implikationen haben die Phase der Grundlagenforschung inzwischen hinter sich gelassen und können bereits seit längerer Zeit auch im Kontext der Jugendhilfe eine breite fachwissenschaftliche Rezeption aufweisen (vgl. bspw. Ziegenhain 2001; Krappmann 2001).

Für die Praxis ist von Bedeutung, dass die Bindungstheorie innerhalb eines plausiblen theoretischen Erklärungsrahmens verhaltensnahe und damit beobachtbare Interaktionsdaten liefert. In der Bindungstheorie wird Interaktionsqualität zwischen Eltern und Kindern im Sinne von Bindungsqualität beschrieben, für die Längsschnittstudien positive kindliche Entwicklungsverläufe belegen. Die Qualität der Interaktion zwischen Eltern und Kind wird beschrieben als sog. Bindungsqualität, die in Studien mehrfach positiv für die kindliche Entwicklung belegt wird (vgl. Egeland 2002). Elterliches und kindliches Verhalten wirken in dieser kontextualistischen Sicht wechselseitig aufeinander. Bindung bezeichnet die besondere Beziehung eines (Klein)-Kindes zu seinen Eltern oder beständigen Betreuungspersonen. Bindungsqualität wird als ein Merkmal betrachtet, das aufgrund frühkindlicher Erfahrungen erworben und gleichsam konstruiert wird („internal working model"). Frühe Bindungserfahrungen sind überdies die Grundlage für die Gestaltung zukünftiger sozialer Beziehungen des Kindes (vgl. Kreppner 1998) und bedeutsam für ihre Persönlichkeitsentwicklung im Rahmen von Sozialisationsprozessen (vgl. Zimmermann 2006).

Bindungstheoretisch ausgerichtete Forschung versteht die Herstellung und Lösung affektiver Bindungen in der Tradition ihres Begründers John Bowlby als zentrale menschliche Lebensaufgabe (Bowlby 1980) und beschreibt Kriterien entwicklungsförderlicher Elternschaft. Von Bedeutung für Bindungsentwicklung sind kindliche Verhaltensweisen zur Stimulierung des intuitiven Elternprogrammes (siehe z.B. Papoušek 2001) sowie prompt und zeitnah zur kindlichen Bedürfnisäußerung eintretende elterliche Verhaltensreaktionen. Diese lassen sich mit den Begriffen Sensitivität und Responsivität als Merkmale positiv auf kleine Kinder wirkender Elternschaft umschreiben. Dazu gehört die elterliche Wahrnehmung kindlicher Verhaltensweisen in dem Sinne, dass Eltern ihre Kinder aufmerksam im Blick haben. Zudem erfordert kompetente Elternschaft die richtige Interpretation und Deutung der Äußerungen des Kindes und zwar nach Lage des Kindes und nicht nach den Bedürfnissen der Eltern. Insbesondere für Säuglinge ist eine prompte, zeitnahe elterliche Reaktion von Bedeutung, damit diese eine Verbindung zwischen ihrem Verhalten und einem spannungsreduzierenden Effekt der elterlichen Handlung herstellen können. Dies vermittelt erste Gefühle eigener Selbstwirksamkeit und Effektivität im Gegensatz zu Erfahrungen von Hilflosigkeit. Schließlich betont die Bindungstheorie die Bedeutung einer angemessenen Reaktion, die nicht mehr enthalten soll, als was vom Säugling oder Kind verlangt wurde und die im Einklang mit seinen Entwicklungsprozessen steht (vgl. Berk 2005).

Vor diesem Hintergrund werden in dem so genannten Fremde-Situations-Test, der auf Ainsworth (siehe oben) zurückgeht, beobachtbare Bindungsstile beschrieben. Dabei werden kindliche Reaktionen in einer experimentell herbeigeführten Trennungssituation von Kind und Mutter zu Bindungsstilen klassifiziert:

- Sicher gebundene Kinder können ihre Unsicherheit direkt und unverfälscht der Bindungsperson mitteilen und sich Zuwendung holen, die sie brauchen. Sie fallen durch direkte Kommunikation und kompetenten, beziehungsorientierten Zurückgriff auf den Beziehungspartner auf. 60% der Kinder in den meisten Kulturen gehören zu dieser Gruppe.
- Unsicher vermeidend gebundene Kinder zeigen insgesamt weniger Verunsicherung während der Trennungssituation und fallen durch aktives Vermeiden der Bindungsperson bei Wiedereintritt auf. Sie erscheinen besonders „cool", sind jedoch während der Trennungsphasen angespannt und bezüglich verschiedener Parameter psychophysiologisch deutlich erregt. Dem liegt nach Erkenntnissen der Entwicklungspsychologie zugrunde, dass Bindungspersonen in Phasen der Unsicherheit nicht für sie da waren. Um keine Zurückweisung erleben zu müssen, werden negative Gefühle versteckt. Etwa ein Drittel der Kinder gehören in diese Gruppe.
- Ambivalent gebundene Kinder können den Beziehungspersonen ihre negativen Gefühle direkt mitteilen. Sie zeigen ihr Gefühl unverfälscht und wirken bei an Beziehungspersonen gestellten Anforderungen, als wüssten sie nicht, was sie wollen (z. B. auf den Arm wollen und kaum oben, wieder runter wollen). Man findet als Erfahrungshintergrund elterliche Bindungspersonen, die sich den kindlichen Signalen gegenüber höchst schwankend verhalten.
- Desorganisiertes bzw. desorientiertes Bindungsverhalten vermittelt sich durch unverständlich erscheinende Verhaltensweisen (z. B. Schreien bei Wiedereintritt, sich zu Boden werfen, konfligierende Verhaltensweisen). Erfahrungshintergrund sind oftmals Misshandlung, Gewalterfahrung oder psychisch erkrankte Eltern.

Mit diesen Bindungsstilen sind gleichsam Ressourcen und Risikofaktoren benannt, die sich auf die kindliche Entwicklung auswirken und von längsschnittlicher Bedeutung im Lebenslauf sind. Die Entwicklung der Bindung hat für das Kind eine Schutzfunktion und reguliert das kindliche Verhalten, was besonders in riskanten und unsicheren Situationen relevant wird. Sicheres Bindungsverhalten führt dazu, dass das Kind bei Unsicherheiten sein Verhalten auf die Mutter richtet und direkten Kontakt sucht (vgl. Ahnert 2005). Die Mutter wird von dem Kind als sichere und schützende Basis wahrgenommen, sie wiederum bestätigt durch ihr Verhalten (Trost, Körperkontakt, Zuwendung) die Beziehung und Bindung. Unsicher gebundene Kinder zeigen dagegen teilweise Verhaltensweisen, mit denen sie den Kontakt zur Mutter bzw. Bindungsperson bei Zuwendung regelrecht vermeiden und so die Mutter in ihrer Schutz gebenden Funktion für das Kind nicht identifiziert wird. Obwohl es in der wissenschaftlichen Diskussion kein Konsens hinsichtlich eindeutiger entwicklungspsychologischer Konsequenzen besteht, werden desorganisierte Bindungsmuster, in denen die Bindungsperson eine Angst erzeugende Wirkung auf das Kind hat, übereinstimmend als entwicklungspsychopathologisch angesehen (Ahnert 2005, S. 21). Der Befund desorganisierten Bindungsverhaltens (auszugehen ist von einer quantitativen Verteilung von etwa 5% bis 10% der nordamerikanischen Kinder und etwa 5% der deutschen Kinder) dient demnach als Risikomarker, der im Zusammenspiel mit anderen Indikatoren und Verhaltensbeobachtungen eine mögliche und drohende Kindeswohlgefährdung beschreiben kann. Bindungsstile können insofern als Hinweisgeber fungieren (Berk 2005, S. 256).

Erst die Bindung, dann die Bildung

Das Primat der Bindung für eine erfolgreiche lebensgeschichtliche Entwicklung und Bildungsprozesse untermauert die herausragende Bedeutung der frühen Kindheit. Chasiotis (2008) weist aktuell auf die Ergebnisse des seit 1991 in den USA laufenden Langzeitprojektes der *Study of Early Child Care* des National Institute of Child Health and Human Development (NICHD) hin: „Ziel des aufwendigen Unternehmens war es bekanntlich herauszufinden, wie sich die Art der Betreuung in den ersten Lebensjahren auf die Entwicklung der Kinder und Jugendlichen auswirkt. Das meines Erachtens noch unzureichend gewürdigte Hauptergebnis dieser und ähnlicher Studien ist dabei der immer noch und weitgehend unabhängig von der Qualität der Krippenbetreuung vorhandene Einfluss der Eltern auf die Entwicklung des Kindes – also selbst wenn das Kind zehn Stunden am Tag außer Haus untergebracht wird." (ebd., S. 32) (...) Wenn eine sichere Bindung zu primären Bezugspersonen nicht gelingt, können wir wegen der entwicklungspsychopathologischen Folgen für unsicher gebundene Kinder unverblümt ausgedrückt deren Bildung auch vergessen. Wenn in späteren Jahren Leistung eingefordert werden soll, müsste also zunächst in die frühkindliche Bindung investiert werden." (Chasiotis 2008, S. 33). Die Bindung zwischen Kind und sorgenden Bezugspersonen verdient es also stärker in den Mittelpunkt der Diskussionen um Frühe Hilfen zu rücken.

Auf Grundlage dieser Erkenntnisse können frühe Beobachtungs- und Unterstützungssysteme ansetzen. Dabei spielt die Tagesbetreuung eine große Rolle, die im Dreiklang von Betreuung, Bildung und Erziehung die Möglichkeit hat, sowohl frühzeitig im Lebensalter individuell und breitenwirksam, bezogen auf die quantitative Erreichbarkeit der Zielgruppe der 0- bis 6-Jährigen (vgl. Lange & Schilling 2007), Hilfenetzwerke zu gestalten. Dabei hat die Bindungstheorie viele Missverständnisse ausräumen können, die vor allem in der Jugendhilfe diskutiert wurden, und zwar sowohl was die Rolle der biologischen Mutter betrifft (Krappmann 2001) als auch hinsichtlich der möglichen negativen Konsequenzen von Fremdunterbringung auf die Bindungsqualität im frühen Lebensalter: Es existieren keine Indizien dafür, so Dornes (1999), dass die Qualität oder die Quantität der Tagesbetreuung außerhalb der Herkunftsfamilie oder das Eintrittsalter des Kindes irgendeinen Effekt auf die Bindungsqualität mit der Mutter hat. Nur wenn die Mutter-Kind-Beziehung als wenig feinfühlig eingeschätzt wird, erhöht sich die Wahrscheinlichkeit einer unsicheren Bindung weiter, wenn a) die Qualität der außerfamilialen Betreuung schlecht ist, b) die Zahl der Betreuungsstunden hoch ist und das Unterbringungssetting oft wechselt. Die Ergebnisse besagen im Kern, dass die Qualität der Mutter-Kind-Beziehung eindrücklich die Bindungsqualität bestimmt, dass also die Familie und die Beziehungen innerhalb von Familien die Entwicklung eines Kindes stärker beeinflussen können als eine ganz- oder halbtägige Kindertagesbetreuung, unabhängig von der Qualität der Tagesbetreuung (ebd., S. 50). Im Rahmen einer institutionellen Tagesbetreuung kann vor allem *soziale Unterstützung* für das Kind, insbesondere hinsichtlich der Pflege und des Umgangs mit dem Kind, Stress reduzierend und auf die Bindungssicherheit förderlich wirken (Berk 2005, S. 262). Folgt man den Ausführungen von Chasiotis (2008), dann ist eine gute Bindungsqualität zwischen Kind und Mutter, gepaart mit einer qualitativen und fördernden Tagesbetreuung, eine entscheidende Grundlage für eine erfolgreiche Bildung und Entwicklung des Kindes.

Arrangements der Tagesbetreuung von Kindern (auch im frühen Lebensalter) befinden sich aktuell in ganz Deutschland in einem Entwicklungs- und Modernisierungsprozess (vgl. Rietmann & Hensen 2008a). Für diese Entwicklungen ist bedeutsam, dass die Beziehung des Kindes zu einer zugewandten Fremdperson zwar nicht die Mutter-Kind-Beziehung ersetzen kann, sie aber in der Lage ist, einen bedeutenden Schutzfaktor zu bilden durch Verbesserung der Persönlichkeitsressourcen (vgl. Werner 2006). Sie führt zudem zu einer Erweiterung der kindlichen Erfahrungen.

Für Frühe Hilfen, die anstreben, Prävention und Frühintervention intelligent zu verbinden, ergibt sich vor dem Hintergrund der von uns für diesen Beitrag ausgewählten entwicklungspsychologischen Befunde zwei wichtige Konsequenzen:
1. *Proaktiver Einbezug der Eltern* in Prävention und Frühintervention, d.h. eine Präferenz für Ansätze, denen es gelingt, Eltern erfolgreich und nachhaltig zur Zusammenarbeit zu gewinnen.
2. *Zielgruppenspezifität des Handlungszugangs*, d.h. die Notwendigkeit einer differenzierten Betrachtung von Adressatengruppen (z.B. Kinder, Mütter, Väter).

2. Funktionale Aufgabenteilung und Systemspezifische Differenzen

Eine gesellschaftswissenschaftlich-systemtheoretische Perspektive zum Verständnis komplexer Interventionssysteme und ihrer Kooperationsprobleme liefert Willke (1993), der sich mit funktionaler gesellschaftlicher Differenzierung und Aspekten moderner gesellschaftlicher Selbstorganisation befasst hat. Komplexe Sozialsysteme sind demnach gekennzeichnet durch operative Geschlossenheit, wechselseitige Intransparenz, systemspezifische Leitdifferenzen und unterschiedlich kodierte Kommunikation. Diese Aspekte sind auch bei den unterschiedlichen Einrichtungen vorzufinden, die sich in öffentlicher Verantwortung mit dem Aufwachsen von Kindern und Jugendlichen befassen. Unterschiedliche gesellschaftliche Systeme sprechen nach Willke (1993) auf verschiedene Leitdifferenzen an, die mit einer Erwartungsstruktur für Spielregeln einhergehen und zwischen den Systemen über spezifische Semantiken Grenzen ziehen. Dabei bilden sich eigensinnige Systemrationalitäten aus. Verschiedene disziplinäre Ordnungen, etwa Pädagogik, Psychologie oder Medizin, erschaffen Sprachen zur Problembeschreibung und Problemerklärung und erzeugen neben der Ausweitung identifizierter Probleme zumeist auch eine Zunahme an Kontrolle und Machtausübung dieser disziplinären Ordnungen (vgl. Gergen 2002, S. 56f). „Wenn es zutreffend ist, dass in allen ausdifferenzierten Teilen der Gesellschaft Organisationen vorkommen, können diese nicht durch einen einzelnen dieser gesellschaftlichen Funktionskontexte bestimmt sein. Wenn es, anders gesagt, um ein allgemeines gesellschaftliches Phänomen geht, kann keine der funktionsspezifischen Zugriffsweisen exklusive Angemessenheit für sich in Anspruch nehmen, ob nun die wirtschafts-, die politik- oder die erziehungswissenschaftliche." (Tacke 2004, S. 24) Diese Feststellung von Tacke macht in der Übertragung auf die in diesem Beitrag relevanten Grundüberlegungen deutlich, dass die Entstehung von Risiken sowie die Tatsache täglich stattfindender Gewalt und Kindeswohlgefährdungen kein gesellschaftliches Phänomen ist, das exklusiv von einem Interventionssystem zu verantworten ist und ebenso wenig einseitig abgegrenzte Eingriffsrechte und -pflichten bestehen. Kindeswohlgefährdungen und Risiken für das Aufwachsen sind Probleme, die nicht nur auf die Jugendhilfe und die Sozialen Dienste beschränkt ist; ebenso wenig dürfen Auffälligkeiten und Risikomarker, die im Bereich der gesundheitlichen Versorgung sichtbar werden, einem ordnungsrechtlichen Reflex zum Opfer fallen, bspw. durch unmittelbares Informieren der Polizei durch Kinderärzte/innen, ohne dass ein Hilfeangebot frühzeitig mit der Familie und dem Jugendamt sondiert worden ist. Interdisziplinarität wird zudem in den unterschiedlichen Fachsystemen jeweils unterschiedlich definiert. So wird bspw. in der soziale Arbeit Interdisziplinarität meist mit einer organisatorischen Schnittstellen-, Lotsen- und Koordinationsaufgabe verbunden, die über die Systemgrenzen wirksam wird, wogegen innerhalb der Medizin interdisziplinäres Handeln in erster Linie Kooperation der verschiedenen medizinischen Fachgebiete bedeutet (Lützenkirchen 2005, S. 317f).

Hohe funktionale Differenzierung als Merkmal unserer Sozialsysteme geht einher mit einer steigenden Spezialisierung und thematischen Verengung, die Interdependenzen erhöht, denn „kein Teilsystem für sich kann die Problematik des Ganzen repräsentieren und lösen" (Willke 1993, S. 49). Im Weiteren werden die Methoden zur Erfassung von Risikofaktoren und möglichen Gefahren disziplinübergreifend nicht einheitlich genutzt, obwohl bereits eine Vielzahl von wissenschaftlich erprobten und validen Instrumenten zur Verfügung stehen (vgl. Deegener & Körner 2006; aktuell Deegener et al. 2008)

Die *Spezifizierung* der Rationalität der Teilsysteme beinhaltet eher sogar eine Steigerung problematischer Außenwirkungen. Dieses Phänomen wird besonders an schwierigen Fällen in markanter Weise deutlich, in denen fachliche Systeme eine gesteigerte Tendenz zur Selbstbefassung entwickeln, die – für das Kind oder die Familie häufig schädigende – zum Teil selbst erzeugte problematische und unerwünschte Zusatzwirkungen bzw. Reibungsverluste produzieren (siehe ausführlich Rietmann & Hensen 2007). Kinder durchlaufen im professionellen Hilfesystem häufig Delegationsketten, die von immer neuen Untersuchungen und Explorationen geprägt sein können (Fegert et al. 2001; Hartwig & Hensen 2008). In der Analyse derartiger Delegationsketten erweist sich die Thematisierung unbearbeiteter Schnittstellen als bedeutsam, es werden Informationsprobleme fachlicher Stellen deutlich und es spielen Ansehens- und Machtfragen der beteiligten Fachleute und Institutionen eine bedeutende Rolle (vgl. Rietmann 2007). Hier verdeutlicht sich, dass die jeweiligen Feldzugänge der beteiligten Institutionen eine wesentliche Kooperationshürde darstellen können. Interinstitutionelle Kooperation kann als komplexe Handlungssituation skizziert werden, die nach Dörner (2000) eine Reihe typischer Aspekte aufweisen: Komplexität, Intransparenz, Dynamik, Vernetztheit sowie Unvollständigkeit oder Falschheit der Kenntnisse über die jeweils anderen Systeme.

Es lohnt sich also, Frühe Hilfen so zu gestalten, dass systematische Verbesserungen bei einigen dieser Aspekte erreicht werden können. Für die interinstitutionelle Kooperationspraxis im Rahmen fachlicher Netzwerke besteht die Notwendigkeit, die skizzierten Probleme und Widersprüche zu erkennen und sie in einen Bearbeitungsprozess zu bringen, denn „... es kann zwischen funktional differenzierten Systemen in Diskursen nicht zu einem Grundkonsens kommen, weil es keine gemeinsame Richtigkeit oder Wahrheit gibt" (Willke 1993, S. 138).

Es zeigt sich, dass innerinstitutionelle Verfahrensabläufe und interdisziplinäre Kontakte über die Organisationsgrenzen hinaus nicht ausschließlich einer rationalen Handlungslogik unterworfen sind (vgl. hierzu auch Rietmann & Hensen 2007). Der unbestimmte Rechtsbegriff einer Kindeswohlgefährdung macht es notwendig, dass sowohl im als auch zwischen den Interventionssystemen im konkreten Einzelfall Deutungs- und Interpretationsarbeit geleistet werden muss. Diese ist in der Regel stark von systemimmanenten Zielen und Interessen geleitet (Rietmann 2007). Konkret bedeutet dies: Mit dem pädagogischen, medizinischen und psychologischen Blick sind in der Regel unterschiedliche Fallzugänge innerhalb Früher Hilfen verbunden. Unterhalb der Intervention sind damit Fragen der Relevanz und Kompetenz der jeweiligen Systeme zur Problemlösung verbunden. Im Kern geht es dabei um „gesellschaftliche Vorgänge der Problembestimmung und -bewertung. Diese gehen mit einer Verteilung von Ressourcen und dem entsprechenden Kampf um Geld, Macht, Prestige, etc. einher." (Levold 1997, S. 65).

3. Kontextbezogene Ansatzpunkte für Frühe Hilfen

Präventive Angebote für Kinder sind vielerorts vorhanden, sie sind jedoch oftmals unzureichend koordiniert. Eine Reihe von Fachstellen sind mit unterschiedlichen Schwerpunkten der Entwicklungsthemen von Kindern unter drei Jahren und im Kindergartenalter befasst, wie beispielsweise Erzieher/innen, Kinderärzte/innen, Erziehungsberatungsstellen und Einrichtungen der Jugendhilfe, das Jugendamt, das Gesundheitsamt sowie Ergotherapeuten/innen und Logopäden/innen. Anders als die funktionale Arbeitsteilung dieser Entwicklungsstellen verläuft kindliche Entwicklung jedoch als Gesamtprozess, der eine funktionierende Vernetzung interner Systeme zwingend voraussetzt, wie sich am Beispiel der Sprachentwicklung zeigen lässt. Kindlicher Spracherwerb erfordert, dass vielfältige Entwicklungen, etwa die sozio-emotionale, neurologische, motorische und kognitive Entwicklung, erfolgreich miteinander einhergehen (z. B. Papoušek 2001). Zudem ist eine gelungene Sprachentwicklung wiederum Grundlage für nachfolgende, beispielsweise schulische Entwicklungsschritte. Kindliche Entwicklung orientiert sich nicht an den institutionellen Grenzen, die nach Lebensalter und gesetzlichen Aufgabenbereich geordnet sind (vgl. Honig 1999).

Ein Blick auf Chancen und Grenzen der verschiedenen Einrichtungen, die Kinder beim Aufwachsen professionell begleiten, lässt eine intensivere Koordination der isolierten Bemühungen wünschenswert erscheinen. Zum Beispiel sind Erzieher/innen oder Hebammen qualifiziert für eine entwicklungsfördernde Begleitung, sehen sich jedoch vielfach bei auftauchenden Entwicklungsproblemen verunsichert. Fachspezifisches Problemwissen zu Entwicklungsrisiken ist nur ansatzweise vorhanden. Oft ist es unklar, wann die Schwelle für eine weitergehende Intervention und der geeignete Zeitpunkt bei einem bestimmten Kind als erreicht betrachtet werden sollte. Umgekehrt bestehen bei externen Fachkräften zwar Kompetenzen bezüglich Diagnostik und Therapie bei Entwicklungsrisiken, allerdings fehlt die längsschnittliche Alltagserfahrung mit dem Kind. Solche spezialisierten Fachkräfte begegnen den Kindern tendenziell in kurzen Zeitabschnitten, die für die Kinder Sondersituationen darstellen. Zur Kombination der verschiedenen Kompetenzen erscheint multiprofessionelle und interinstitutionelle Kooperation sinnvoll.

Der Aufbau Früher Hilfen und Sozialer Frühwarnsysteme

Es liegen bereits einige Erfahrungen vor, die Hinweise für die Konzeption von Reaktionsketten und verbindlichen Handlungsabläufe geben. Derartige Kooperationen weisen methodische Bezüge zu den Gedanken Sozialer Frühwarnsysteme auf, die mit der Gestaltung Früher Hilfen korrespondieren (vgl. z. B. Hensen 2005; Böttcher, Bastian & Lenzmann 2008):

- Die Implementierung Früher Hilfen erfolgt als dialogischer Prozess unter Einbezug der dafür relevanten Akteure. Enge Abstimmungen und Kooperationen steigern die Qualität und Verbindlichkeit des Handlungszuganges und fördern durch eine hohe Akzeptanz bei allen Beteiligten Bindung und Selbstverpflichtung zur Mitwirkung.
- Netzwerkorientierte Zusammenarbeit im Rahmen Früher Hilfen erfordert gemeinsam geteilte Bewertungskriterien von sog. Normalzuständen und Abweichungen von dieser „Norm". Dies schließt fachlich verbindlich geregelte Routinen im Umgang mit entsprechenden Normabweichungen ein. Dafür ist interdisziplinäre Kompetenz erforderlich, die sich an den Erfordernissen des Einzelfalles und an sozialräumlichen Spezifika orientieren muss.
- Frühe Hilfen in Form eines Soziales Frühwarnsystems lassen sich als Reaktionskette beschreiben, die die Basiselemente Wahrnehmen, Warnen und Handeln beinhalten und die sich zielgruppenspezifisch und sozialraumbezogen auf klar definierte Problemlagen beziehen.
- Leitidee Sozialer Frühwarnsysteme sind innovative und nachhaltige Optimierungen bei vergleichsweise geringem Aufwand. Es sollen Entwicklungsrisiken frühzeitig identifiziert und passgenaue Frühe Hilfen möglich werden. Unter konsequenter Nutzung bestehender Angebote soll eine zielorientierte und effiziente Koordinierung verschiedener fachlicher Systeme erfolgen.

Mit der Konzeption und Implementierung Früher Hilfen und Sozialer Frühwarnsysteme ist in besonderer Weise verbunden, sozialräumliche Komplexität zu handhaben und die funktional differenzierten Aufgaben, Rollen und Verantwortlichkeiten der beteiligten Systeme zu einer sinnvoll integrierten Dienstleistung für Kinder und ihre Familien zu verbinden. Bereits bestehende Einrichtungen, die Teil eines Netzwerkes sind und sich zu einem Sozialen Frühwarnsystem entwickeln können, sollten sich an folgenden Strukturprinzipien orientieren:
- Inhalte, Methoden und Organisation des Netzwerkes sollten anschlussfähig an die Praxis der verschiedenen Einrichtungen und ausgesprochen arbeitsökonomisch sein. Der Zusatzaufwand sollte daher überschaubar bleiben.
- Aufbauend auf dem vorhandenen Kenntnisstand in den Einrichtungen, sollte zusätzlich erforderliches Wissen praktisch, alltags-

nah und von hohem, möglichst direktem praktischen Nutzen für die Beteiligten sein. Zentrale Ziele sind die Verbesserung der fachlichen Beobachtung riskanter Entwicklungen und die bessere Nutzbarmachung gewonnener Erkenntnisse durch verbesserte und verbindliche fachliche Kommunikation. Dabei geht es im ersten Schritt zunächst stets um einrichtungsinterne Handlungsmöglichkeiten, d.h. organisationales und personales Lernen für die Kooperation im Netzwerk.

- Der Einbezug der Eltern zu Zielen, Arbeitsweisen und Ergebnissen des Projektes ist wichtig, um die Akzeptanz für das Projekt zu erhöhen und Mitwirkung zu erleichtern. Dies ergibt sich aus unseren Einleitungen zu entwicklungspsychologischen Befunden (s.o.). Zusammenarbeit mit Eltern verlangt spätestens dann hohe fachliche Kunst, wenn problematische Entwicklungsverläufe an Eltern zurückgemeldet und diese zur Konsultation fachlicher Stellen motiviert werden sollen.

Ziel einer ersten Implementierungsphase sollte die frühzeitige Schaffung von Bedingungen sein, Frühe Hilfen als Regelpraxis zu implementieren, die über die Ebene persönlichen Engagements hinausgeht und institutionell verbindlich verankert ist. Es geht im Weiteren darum, organisationsspezifische Regelungen zu initiieren, die weitgehend die Abhängigkeit des Kooperationsprozesses von den Fähigkeiten, der Motivation und der Leistungsbereitschaft einer einzelnen Fachkraft aufhebt. Jeder Mitarbeiter sollte diese Regelungen kennen und in die Lage versetzt werden, im Sinne des ausgehandelten Frühwarnsystems handeln zu können.

Für ein gelingendes Netzwerk ist eine vorgeschaltete Interessenanalyse (ggf. durch Konstruktinterviews, vgl. König & Volmer 2000) erforderlich. Darin geht es um eine Erhebung und Analyse der Ziele und Interessen der verschiedenen Beteiligten. Dies stellt hohe Anforderungen an alle Akteure, qualifiziert jedoch das Konzept und die angestrebten Wirkungen des Projektes. Ein bedeutsamer Faktor ist die erhöhte Akzeptanz und Bindungswirkung, weil gemeinsame Ziele gleichberechtigter Partner verfolgt werden.

Vorgehensweise bei der Interessenanalyse

Interessenanalysen dienen dem Zweck, Beziehungsnetzwerke zu analysieren und Beziehungen relevanter Akteure innerhalb einer Organisation, aber auch im Zusammenwirken nach außen zu identifizieren (vgl. Nagel & Wimmer 2004). In vielen Fällen wird diese Analyse nicht durchgeführt, weil sie für aufwändig und umständlich gehalten wird. Aus unserer Sicht ist dieser Arbeitsschritt jedoch erfolgskritisch, um ein funktionierendes Netzwerk zu begründen. In der Interessenanalyse sollen bestehende Probleme, Zielsetzungen und Handlungsoptionen analysiert werden. Positionen und Interessen der Beteiligten werden in der Regel in separaten leitfadengestützten Gesprächen ermittelt und qualitativ ausgewertet (vgl. ausführlich Rietmann & Hensen 2008b). In der Interessenanalyse wird geklärt, welche wesentlichen Interessen für das Vorhaben berührt werden, welche Ressourcen, Hindernisse und Risiken bestehen. Bereits in dieser Phase sollte ein Konsens zu Verfahrensfragen hergestellt werden – Ziele, Themen, Verfahrensregeln sowie Aufgaben, Rollen und Verantwortlichkeiten der Beteiligten. Zu den Aufgaben dieses Arbeitsschrittes gehört eine kritische Prüfung bestehender Chancen und Grenzen des Netzwerkes sowie von Entscheidungsspielräumen und Möglichkeiten zum Interessenausgleich. Aus dieser Analyse ergeben sich Ansatzpunkte zur Gestaltung der weiteren Zusammenarbeit, die wir an ausgewählten Fragen aus von uns gestalteten Netzwerken verdeutlichen:

- Handelt es sich um ein selbstorganisiertes Netzwerk oder steuert eine übergeordnete Instanz den Kontext?
- Sind die beteiligten Akteure für die Zusammenarbeit freigestellt, arbeiten sie haupt- oder ehrenamtlich?
- Welche Aufgaben, Rollen und Entscheidungsverantwortlichkeiten wünschen sich die beteiligten Akteure?
- Welche Sitzungsorganisation (z. B. Moderation, Sitzungsfrequenz, Sitzungsort, Dokumentation) ist für die Ziele des Netzwerkes funktional?
- Wo bestehen Risiken und Hindernisse für die Zusammenarbeit (z. B. personelle Änderungen bei beteiligten Akteuren, Änderung institutioneller Rahmenbedingungen)?
- Welche Motivationslage ist individuell vorhanden?

- Erfolgt das Handeln aufgrund eines politischen Auftrags, durch institutionelle Verantwortungsdelegation oder ist es durch fachliche Interessen geleitet?

Auf Grundlage einer Interessenanalyse ergeben sich vielfältige Möglichkeiten, ein den Zielen und spezifischen Erfordernissen der Frühen Hilfe angemessenes Netzwerk zu gestalten. Frühe Hilfen sollten nach unserem Verständnis also nicht ein standortübergreifendes standardisiertes Einheitsmodell verfolgen, sondern mittels des Verfahrensstandards einer Interessenanalyse passgenau zum Bedarf vor Ort entwickelt werden. Idealerweise erfolgt die Interessenanalyse und das Netzwerkmanagement durch externe Moderation. Diese kann Transparenz, Allparteilichkeit und Fairness am besten gewährleisten, weil keine eigenen „Aktien" im Spiel sind.

Denkt man bei Frühen Hilfen beispielsweise an die vielfach beteiligten Akteure aus den Bereichen Jugendhilfe, Gesundheitssystem, justizielles System und Polizei, so fokussieren deren differenzielle Sichten in der Regel selektive Aspekte der thematischen Situation (vgl. Rietmann & Hensen 2008b). Zur Ausgestaltung funktionierender Kooperation im Kontext Früher Hilfen sind zur Interessenanalyse verschiedene Perspektiven relevant, beispielsweise:
- Wo werden in Bezug auf Frühe Hilfen Schwierigkeiten, Schwachstellen und Klärungsbedarfe gesehen?
- Welche Lösungs- und Prozessvorschläge haben die Gesprächspartner?
- Bei welchen Perspektiven besteht Übereinstimmung, wo werden Unterschiede formuliert?
- Wie schätzen sich die Gesprächspartner im Sozialraum gegenseitig ein, wo bestehen aus der Zusammenarbeit bereits relevante positive oder negative Vorerfahrungen?

4. Zusammenfassung und Fazit

Die Bindungstheorie kann fachliches Handeln im Rahmen Früher Hilfen sinnvoll fundieren. Sie ist in der Pädagogik, Psychologie und Medizin beheimatet und kann die Verständigung in einer gemeinsamen Fachsprache unterstützen. Der Ansatz ist theoretisch anspruchsvoll, empirisch fundiert und ist durch seine Verhaltensnähe insbesondere in der Arbeit mit Eltern praxistauglich. Das zugrunde liegende Risikofaktoren- und Ressourcenmodell ist klar und kompatibel mit vielen zur Beurteilung des Kindeswohls eingesetzten Checklisten. Bindung wird als Grundlage gesehen für ein Gelingen in anderen Entwicklungsbereichen, sei es die sozio-emotionale, die motorische, die kognitive oder die Sprachentwicklung. In Längsschnittuntersuchungen ist die herausragende Bedeutung sicherer Bindungen überzeugend belegt.

Die dargestellten strukturellen Probleme im Zusammenwirken fachlicher Systeme begründen sich aus dem Primat individueller und zueinander im Widerspruch stehender Funktionslogiken. In den dargestellten Gründen sehen wir ernstzunehmende Hindernisse, an denen viele gut gemeinte Projekte in der Praxis trotz glaubhafter Kooperationsbekundungen immer wieder scheitern. Damit Kooperation zum Kinderschutz dennoch gelingt, sollten Frühe Hilfen nach unserem Verständnis nicht einem allerorten nutzbaren Einheitsmodell folgen, sondern mittels des Verfahrensstandards einer Interessenanalyse passgenau zum Bedarf vor Ort entwickelt werden. Im Idealfall erfolgt die Interessenanalyse durch eine externe Moderation.

Abschließend möchten wir festhalten, dass die hier dargestellten Überlegungen zur interdisziplinären Netzwerkgestaltung auf kein Universalkonzept hinweisen, mit dem in Zukunft Risiken und Gefährdungen für die kindliche Entwicklung gänzlich vermieden werden könnten. Es wäre bereits viel gewonnen, wenn sich diese verringern ließen. Unsere Vorschläge verstehen wir als Hinweise für die Gestaltung von Hilfe- und Unterstützungsnetzwerken für Familien, die einem *ausbalancierten System von Hilfe und Kontrolle* (vgl. Schone 2008) entsprechen. Der Ausbau und die wissenschaftliche Evaluation von Frühen Hilfen und Sozialen Frühwarnsystemen in Deutschland befindet sich zurzeit noch in einer „Pionierphase", in der die Konsequenzen für die duale Trägerlandschaft im Bereich der Kinder- und Jugendhilfe und für den Präventionsgedanken noch wenig reflektiert worden sind.

Literatur

Ahnert, L. (2005). Entwicklungspsychologische Erfordernisse bei der Gestaltung von Betreuungs- und Bildungsangeboten im Kleinkind- und Vorschulalter. In: Sachverständigenkommission Zwölfter Kinder- und Jugendbericht (Hrsg.): Bildung, Betreuung und Erziehung von Kindern unter sechs Jahren. München: DJI-Verlag, S. 9–56.

Berk, L.E. (2005): Entwicklungspsychologie (3. aktual. Auflage). München, Boston u. a.: Pearson Education.

Böttcher, W., Bastian, P. & Lenzmann, V. (2008). Soziale Frühwarnsysteme. Evaluation des Modellprojekts in Nordrhein-Westfalen. Münster: Waxmann.

Bayley, N. & Schaefer, E. (1972): Beziehungen zwischen sozioökonomischen Variablen und dem Erziehungsverhalten von Müttern gegenüber Kleinkindern. In: O.M. Ewert (Hrsg.): Entwicklungspsychologie. Band I. Köln: Kiepenheuer & Witsch, S. 77–85.

Bowlby, J. & Ainsworth, M.D. (2001): Frühe Bindung und kindliche Entwicklung. München: Reinhardt.

Bowlby, J. (1980): Das Glück und die Trauer. Herstellung und Lösung affektiver Bindungen. Stuttgart: Klett-Cotta.

Brisch, K.H. (2003): Bindungsstörungen. Von der Bindungstheorie zur Therapie. Stuttgart: Klett-Cotta.

Chasiotis, A. (2008): Über die (Illusion der) Betreuungsalternativen und den Preis der Freiheit – Evolutionsbiologische und entwicklungspsychologische Aspekte frühkindlicher Erziehung. In: S. Rietmann & G. Hensen (Hrsg.): Tagesbetreuung im Wandel. Das Familienzentrum als Zukunftsmodell. Wiesbaden: VS-Verlag, S. 15–37.

Daly, M. & Wilson, M. (1988): Homicide. New York: Aldine de Gruyter.

Daly, M. & Wilson, M. (1994): Some differential attributes oft lethal assaults on small children by stepfathers versus genetic fathers. Ethology and Sociobiology 15 (4), 207–217.

Daly, M. & Wilson, M. (2001): An assessment of some proposed exceptions to the phenomon of nepotistic discrimination against stepchildren. Annales Zoologii Fennici 38, 287–296.

Deegener, G. & Körner W. (2006): Risikoerfassung bei Kindesmisshandlung und Vernachlässigung. Theorie, Praxis, Materialien. Lengerich: Pabst Science.

Deegener, G., Spangler, G., Körner, W. & Becker, N (2008): Eltern-Belastungs-Screening zur Kindeswohlgefährdung (EBSK). Göttingen: Hogrefe (in press).

Dörner, D. (2000): Die Logik des Misslingens. Strategisches Denken in komplexen Situationen. Reinbek bei Hamburg: rororo science.

Dornes, M. (1999). Die Entstehung seelischer Erkrankungen: Risiko- und Schutzfaktoren. In: G.J. Suess & W.-K. Pfeifer (Hrsg.): Frühe Hilfen. Anwendung von Bindungs- und Kleinkindforschung in Erziehung, Beratung, Therapie und Vorbeugung. Gießen: Psychosozial-Verlag, S. 25–64.

Egeland, B. (2002): Ergebnisse einer Langzeitstudie an Hoch-Risiko-Familien – Implikationen für Prävention und Intervention. In: K.H. Brisch, K.E. Grossmann, K. Grossmann & L. Köhler (Hrsg.): Bindung und seelische Entwicklungswege. Stuttgart: Klett-Cotta.

Engfer, S. (1996): Sexueller Missbrauch. In R. Oerter & L. Montada (Hrsg.): Entwicklungspsychologie. Weinheim: Beltz Verlag, S. 1006–1015.

Fegert, J.M., Berger, Ch., Klopfer, U., Lehmkuhl, U. & Lehmkuhl, G. (2001): Umgang mit sexuellem Missbrauch. Institutionelle und individuelle Reaktionen. Forschungsbericht. Votum Verlag Münster.

Gergen, K. (2002). Konstruierte Wirklichkeiten. Eine Hinführung zum sozialen Konstruktionismus. Kohlhammer.

Grossmann, K.E. & Grossmann, K. (2003): Bindung und menschliche Entwicklung. Stuttgart: Klett-Cotta.

Hartwig, L. & Hensen, G. (2008): Sexueller Missbrauch und Jugendhilfe. Möglichkeiten und Grenzen sozialpädagogischen Handelns im Kinderschutz (2. überarb. und erw. Auflage von 2003). Weinheim und München: Juventa.

Hensen, G. (2005): Soziale Frühwarnsysteme in NRW – Frühe Hilfen für Familien durch verbindliche Formen der Kooperation: In IKK-Nachrichten (1–2), 5–9.

Hensen. G. & Rietmann, S. (2008): Systematische Gestaltung früher Hilfezugänge. Entwicklungspsychologische und organisationstheoretische Grundlagen. In: P. Bastian, A. Diepholz & E.J. Lindner (Hrsg.): Frühe Hilfen für Familien – Soziale Frühwarnsysteme. Münster: Waxmann, S. 35–58.

Honig, M. (1999): Entwurf einer Theorie der Kindheit. Frankfurt a.M.: Suhrkamp.

König, E. & Volmer, G. (2000): Systemische Organisationsberatung. Grundlagen und Methoden (7. Auflage). Weinheim: Deutscher Studien Verlag.

Krappmann, L. (2001): Bindungsforschung und Kinder- und Jugendhilfe – Was haben sie einander zu bieten? In: neue praxis (4), 338–346.

Kreppner, K. (1998): Vorstellungen zur Entwicklung der Kinder: Zur Geschichte von Entwicklungstheorien on der Psychologie. In: H. Keller (Hrsg.): Lehrbuch Entwicklungspsychologie. Bern: Hans Huber, S. 121–146.

Lange, J. & Schilling, M. (2007). Neu sichtbar werdende Realitäten. Kindertagesbetreuung in Deutschland. KOMDAT Jugendhilfe 10 (1), 2–5.

Levold, T. (1997): Problemsystem und Problembesitz: die Diskurse der sexuellen Gewalt und die institutionelle Praxis des Kinderschutzes. In: System Familie 10, 64–74.

Lützenkirchen, A. (2005): Interdisziplinäre Kooperation und Vernetzung im Gesundheitswesen – eine aktuelle Bestandsaufnahme. In: Gruppendynamik und Organisationsberatung 36 (3) 311–324.

Nagel, R. & Wimmer, R. (2004): Systemische Strategieentwicklung. Modelle und Instrumente für Berater und Entscheider (2. Aufl.). Stuttgart: Klett-Cotta.
NICHD – Early Child Care Research Network (1997): The effects of infant child care on infant-mother attachment security: Results of the NICHD Study of Early Child Care. Child Development 68, 860–879.
Papoušek, M. (2001): Vom ersten Schrei zum ersten Wort. Bern: Huber.
Rietmann, S. (2007). Aushandlungen bei Kindeswohlgefährdung. Entscheidungsrationalitäten, Risikokommunikation, Interventionsstrategien. VDM Verlag Dr. Müller.
Rietmann, S. & Hensen, G. (2007): Komplexität bei Kindeswohlgefährdungen als Risiko. Hinweise für eine koordinierte Steuerung bei Einschätzung und Intervention. In: Kindesmisshandlung und -vernachlässigung 10 (2), 24–41.
Rietmann, S. & Hensen, G. (Hrsg.) (2008a): Tagesbetreuung im Wandel. Das Familienzentrum als Zukunftsmodell. Wiesbaden: VS Verlag für Sozialwissenschaften.
Rietmann, S. & Hensen, G. (2008b): Perspektivendifferenz und Interessenanalyse – Koordination Früher Hilfen als Systemischer Diskurs. In: Kindesmisshandlung und -vernachlässigung 11 (1), 33–46.
Schone, R. (2008): Kontrolle als Element von Fachlichkeit in den sozialpädagogischen Diensten der Kinder- und Jugendhilfe. Expertise im Auftrag der Arbeitsgemeinschaft für Jugendhilfe (AGJ). Berlin: Eigenverlag.
Snarey, J. (1993): How fathers care for the next generation: A four-decade study. Harvard, NJ: Harvard University Press.
Suess, G., Scheurer-Englisch, H. & Pfeifer, W.-K. (Hrsg.) (2001): Bindungstheorie und Familiendynamik. Anwendung der Bindungstheorie in Beratung und Therapie. Psychosozial-Verlag.
Tacke, V. (2004): Organisation im Kontext der Erziehung. In: W. Böttcher & E. Terhart (Hrsg.): Organisationstheorie in pädagogischen Feldern. Analyse und Gestaltung. Wiesbaden: VS-Verlag für Sozialwissenschaften, S. 19–42.
Werner, E. (2006): Wenn Menschen trotz widriger Umstände gedeihen – und was man daraus lernen kann. In: R. Welter-Enderlin & B. Hildenbrand (Hrsg.): Resilienz – Gedeihen trotz widriger Umstände. Heidlberg: Carl-Auer-Verlag, S. 28–42.
Willke, H. (1993): Systemtheorie entwickelter Gesellschaften: Dynamik und Riskanz moderner gesellschaftlicher Selbstorganisation. Weinheim und München: Juventa.
Ziegenhain, U. (2001): Kindesvernachlässigung aus bindungstheoretischer Sicht. In IKK-Nachrichten (2), 6–8.
Zimmermann, P. (2006). Grundwissen Sozialisation. Einführung zur Sozialisation im Kindes- und Jugendalter (3. überarb. und erw. Aufl.). Wiesbaden: VS Verlag.

Elternbriefe in Nordrhein-Westfalen

Zusammenfassung der wissenschaftlichen Analyse für das Ministerium für Generationen, Familie, Frauen und Integration des Landes Nordrhein-Westfalen

Pascal Bastian, Eva Lindner, Dirk Nüsken und Britta Sievers

1. Einleitung

Das Ministerium für Generationen, Familie, Frauen und Integration hat das Institut für soziale Arbeit e.V. im Jahr 2007 beauftragt, Elternbriefe zu analysieren, Verteilerwege und Zugänge für Eltern zu ermitteln sowie die Akzeptanz und die Nutzung durch die Leserinnen und Leser zu ergründen. Hintergrund dieser Untersuchung ist die Förderung von Elternbriefen durch das Land Nordrhein-Westfalen als Bestandteil der Familienbildung im Rahmen des § 16 SGB VIII (Kinder- und Jugendhilfegesetz). In diesem Zusammenhang werden Mittel für den Druck sowie den Versand der Elternbriefe des Arbeitskreises Neue Erziehung e.V., Berlin, für Eltern in Nordrhein-Westfalen bereit gestellt.

Im Rahmen der vorgenommenen Analyse wurden die renommiertesten deutschsprachigen Elternbriefe in den Blick genommen und eine Sekundäranalyse der Literatur sowie der Studien zu den jeweiligen Elternbriefen durchgeführt. Um den Bezug zum Bundesland Nordrhein-Westfalen in den Fokus zu stellen und das Nutzungsverhalten bei Jugendämtern zu analysieren, wurde im Zuge der Analyse zudem eine Auswahl von Kommunen in NRW befragt, die Elternbriefe verteilen. Den Schwerpunkt der Analyse bildete die Befragung der Nutzerinnen und Nutzer, d. h. der

Leserinnen und Leser von Elternbriefen. Den Abschluss dieses die vorgenommenen Studien zusammenfassenden Beitrages bilden Einblicke in internationale Elternbriefkonzepte. Im Mittelpunkt stehen dabei US-amerikanische und britische Elternbriefe. Die vollständige Analyse kann auf der Seite des Ministeriums für Generationen, Familie, Frauen und Integration des Landes Nordrhein-Westfalen heruntergeladen werden: http://www.mgffi.nrw.de/pdf/familie/2008_03_13_MGFFI_WissAnalyse_Elternbriefe_Abschlussbericht.pdf.

2. Elternbriefe in Deutschland

2.1 Entstehungsgeschichte

Die Idee der Elternbriefe wurde in den 1940er Jahren in den USA als Informationsmedium für alle Eltern, die ein erstes Kind erwarten, entwickelt. Von Fachleuten verfasste Texte sollten mittels der Figur Peter Pelikan moderne wissenschaftliche Kenntnisse vermitteln und damit Müttern und Vätern kindesaltersgemäßen Rat erteilen. Diese Informationen sollten regelmäßig zu den Eltern gelangen und vor allem praxisbezogene Ratschläge zur Pflege und Erziehung des Kindes enthalten. Die ersten „Pierre-the-Pelican-Letters" (vgl. Lüscher u. a. 1984, S. 11) bezogen sich auf das erste Lebensjahr eines Kindes. Dahinter standen die Grundsätze der Mental-Health-Bewegung, sich um die psychische Gesundheit von Menschen zu kümmern und mit den Elternbriefen ein präventives Angebot zu unterbreiten, das helfen soll, psychische Störungen bereits im Kindesalter zu vermeiden.

Über diese Bewegung kamen die Briefe in den 1950er Jahren nach Deutschland, wurden übersetzt und zunächst ab 1959 sechs Jahre lang im Hörfunk ausgestrahlt. Die Rechte an den Texten wurden vom Arbeitskreis Neue Erziehung (ANE) e.V. erworben, die eigentlichen Briefe erschienen erstmalig im Jahr 1969 in Berlin. Mitte der 1960er Jahre entstand in Deutschland eine weitere Elternbriefreihe, die vom Katholischen Zentralinstitut für Ehe- und Familienfragen in Köln herausgegeben wurde. Es zeigte sich in der Eheberatung, dass häufig Fragen zur Kindererziehung auftauchten und speziell religiöse Aspekte dabei eine

Rolle spielten. So sind die Elternbriefe „du und wir" entstanden, die 1967 das erste Mal verteilt wurden (vgl. Lüscher u. a. 1984, S. 12f.). Der Freistaat Bayern hat zur gleichen Zeit ebenfalls Elternbriefe entwickelt und diese zunächst über das Radio, dann als Printmedium verbreitet. Dies sind die für Deutschland adaptierten Peter Pelikan-Briefe.

Den höchsten Bekanntheitsgrad haben heute die vom Berliner Arbeitskreis Neue Erziehung e.V. herausgegebenen Elternbriefe (ANE e.V.-Briefe), gefolgt von den Peter Pelikan-Briefen des Peter Pelikan e.V. aus München und den Elternbriefen „du und wir" e.V. der katholischen Kirche mit Sitz in Bonn. Die Stadt München hat für ihre Eltern darüber hinaus ein eigenes Angebot an Elternbriefen erstellt, das mit einer Auflage von 130.000 Briefen im Jahr ebenfalls nicht unerheblich ist. Weitere deutschsprachige Elternbriefe finden sich in den benachbarten Ländern Österreich und Schweiz (seit 1970), wobei hier die Schweizer Briefe des Vereins pro juventute aus Zürich im Vordergrund stehen.
Eine ausführliche Übersicht zur Entstehungsgeschichte und zu den Verflechtung der verschiedenen Elternbriefserien findet sich bei Lüscher u. a. (1984, S. 14).

2.2 Ziele von Elternbriefen

Das allgemeine Ziel von Elternbriefen ergibt sich aus der ihnen zugrunde liegenden Idee der periodischen, praxisbezogenen und „persönlichen" Information für Paare, die ein Kind erwarten beziehungsweise jungen Eltern mit ihren ersten und auch weiteren Kindern.
Die Briefe enthalten sachliche Informationen über die kindliche Entwicklung und wollen Eltern dabei unterstützen, ihrer Erziehungsrolle gerecht zu werden, und ihnen Antworten auf offene Fragen zu geben. Sie sollen mit den Briefen in ihrer Erziehungsfähigkeit gestärkt werden, Unsicherheiten sollen abgebaut werden. Eltern sollen ihr Kind besser verstehen und auf sein Verhalten eingehen können. Durch die Briefform soll eine persönliche Ansprache sichergestellt und der Bezug zur Familie gegeben werden. Anspruch der Elternbriefe ist es, jenseits von Patentrezepten Anregungen zu zum individuellen Alltag von Familien passenden Lösungen zu geben.

Vermittelt werden soll ein eher kooperativ ausgerichtetes Erziehungsbild, welches Kinder als prinzipiell gleichberechtigte Familienmitglieder betrachtet, denen Eltern mit Respekt und Solidarität begegnen sollten. Die Briefe wollen die Familie auch darin unterstützen, Konflikte fair und gewaltfrei zu lösen.

Anspruch der Elternbriefe ist es, Eltern zu informieren und sie zugleich in ihrer Erziehung zu bekräftigen, indem positive Ansichten und Versuche einer gelingenden Erziehung wertgeschätzt werden. Es geht somit nicht um das Aufdecken von Erziehungsdefiziten, sondern darum, Fähigkeiten zu aktivieren sowie im Umfeld vorhandene Ressourcen zu nutzen. So schreiben Liebenow, Steppke-Bruhn & Lahn (2003) über die ANE e.V.-Briefe: „Leitbild sind keineswegs ‚perfekte' Eltern, sondern ‚bemühte Familien', die aus unvermeidlichen Fehlern lernen. Die LeserInnen empfinden die humorvollen Schilderungen kindlicher Unvollkommenheiten und elterlicher Unzulänglichkeiten als entlastend." (S. 45). Bei den verschiedenen Elternbriefen kommen dennoch zum Teil unterschiedliche Menschenbilder, Erziehungsvorstellungen, Erziehungsmethoden und Methoden der Elternbildung zum Tragen, wie die ausführliche Analyse der Elternbriefe von ANE e.V. im Vergleich zu den „du und wir"-Briefen von Lüscher u.a. (1984) zeigt.

Inwiefern unterschiedliche Elterngruppen diese Briefe tatsächlich lesen, verstehen, in ihren Alltag einbeziehen und ihr Verhalten danach ausrichten, bleibt jedoch schwer zu beantworten. Smolka (2006) weist ebenfalls darauf hin, dass „in der Bereitschaft und der Fähigkeit zur Rezeption schriftlicher Materialien sozial bedingte Unterschiede existieren." (S. 7).[1] Rößler (2006) schätzt nach den Ergebnissen der Elternbefragung in München ein, dass die Rezeption der Briefe zwar durch eine bessere Bildung erleichtert wird, weil sie die Bereitschaft und die Fähigkeit bestimmt, sich mit schriftlichem Material auseinander zu setzen, geht aber davon aus, dass durch den automatischen Versand der Elternbriefe an alle Erstellern im Münchner Stadtgebiet eine schichtübergreifende Rezeption gegeben ist (a.a.O., S. 4).

---

1 Wenn man an dieser Stelle bedenkt, dass es in Deutschland ungefähr vier Millionen Analphabeten gibt, ergibt sich daraus, dass diese Menschen von schriftlichen Informationen überhaupt keinen Nutzen haben.

Insgesamt zeigen die Ergebnisse der Sekundäranalyse, dass sich die vorliegenden Elternbriefkonzepte nur wenig voneinander unterscheiden lassen. Sie haben alle die gleichen Zielgruppen (Eltern von Kindern im Alter zwischen 0, 6, 8 oder 14 Jahren), stellen für spezielle Gruppen (z. B. Großeltern, allein Erziehende) oder für zentrale Themen (z. B. Pubertät, Trennung, Scheidung, Gewalt) sog. Sonderbriefe zur Verfügung und sind konzeptionell so angelegt, dass die Briefe periodisch, dem Alter des Kindes entsprechend verteilt werden sollten. Darüber hinaus decken alle Briefe das erste Lebensjahr des Kindes besonders engmaschig mit Informationen ab, werden überwiegend durch kommunale Einrichtungen verteilt und sind für Eltern zumeist kostenlos. Die untersuchten Elternbriefe werden regelmäßig überarbeitet und aktualisiert und durch Hinweise auf den jeweiligen Internetseiten der Anbieter ergänzt.

Drei der beschriebenen fünf Anbieter stellen ihre Briefe nicht nur in der gedruckten Form, sondern auch digital als pdf-Datei auf der jeweiligen Homepage zur Verfügung (ANE e.V., „du und wir" e.V., Briefe der Stadt München). Die Peter Pelikan-Briefe und die Briefe aus der Schweiz sind nicht digital abzurufen. Lediglich der ANE e.V. hat zweisprachige Briefe für türkischsprachige Eltern entwickelt, die auch von der Stadt München genutzt werden. Die Angebote in der Schweiz richten sich mit Elternbriefen in französischer und italienischer Sprache neben den deutschen Briefen an die jeweiligen Bevölkerungsgruppen im Land. Die Stadt München verfügt über insgesamt 14 „Elternbriefe" als Hörkassetten in Griechisch und Serbo-kroatisch und verteilt diese an entsprechende Einwohnerinnen und Einwohner. Die Elternbriefe „du und wir" e.V. und die Peter Pelikan-Briefe sind ausschließlich in deutscher Sprache verfasst.

Die Elternbriefe „du und wir" e.V. unterschieden sich hinsichtlich einiger Inhalte, der Aufmachen und des transportierten Menschenbildes von den anderen vier Anbietern dahingehend, dass zentral die religiösen Aspekte bei der Erziehung eines Kindes und im Rahmen von Familien behandelt werden. Diese Briefe werden auch überwiegend von Eltern selbst bestellt und nicht zentral für alle verschickt. Hinsichtlich der Informationen zur Pflege und Erziehung von Kindern gibt es keine grundsätzlichen Abweichungen. Auch hier werden wissenschaftliche Erkenntnisse berücksichtigt.

Insgesamt werden alle Briefe von den Leserinnen und Lesern positiv bewertet, die Inhalte als nützlich beschrieben, die Gestaltung und Lesbarkeit gelobt. Dennoch ist festzuhalten, dass alle Briefe zwar übersichtlich gestaltet sind, aber in gewisser Weise doch „textlastig" sind und aus diesem Grund eher leseübte und besser gebildete Eltern ansprechen als Eltern mit einer schlechteren Bildung. Vor allem im Vergleich zu den Elternbriefen, die in den USA zum Einsatz kommen (vgl. Kapitel 5) fällt dieser gestalterische Unterschied deutlich auf.

3. Befragung von Jugendämtern

Wie werden Elternbriefe in Nordrhein-Westfalen eingesetzt, welche Zielgruppen wollen Institutionen, die Elternbriefe verteilen, erreichen und wie beurteilen sie die verwendeten Elternbriefe? Diese Fragen standen im Zentrum der Befragung von Institutionen, die Elternbriefe verwenden. Einschlägige Recherchen haben gezeigt, dass Elternbriefe in Nordrhein-Westfalen insbesondere von Jugendämtern genutzt beziehungsweise verteilt werden. Zur Beantwortung der genannten Fragen wurden deshalb im Rahmen der vorliegenden Studie die für Elternbriefe zuständigen Fachkräfte von 13 Jugendämtern in Telefoninterviews befragt. Die Auswahl der beteiligten Jugendämter erfolgte entlang der acht von der Dortmunder Arbeitsstelle für Kinder- und Jugendhilfestatistik gebildeten Jugendamtstypen in NRW (Größentypen und Ausprägungen sozialstruktureller Belastungen, z.B. Arbeitslosigkeit). Pro Jugendamtstyp wurden je zwei Jugendämter, welche die aus Mitteln des Landes Nordrhein-Westfalen geförderten Elternbriefe des ANE e.V. einsetzen, ausgewählt. Bei 13 Jugendämtern ließ sich die Befragung realisieren. Die Ergebnisse dieser teilstandardisierten Telefoninterviews geben somit einen systematisch erhobenen Einblick in Bewertungen und Nutzungsstrategien von Elternbriefen des ANE e.V. durch verschiedene in Nordrhein-Westfalen anzutreffende Jugendamtstypen. Durch die vorgenommene Auswahl kann eine Repräsentanz, jedoch keine Repräsentativität gewährleistet werden.

Ergebnisse

In allen 13 befragten Jugendämtern werden von den Jugendämtern ausschließlich die Elternbriefe des ANE e.V. genutzt. Zu annähernd gleichen Teilen bekommen Eltern die Elternbriefe von den Jugendämtern als gesamte Serie zur Geburt eines Kindes oder im Einzelversand zum Zeitpunkt des jeweiligen Lebensalters des Kindes. In drei der 13 Jugendämter sind Elternbriefe Teil eines Begrüßungspakets, welches neben einem Anschreiben Informationen der Kommune, Gutscheine und ähnliches enthält. Begrüßungspakete wie auch der gesamte Satz der Elternbriefe gelangen auf unterschiedlichen Wegen zu den Eltern. Die befragten Fachkräfte der Jugendämter berichten hier von der Übergabe durch die Standesämter im Zuge der Anmeldungen von Neugeborenen, von der persönlichen Übergabe anlässlich von Besuchen der Eltern wie auch vom Postversand durch die Jugendämter. In allen befragten Kommunen sind die Elternbriefe für die Eltern kostenlos. Die Finanzierung der Elternbriefe erfolgt bei den befragten Jugendämtern zumeist ausschließlich über Landesmittel. Durch die Kommunen werden Kosten für Ordner (Sammelmappen) für den Serienversand der Elternbriefe und Versandkosten wie auch Personalkosten für die Organisation getragen.

Zumeist erhalten Eltern die Elternbriefe bei der Geburt des ersten Kindes, lediglich in zwei Jugendämtern bei der Geburt jedes Kindes. Allerdings können Eltern in einigen Jugendämtern auch bei weiteren Kindern Elternbriefe erhalten, dann jedoch auf Bestellung. Auch wenn keine systematischen Erhebungen vorliegen, berichten die befragten Fachkräfte von überwiegend positiven Rückmeldungen, die sie zu den eingesetzten Elternbriefen bekommen. Als Indikatoren dafür führen sie die Nachfragen von Eltern bei verzögertem Versand, Postkarten oder E-Mails, mit denen sich Eltern für die Briefe bedanken oder Rückmeldungen des allgemeinen sozialen Dienstes (ASD), wie auch die insgesamt sehr geringe Ablehnung beziehungsweise Abmeldung vom Bezug der Elternbriefe an. Insgesamt lassen die Aussagen der Fachkräfte den Schluss zu, dass zumindest diejenigen Eltern, die Elternbriefe lesen, diese als positiv bewerten in dem Sinn, dass diese Eltern sich mit ihren Erziehungsfragen in den Themen und in der Art der Ansprache durch die Elternbriefe des ANE e.V. wieder finden. Ob dies auch für bildungsferne Schichten gilt beziehungsweise ob die eingesetzten Elternbriefe eher Mittelschichtfamilien ansprechen, darüber sind sich die befragten Fachkräfte quer durch alle Jugendamtstypen uneins. Von guten Erfahrungen mit Elternbriefen berichten Fachkräfte, wenn diese nicht isoliert, sondern als Teil einer Beratungs- oder Begleitstrategie verwendet werden, dann könnten auch Eltern ohne erkennbare Lesekultur zur Nutzung von Elternbriefen motiviert werden. Der These, dass durch Elternbriefe das Ansehen des Jugendamtes verbessert werden kann, stimmen die befragten Fachkräfte mehrheitlich zu. Sowohl den Anschreiben als auch persönlichen Besuchen zur Übergabe der Elternbriefe schreiben die Fachkräfte mehrheitlich „Türöffnerfunktion" zu. Elternbriefe bieten dabei aus Sicht der Fachkräfte einen guten Anlass, über Ansprechpartner und die Informations- und Unterstützungsangebote des Jugendamtes beziehungsweise des jeweiligen Fachbereichs zu informieren. Dass Eltern durch Elternbriefe auf Angebote der Elternbildung aufmerksam gemacht werden und diese eher nutzen würden, beurteilen die Fachkräfte uneinheitlich. Prinzipiell könnten die Elternbriefe diesen Effekt zwar haben, jedoch erreiche die klassische Elternbildung tendenziell eher Mittelschichtfamilien. Vereinzelt wurden in diesem Zusammenhang gute Erfahrungen mit Elternkursen gemacht, zu denen auch ein kostenloser Zugang möglich sei. Der persönlichen Ansprache käme in diesem Zusammenhang aber eine größere Bedeutung zu als den Elternbriefen.

Insgesamt bewerten die befragten Fachkräfte die verwendeten Elternbriefe somit sehr positiv. Umfang, Art, Gestaltung und die thematischen Schwerpunkte werden als ansprechend wahrgenommen und von den befragten Fachkräften gewürdigt.

4. Auswertungen der Elternbefragung

Die Elternbefragung beschränkte sich auf die vom Berliner Arbeitskreis Neue Erziehung e.V. herausgegebenen Elternbriefe, da diese in Nordrhein-Westfalen am weitesten verbreitet sind. Neben Akzeptanz und Nutzungsverhalten wurden ausführlichere soziodemographische Daten erhoben, um die Zielgruppe von Elternbriefen in Nordrhein-Westfalen näher bestimmen zu können. Außerdem wurde nach dem Verhältnis zum Jugendamt vor Ort gefragt.

4.1 Stichprobe und Soziodemographie

Es wurden insgesamt 9.120 Fragebögen verschickt. Die Gewinnung der Stichprobe erfolgte über zwei Wege. Zum einen wurden Fragebögen mit Unterstützung des ANE e.v. zusammen mit den Elternbriefen des Zentralversands an 7.700 Familien verschickt. Zudem wurden als weitere Zugänge 11 der 13 im Telefoninterview befragen Jugendämter gebeten, den Fragebogen im Rahmen ihres Elternbriefversands mitzuschicken. Auf diesem Weg wurden 1.420 Fragebögen verschickt. Von dem gesamten Rücklauf von 1590 Fragebögen (Rücklauf: 17,4 %), kamen fast 77 % aus dem Zentralversandt des ANE e.V.

Der Fragebogen wurde in den weitaus überwiegenden Fällen (91,2 %) von der Kindesmutter ausgefüllt. Das lässt Rückschlüsse zu auf das unterschiedliche Leseverhalten. Nach dem Leseverhalten gefragt, wurde zwar in über 50 % der Fälle die Antwort „Beide" angekreuzt, dagegen antworten aber über 40 %, dass nur die Mutter die Briefe lesen würde. Obwohl die Vermutung nahe liegt, steht dieses Ergebnis nicht im Zusammenhang mit dem Anteil an allein Erziehenden, da dieser im Vergleich sehr niedrig (6,2 %) ist. An diesem geringen Prozentsatz zeigt sich auch schon ein erstes Anzeichen der im Folgenden deutlich werdenden soziodemographischen Struktur des Rücklaufs. Das Leseverhalten entspricht in etwa den Umfragewerten aus der ANE e.V.- Befragung. Dort gaben 60 % der Befragten an, dass beide Elternteile die Elternbriefe lesen.

Es zeigte sich, dass zu einem überwiegenden Teil Familien aus mittleren oder gehobenen Schichten die Fragebögen ausfüllten.[2] So spiegelt

---

2 Wie in der Sozialwissenschaft üblich, werden auch in dieser Untersuchung Personen in einer ähnlichen sozialen Lage der gleichen sozialen Schicht zugeordnet (vgl. Berger 2001). Allerdings konnten, um den Fragebogen möglichst kurz zu halten, nur einige wenige „Schichtdeterminanten" erhoben werden, so dass eine genaue Zuordnung sozialer Lagen (wie etwa bei Schwenk 1999) nicht möglich war. Determinanten sind in dieser Untersuchung vor allem „Ausbildung/ ausgeübte Tätigkeit" „zur Zeit arbeitslos" und „Familienstand". Anhand dieser Indikatoren erfolgte eine grobe Zuordnung zu Ober-, Mittel- und Unterschicht.

beispielsweise der bereits beschriebene, relativ niedrige Anteil an allein Erziehenden keinesfalls den landesweiten Durchschnitt wider. Nach Angaben des Statistischen Bundesamtes (vgl. Statistisches Jahrbuch 2007) sind bundesweit von allen Familien mit minderjährigen Kindern etwa 16 % Familien mit allein erziehenden Elternteilen. In Nordrhein-Westfalen liegt der Anteil mit über 20 % sogar noch höher (vgl. 8. Kinder und Jugendbericht NRW). Der landesweite Anteil übersteigt demnach ist also um über 15% höher als in der vorliegenden Stichprobenstruktur.

Deutlicher wird dieser Bias noch in der Erwerbsstruktur. Durch die Befragung ist es praktisch nicht gelungen, Eltern aus dem Niedriglohnsektor oder solche, die von Erwerbslosigkeit betroffen sind, zu erreichen. Beides sind Indizien für die Zugehörigkeit zu einer niedrigen Bevölkerungsschicht. Eine Auswertung der genannten Berufe/Ausbildungen zeigt, dass z.B. die Mütter zu 35 % Akademikerinnen sind. Ein ähnliches Bild ergibt sich bei den Vätern. Hier finden sich 38 % Akademiker. Der Rest verteilt sich zum größten Teil auf Angestellte, Handwerker/innen und Leitungskräfte. Im Niedriglohnsektor finden sich kaum Nennungen. Erwerbslos sind bei den Frauen 7,9 %, bei den Männern knapp 3 %. In nur 0,7 % der Fälle sind beide Elternteile arbeitslos, das entspricht 11 von 1590 Familien.

Bei über 80 % der befragten Familien sind beide Elternteile in Deutschland geboren, in nur knapp 6 % stammen beide Elternteile nicht aus Deutschland.

Als letzte Frage zum soziodemographischen Hintergrund wurden die Eltern gefragt, ob sie schon einmal Kontakt zum Jugendamt hatten. Auch hier hatten gerade einmal 6 % der Befragten einen solchen Kontakt. Aus den Antworten zu der Frage nach dem Verhältnis zum Jugendamt geht allerdings hervor, dass der Hintergrund für diesen Kontakt in vielen Fällen „Vermittlung von Tagesmüttern" oder eine eigene Tätigkeit in der Jugendhilfe ist.

4.2 Ergebnisse der Elternbefragung

Die Ergebnisse des vorliegenden Untersuchungsteils zeigen, dass sich Elternbriefe in Nordrhein-Westfalen eines hohen Beliebtheitsgrades erfreuen. Nutzerinnen und Nutzer fühlen sich durch dieses Instrument unterstützt und finden dort die nötigen Antworten auf die wichtigsten Fragen rund um die Pflege und Erziehung ihrer Kinder. Die angebotenen Themen werden zum größten Teil als relevant und vor allem als passgenau für die jeweilige Entwicklungsstufe des Kindes bewertet. Diese Ergebnisse bestätigen in einem hohen Ausmaß frühere Untersuchungsergebnisse in diesem Feld.

Trotzdem zeigen sich auch neue Tendenzen. Es treten für die Eltern unter anderem vermehrt
- Themen zur Subjektstellung des Kindes, wie der Wunsch das Kind „zu verstehen", also seine Perspektive einzunehmen sowie
- Fragen zur Verbesserung zukünftiger Bildungs- und Teilhabechancen, z.B. durch optimale, auf die jeweilige Entwicklungsstufe abgestimmte Förderung in den Vordergrund.

Darüber hinaus scheint der Wunsch nach institutioneller Anbindung, nach Kontaktadressen im Bedarfsfall, aber auch nach Empfehlungen und Tipps zur Auswahl bestimmter Kurse und Angebote sowie zur Auswahl von Informationsstellen bei den Eltern zu bestehen. Solche Rubriken sowie der Einbezug spezieller Themen wie behinderte Kinder, ältere Mütter etc. wurden oftmals als wünschenswert genannt.

Es zeigte sich allerdings, dass nahezu alle Eltern, die den Fragebogen ausfüllten, der Mittelschicht beziehungsweise der gehobenen Mittelschicht entstammen. Dies dürfte zum Teil an dem Untersuchungsdesign liegen, ist aber auch ein Indiz zur Bestimmung der Zielgruppe von Elternbriefen. Man kann davon ausgehen, dass gerade solche Eltern, die Elternbriefe lesen, auch bereit sind, an einer Umfrage teilzunehmen. Obwohl die Frage, inwiefern Elternbriefe vor allem Mittelschichtsfamilien erreichen, im Rahmen der Jugendamtsbefragung (vgl. Kapitel 3) unterschiedlich bewertet wird, legt dieses Ergebnis zumindest eine solche Interpretation nahe.

Hier zeigt sich eine wichtige Aufgabe auch für die Verteiler, nämlich nach Wegen zu suchen, die (sicher für alle Eltern relevanten) Tipps und Hilfestellungen der Elternbriefe auch an Familien aus bildungsfernen Milieus heranzutragen. Einige solcher Wege werden bereits von Jugendämtern beschritten (vgl. Abschnitt 3). So lassen sich Elternbriefe in Begrüßungspaketen oder als Bestandteil von Elternbesuchen, z.B. im Rahmen von Sozialen Frühwarnsystemen einbinden. Die Relevanz solcher Maßnahmen und Projekte zeigt sich gerade auch im Hinblick auf ein weiteres Ergebnis dieser Untersuchung. Das eher negative Image, das die (öffentliche) Jugendhilfe nach den Ergebnissen dieser Studie immer noch in der Bevölkerung hat, lässt sich allein durch den Versand von Elternbriefen offenbar nicht verbessern. Obwohl eine überwiegende Mehrheit der Nutzerinnen und Nutzer die Elternbriefe selbst überaus positiv bewerten, hat das Jugendamt als Institution einen vergleichsweise schlechten Ruf. Auch hier wäre eine Kombination des Instruments Elternbrief mit anderen niedrigschwelligen Angeboten ein hilfreicher Schritt, um dieses Image zu verbessern.

5. Ergebnisse der internationalen Recherche

Neben der Sekundäranalyse bestehender Untersuchungen und der Analyse und empirischen Erhebung zu den Elternbriefen in Nordrhein-Westfalen bildete die Eruierung von Elternbrief-Konzepten im internationalen Kontext den dritten „Baustein" dieser Untersuchung. Dabei sollten herausstechende Beispiele inhaltlich hochwertiger, ansprechend aufbereiteter, vor allem aber nutzwerthaltiger Elternbriefe sowie deren Verteilerwege anschaulich illustriert und daraus abgeleitet Schlussfolgerungen und Empfehlungen zur Optimierung der Inhalte und Gestaltung wie der Verteilerwege gegeben werden.

Die internationale Recherche erfolgte auf drei Wegen. Zum einen wurden Familienministerien ausgewählter Länder nach ihrem Kenntnisstand zu Elternbriefprojekten in dem jeweiligen Land befragt sowie weitere vorhandene Zugänge in den Ländern genutzt. Des Weiteren erfolgte eine Recherche englischsprachiger Literatur.

Schriftlich kontaktiert wurden insgesamt 22 Ministerien in Europa sowie den USA und Kanada. Hierbei wurde nach staatlichen Angeboten oder Elternbriefprojekten privater oder sonstiger Nichtregierungsorganisationen gefragt. Des Weiteren wurde für den Fall, dass Elternbriefprojekte existieren, um Informationen zu Verteilerwegen, Inhalt, Nutzersicht und möglichen Wirkungen sowie Evaluierungen und entsprechender Literatur gebeten. Auch die Nennung eines Ansprechpartners wurde erbeten. Drüber hinaus wurden bestehende Arbeitskontakte und Zugänge in diverse Länder genutzt beziehungsweise dort bereits bekannte Institutionen und Fachleute, die im weitesten Sinne im Arbeitsgebiet Jugend/Familie tätig sind und Kenntnis von Elternbrief-Angeboten im Land haben könnten, kontaktiert. Hierdurch konnten weitere Informationen zu in den Ländern durchgeführten Formen von Eltern- und Familienbildung aus Belgien, Estland, England, Italien, Frankreich, Niederlande, Norwegen, Polen und den USA ermittelt werden. Schließlich wurde eine Recherche englischsprachiger Literatur durchgeführt. Umfangreiche Literatur zum Thema Elternbriefe findet sich in den USA und in geringerem Umfang auch in Großbritannien und Kanada, zudem in Australien und Neuseeland.

Ergebnisse

Die Methode „Elternbriefe" als Instrument der Eltern- und Familienbildung hat nach den vorliegenden Erkenntnissen außerhalb Deutschlands und der Schweiz in Europa bisher keine weite Verbreitung gefunden. Elternbriefprojekte, die mit den in Deutschland und der Schweiz vertriebenen Elternbriefen vergleichbar sind, sind in Europa nur in England bekannt. Zahlreiche Projekte finden sich in den USA und in geringem Umgang auch in Kanada. Entsprechend findet sich in diesen Ländern auch Literatur zu den Briefen sowie durchgeführten Evaluationen.

Die Idee der Elternbriefe entstand in den USA; dort haben sie die längste Tradition und werden auch heute in großem Umfang verteilt. Erstellt werden sie in der Regel von Extension-Abteilungen der Universitäten. Diese Abteilungen haben das Ziel, nicht formalisierte Bildungsprogramme zu implementieren, um wissenschaftlich belegtes Wissen zur Verbesserung des Lebens der Bürger nutzbar zu machen, z.B. im Bereich

Landwirtschaft, Ernährung, Familie, Jugend, Umwelt und Gemeinwesenentwicklung. Zum Teil werden die in Extension-Abteilungen erstellten Briefe (z. B. University of Wisconsin) auch über Lizenzierungen in anderen US-Bundesstaaten verteilt.

In der Literatur und nach Sichtung aktueller Elternbriefprogramme in den USA lässt sich eine starke Ausdifferenzierung der Zielgruppen feststellen. Die meisten Programme richten sich analog der ursprünglichen Idee an Eltern von Neugeborenen und begleiten diese mit den Briefen durch die ersten drei Lebensjahre. Es wurden jedoch auch Elternbriefe für enger eingegrenzte Zielgruppen und andere Altersspannen von Kindern sowie themenspezifische Reihen entwickelt und teilweise auch evaluiert. Es finden sich Briefe für:
- Eltern von Kindergartenkindern
- Eltern von Kindern im Übergang Kindergarten-Schule,
- Väter,
- Großeltern, die Kinder erziehen,
- allein erziehende Eltern,
- sehr junge Eltern (teenage parents),
- leseschwache Eltern,
- Eltern von Jugendlichen mit niedrigem beziehungsweise hohem Risikopotential,
- spanischsprachige Eltern in Form von Übersetzungen der Briefe,
- Eltern, die die Lesefähigkeit ihrer Kinder fördern wollen,
- Eltern, die ihren Kindern den richtigen Umgang mit Geld vermitteln wollen.

In Großbritannien konnten zwei Elternbriefprojekte ausfindig gemacht werden. Im britischen Gesundheitssystem (National Health Service) gehören Health Visitors (Gesundheitsbesucher) zum festen Bestandteil der Betreuung von Familien mit Neugeborenen. Alle Mütter werden besucht, deren Beratung und Begleitung durch Health Visitors kann theoretisch bis zum fünften Lebensjahr des Kindes erfolgen. Die Zusammenarbeit erfolgt von Seiten der Familien freiwillig und in der Praxis werden nicht alle Eltern erreicht, beziehungsweise der Kontakt endet bereits früh wieder, weswegen in zwei Projekten Elternbriefe als ergänzende Methode der Elternbildung erprobt wurden. In beiden Projekten (University of Newcastle und die Briefe des Primary Care Trust des Bezirks St. Albans and Harpenden) wurden an den Entwicklungsstand des Kindes angepasste Briefe entwickelt, in St. Albans („Building Blocks for Health") für das erste Lebensjahr, in Newcastle im Rahmen von drei Reihen für das erste Lebensjahr („Baby Express"), für das Alter zwei bis drei („Toddler Express") sowie für das Alter von vier bis fünf Jahren („Kids Express").

Nutzen und Wirkungen von Elternbriefen

Mit Blick auf die Elternbriefprogramme in anderen Ländern, insbesondere den USA, lässt sich feststellen, dass diese sich über eine Bandbreite von Zielgruppen als nützliches Instrument der Elternbildung erwiesen haben. Alle Evaluationen ergeben übereinstimmend positive Rückmeldungen von Nutzerinnen und Nutzern; die Briefe sind teilweise sehr populär. Die große Mehrheit der Eltern gibt an, die Briefe hätten ihnen geholfen, sicherer im Hinblick auf ihre Elternrolle zu werden. Zudem sei ihr Wissen über die Entwicklung von Kindern vergrößert und ihre Fähigkeiten, das Kind angemessen zu fördern, gestärkt worden.

Schwieriger stellt sich die Erhebung von Wirkungen der Elternbriefe auf das tatsächliche Erziehungsverhalten von Eltern dar. Methodisch ist hierbei von Bedeutung, dass Eltern Veränderungen in ihrem Erziehungsverhalten in den durchgeführten Befragungen zumeist selbst bewertet haben und damit das Risiko von Antworten entsprechend einer antizipierten sozialen Erwünschtheit besteht. Nur selten wurde mit Kontrollgruppen gearbeitet; eine neutrale Beobachtung des Verhaltens von Eltern durch externe Personen war und ist in der Regel aus Kostengründen nicht durchführbar.

Die Ergebnisse der Studien, in deren Rahmen Wirkungen auf das Erziehungsverhalten untersucht wurden, sind uneinheitlich. Überwiegend berichten Eltern von positiven Veränderungen ihres Erziehungsverhaltens infolge der Lektüre der Briefe (Brotherson, Bouwhuis, 2007; Garton et al. 2003; King, 2006; Lamp ohne Jahr; Nelson 1986; Riley et al. 1991; Riley, 1997; Weigel, Martin 2003). Im Hinblick auf Elternbriefe als Mittel der Prävention berichtet Riley (1997) von positiven Veränderungen gerade in Bezug auf Überzeugungen von Eltern, die Gewaltanwendung in der Erziehung befürworten.

In einer in England zu den Briefen „Baby Express" durchgeführten Pilotstudie mit Müttern in sozial schwachen Wohngebieten berichteten diese ebenfalls von positiven Veränderungen in ihrem Erziehungsverhalten (Keane et al. 2005). In der nachfolgenden Untersuchung der Wirkungen der Briefe „Baby Express" und „Toddler Express", die über drei Jahre mit einer größeren Anzahl von Eltern in Nordengland durchgeführt wurde, ließen sich signifikante Veränderungen des Erziehungsverhaltens der Eltern aber nicht nachweisen (Waterston, Welsh 2007).

Zielgruppen

Bei den Zielgruppen lässt sich insbesondere in den USA eine starke Ausdifferenzierung der Elternbriefe feststellen. Neben den klassischen Briefen für die ersten drei Lebensjahre des Kindes wurden zahlreiche weitere zielgruppenspezifische Elternbriefe entwickelt. Einige der Briefe liegen auch in spanischer Übersetzung vor.

Im Hinblick auf die Erschließung weiterer Zielgruppen können sich hier Anregungen auch für den deutschen Kontext ergeben, z. B. mit dem Ziel einer vermehrten Beteiligung von Eltern beim Übergang vom Kindergarten in die Schule, der gerade im Zusammenhang mit der Förderung besserer Bildungschancen von Kindern im Fokus der Diskussion steht. Ebenso könnten auch in Deutschland Elternbriefe mit dem Ziel einer größeren Einbindung von Vätern in die Betreuung und Erziehung von Kindern hilfreich sein.

Vermutungen, dass Elternbriefe vorrangig Mittelschicht- und bildungsorientierte Eltern erreichen, bestätigen sich in der internationalen Recherche nicht. In einer Studie (Cudaback et al. 1990) wurde der größte Nutzen gerade von den Eltern berichtet, die zu Risikogruppen gehören wie sehr junge Eltern, Eltern mit niedrigem Bildungsstand und/oder Einkommen wie auch Eltern, die ethnischen Minderheiten angehören. Auch

Riley (1996) weist in einem Bericht über die Wirkungen der Wisconsin-Elternbriefe daraufhin, dass die Briefe sich als besonders effektiv bei Müttern, die jung und wenig erfahren sind, einen niedrigen Bildungsgrad haben und sozial isoliert leben, erwiesen haben.

Bezogen auf den deutschen Kontext lässt sich hier Entwicklungspotential z. B. im Zusammenhang mit der Kinderschutzdebatte und der interkulturellen Öffnung der Jugendhilfe ausmachen. Es wird nach Wegen für niedrigschwellige präventive Angebote für spezifische Zielgruppen wie bildungsferne Eltern und/oder Migrantenfamilien gesucht. Hier könnte die Entwicklung spezifischer Elternbriefe, die den Bildungsgrad und die Lesefähigkeit der Eltern berücksichtigen, eine Option darstellen. Auch weitere Migrantengruppen als die, die in Deutschland zurzeit von Elternbriefen erreicht werden, könnten Zielgruppe sein.

Verteilerwege

In der internationalen Recherche zeigte sich, dass die Elternbriefe, die weite Verbreitung gefunden haben (beispielsweise University of Wisconin, University of Iowa, „Father Times") sich sehr flexibel einsetzen lassen. Sie können in der klassischen Weise als Postsendung verschickt werden, stehen aber auch in elektronischer Form zur Verfügung. Zudem können sie mit einer Reihe von Programmen wie z. B. Elterngruppen oder Besuchsprojekten kombiniert oder im Rahmen der Präventions- oder Elternarbeit von Krankenhäusern, Kindergärten, Schulen, Sozialdiensten etc. verteilt werden. Sie können und sollen somit auch dazu beitragen, Schwellen zu diesen Institutionen abzubauen

In den USA wird es als wesentlicher Bestandteil einer erfolgreichen Elternbildung angesehen, dass Eltern Informationen möglichst über solche Institutionen erhalten, die bereits Teil ihres Lebens sind, wie z. B. Kindergarten oder Schule. Dies kann den Effekt haben, dass die Beziehung der Eltern zu diesen Einrichtungen gestärkt wird, was sich als förderlich für eine zukünftig gesteigerte Elternbeteiligung am Lernprozess ihrer Kinder erweisen kann.

Gestaltung

Die gesichteten Elternbriefe weisen vielfältige Formen der Gestaltung auf. Insbesondere die englischen Briefe „Baby/Toddler/Kids Express" im Design einer kleinformatigen Zeitung wurden von Eltern als sehr ansprechend bewertet. Für die Zielgruppe von Eltern mit einem niedrigen Bildungsgrad wurden in den USA Briefe entwickelt, die mit einer einfachen und sehr klaren Sprache arbeiten und sich an einem definierten Leseniveau, z. B. der fünften oder sechsten Klasse, orientieren. Von den Nutzern dieser Briefe werden insbesondere die Illustrationen und konkreten Umsetzungsvorschläge in Bezug auf das vermittelte Wissen zur Erziehung positiv bewertet. Teilweise enthalten diese auch (Lern-)Spiele, die direkt in Form von Ausfüllen, Ausschneiden etc. als kostengünstige Familienaktivität umgesetzt werden können.

Als ein Erfolgskriterium für Elternbildungsprojekte wurde in den USA herausgearbeitet, dass bei der Entwicklung von Programmen wie Elternbriefen Eltern der spezifischen Zielgruppe beteiligt werden sollten. Viele der Briefe repräsentieren in ihren Illustrationen zudem bewusst die multiethnische Bevölkerung der USA.

6. Zusammenfassung und Empfehlungen

In Ergänzung zum vorangehenden Abschnitt, der die Erkenntnisse der internationalen Recherche zusammenfasst und Schlussfolgerungen darstellt, werden hier zusammenfassend inhaltliche Aspekte aller Analysen dieser Studie erörtert, aus denen sich zum einen Empfehlungen für den Einsatz von Elternbriefen ergeben und zum anderen offene Fragen kennzeichnen lassen.

Nutzen und Wirkungen, Akzeptanz

Fast alle Eltern, die Elternbriefe erhalten und lesen, äußern sich sehr positiv darüber. Die aus Elternsicht wichtigen Themen werden offenbar in allen Briefen behandelt, wenn auch zum Teil unterschiedliche Menschenbilder und Erziehungsvorstellungen transportiert werden. In den verschiedenen Elternbrieftypen werden sehr ähnliche Auffassungen über die Rolle der Eltern, über die Bedeutung von Bindung und über die sehr individuelle Entwicklung von Säuglingen, Kleinkindern und den Umgang innerhalb der Familie vertreten. Auch die Gestaltung der verschiedenen Elternbriefe, ob nun in DIN A4 oder A5, drei- oder vierspaltig, mit großen und kleineren Überschriften, Zeichnungen, Fotos und Gedichten zur Auflockerung sowie die Verständlichkeit der Texte wird von den Leserinnen und Lesern der Briefe überwiegend als sehr positiv beschrieben. Nach Einschätzung der Eltern haben die Briefe eine hohe Bedeutung als Informationsmedium. Bücher und andere schriftliche Informationen für Eltern werden von den Elternbriefleserinnen und -lesern deutlich seltener genutzt als die Elternbriefe. Dennoch können nicht alle Themen und offenen Fragen von Eltern in den Briefen erschöpfend behandelt werden, so dass ein Zusammenspiel mit anderen Informationsdiensten und -medien gewährleistet sein sollte.

Der Nutzen von Elternbriefen lässt sich daran festmachen, dass der Zugang zu den Leserinnen und Lesern über die alltagstauglichen und praxisnahen Ratschläge geschaffen wird und das Wiedererkennen von Situationen im eigenen Familienleben ermöglicht sowie die Vielfalt der dargestellten Handlungsalternativen Offenheit und Individualität signalisiert. Daran arbeiten bei allen deutschsprachigen Elternbriefanbietern multidisziplinäre Autorinnen- und Autorengruppen, die selbst Eltern sind und aus eigener Erfahrung berichten können.

Wie auch Lindner (2004) in ihrer Befragung von jungen überforderten Müttern, die Beratungsangebote in Anspruch genommen haben, herausgefunden hat, benötigen junge Eltern beziehungsweise Mütter vor allem Ermutigung für ihre Elternrolle, Bestätigung dessen, was sie bereits tun oder tun möchten, aber gehemmt und durch die vielen unterschiedlichen Ratschläge verunsichert sind sowie sachliche Informationen zur kindlichen Entwicklung. Viele Eltern wünschen sich Hilfen, die ihren Bedürfnissen und dem Alter des Kindes entsprechen und die sie selbst anschließend umsetzen können. Sie wollen nicht mit Informationen überflutet werden, sondern sehen sich durchaus in der Lage zu formulieren, welche Informationen ihnen fehlen (vgl. Smolka o.J.).

Nach Erkenntnissen der vorliegenden Studie nehmen Mütter nach wie vor ihre Rolle als erziehender Elternteil in größerem Umfang wahr als Väter. Sie lesen die Briefe häufiger und intensiver, beantworten auch überwiegend die Fragen über die Briefe und äußern Bedarfe zu weiteren Themen. Dennoch lesen auch Väter die Elternbriefe, denn ungefähr die Hälfte aller Befragten gibt an, dass beide Elternteile die Briefe lesen.

Insgesamt zeigt sich, dass Elternbriefe als Medium der Familienbildung sinnvoll sind und persönliche Gespräche mit Freunden, Verwandten oder Fachleuten über die kindliche Entwicklung, Erziehungseinstellungen und Fragen zum Familienleben ergänzen. Aus diesem Grund sollten Eltern Zugang zu den Briefen, aber auch die Möglichkeit erhalten, in Kontakt mit anderen Eltern zu treten. Dieser Austausch mit anderen Betroffenen wird von Eltern in jedem Fall gewünscht (vgl. Paritätischer Wolfenbüttel 2000).

Die zeitlich enge Abfolge der Elternbriefe im ersten Lebensjahr mit monatlichen Briefsendungen zeigt sich als sinnvoll. Veränderungen für Paare, die Eltern werden, und die kindlichen Entwicklungen nach der Geburt sind so schwerwiegend, dass dem alle Elternbriefanbieter Rechnung tragen und die Informationsdichte in den ersten Monaten sehr eng gestalten. Ab dem zweiten Lebensjahr nimmt die Briefdichte ab, die Briefe werden zunächst quartalsweise, dann halbjährlich und jährlich verschickt.

Eine weitere Frage im Rahmen der Elternbefragung bezog sich auf die Einschätzung, ob die Verteilung der Elternbriefe das Ansehen des Jugendamtes verbessern könnte. Dazu wurden die Mitarbeiterinnen und Mitarbeiter der Jugendämter selbst sowie die Eltern im Fragebogen befragt. Interessant ist, dass die meisten der Jugendamtsvertreterinnen und -vertreter durchaus der Auffassung sind, die Elternbriefe verhelfen dem Amt zu einem besseren Image. Befragt man aber die Eltern selbst, was ihnen einfällt, wenn sie an das „Jugendamt" denken, formuliert die eine Hälfte ganz allgemeine (42,5 %) oder ambivalente (7,0 %) Aussagen, die andere Hälfte gibt positive (24,5 %) Bewertungen ab. Immerhin 26 % der Eltern, die bislang keine eigenen Erfahrungen mit dem Jugendamt gemacht haben, haben ein negatives Bild vom „Jugendamt" und sehen es als Behörde, die oft zu schwerfällig und deshalb zu spät handelt.

Spezielle Zielgruppen

Die Frage nach der Akzeptanz und dem Nutzen von Elternbriefen für Familien mit Migrationshintergrund lässt sich im Rahmen dieser Analyse nur bedingt beantworten. Es gibt vereinzelt Befragungen von türkischen Leserinnen und Lesern (ANE e.V.), die eine durchaus positive Einschätzung abgeben. Die Auflagenhöhen aller mehrsprachigen Briefe oder Broschüren („Unser Baby" von pro juventute) sind steigend, d. h. sie werden zunehmend ausgegeben und bestellt. Außergewöhnlich ist das Angebot der Stadt München, die Elternbrieftexte auf Kassetten aufzunehmen und den Eltern damit gesprochene Elternbriefe anzubieten, die sie hören können. Dies ist in München deutschlandweit einzigartig. Peter Pelikan e.V. und die Elternbriefe „du und wir" bieten ihre Briefe nur auf Deutsch an. Ob es bei diesen Anbietern Bedarfe für Übersetzungen gibt, ist offen.

Hinsichtlich der türkisch-deutschen Briefe von ANE e.V. ist darauf hinzuweisen, dass die Briefe keine reinen Übersetzungen der deutschen Briefe darstellen, sondern durchaus die kulturellen Hintergründe, Einstellungen und Lebensweisen zugrunde gelegt werden und die Briefe deshalb anders aufgebaut sind als die deutschsprachigen Elternbriefe von ANE e.V. Die Briefe sind in der Ich-Form aus der Sicht einer türkischen Mutter geschrieben, die von ihrem Mann, ihrer Tochter, ihren Schwiegereltern erzählt und immer wieder auf Erziehungssituationen mit dem Kind hinweist. Aus ihrer Sicht ermutigt sie beispielsweise im ersten Brief andere Mütter, z.B. darauf zu achten, dass das Kind nicht gezwungen wird zu essen, dass sich ein Kleinkind nicht im gleichen Raum mit Rauchern aufhalten sollte, dass Kinder sich sehr unterschiedlich entwickeln und Mütter nicht ständig ihre Kinder mit anderen vergleichen sollten.

Auf veränderte Bedingungen im Familienalltag gehen alle Elternbriefanbieter mehr oder weniger ein, indem sie für besondere Zielgruppen Sonderbriefe oder Broschüren herausbringen und darin ausschließlich ein Thema behandeln und die enthaltenen Informationen sehr genau auf die Bedarfe („Krise, Trennung, Scheidung, Stieffamilie" von Peter Pelikan e.V., „Für allein Erziehende" von der Stadt München; Gewaltfreie Erziehung von ANE e.V. und München; Briefe zur religiösen Erziehung von du und wir e.V.). Das Ansprechen von speziellen Zielgruppen wie Großeltern, Vätern, allein Erziehenden oder Pflegeeltern ist überzeugend. Dies zeigt vor allem die internationale Recherche, denn die Briefe in den USA sind sehr zielgruppenspezifisch angelegt. Wenn auch diese Themen in den deutschsprachigen Elternbriefen vorkommen, so werden sie nicht in der Ausführlichkeit behandelt wie in gezielten Briefen, die sich ausschließlich z.B. mit dem Thema „Übergang Kindergarten-Schule" befassen. Dahinter steht die Idee, dass man die jeweilige Gruppe mit den Themen und Informationen versorgt, die für sie sachdienlich sind.

In Deutschland versuchen die verteilenden Institutionen jedoch eher, mit einem zentralen Instrument möglichst viele Nutzerinnen und Nutzer zu erreichen. Die Elternbriefe, die in der internationalen Recherche dargestellt wurden, richten sich dagegen häufiger an ganz spezielle Zielgruppen, und Untersuchungen dazu zeigen, dass erstens diese Zielgruppen erreicht werden und zweitens diese Zielgruppen auch davon profitieren. Formulierte Wünsche der befragten Eltern nach mehr Informationen über beispielsweise Behinderungen bei Kindern oder ältere Mütter sollten dahingehend geprüft werden, ob die Briefe in Deutschland nach Zielgruppen ausdifferenziert werden sollten.

Verteilerwege

Zu den Versandmodalitäten der Elternbriefe ist zweifelsfrei zu sagen, dass der altersgerechte, periodische Versand per Post der sinnvollste und nutzenbringendste ist. Wenn Eltern die Briefe in der kompletten Serie ausgehändigt bekommen, ist die Wahrscheinlichkeit sehr groß, dass die einzelnen Briefe insgesamt sehr viel seltener und nicht so intensiv gelesen werden. Erhalten die Eltern die Briefe dem Alter des Kindes entsprechend, können sie die jeweiligen aktuellen Entwicklungsschritte des Kindes und die aktuelle Familiensituation direkt nachlesen und werden zeitnah informiert und an bestimmte Verhaltensweisen erinnert, die genau zu dieser Zeit relevant sind (z. B. Vorsorgeuntersuchungen, Impfungen o. ä.). Der größte Teil der Eltern sammelt die Briefe und schaut später wieder hinein, wobei ca. 40% die Briefe auch nicht sammeln, wie eine Elternbefragung in München zeigte.

Eine zentrale Erkenntnis aufgrund der Jugendamtsbefragung und auch der Elternbefragung ist: Elternbriefe allein als Medium der Information für Eltern sind grundsätzlich sinnvoll, aber im Einsatz mit anderen Methoden wie Begrüßungspaketen für junge Eltern oder das Ausgeben im Rahmen eines persönlichen Besuchs bei der Familie führt zu deutlich besserem Leseverhalten. So können nach Aussagen der befragten Fachkräfte durch individuelle Gespräche auch eher bildungsferne Eltern zum Lesen und Nutzen der Elternbriefe motiviert werden. Obwohl die Briefe von ANE e.V., Peter Pelikan e.V., „du und wir" e.V. und pro juventute zentral hergestellte Elternbriefe sind, können sie von unterschiedlichen Kommunen genutzt werden. Fast alle verteilenden Institutionen fügen beim Versand der Elternbriefe regionale Informationen z. B. über Beratungsstellen, Familiendienste, Bildungsstätten usw. bei.

Ein entscheidender Vorteil des Mediums „Elternbriefe" ist die kostenlose Ausgabe aller Elternbrieftypen an die Eltern. An dieser Stelle ist anzuregen, die Briefe nicht nur bei der Geburt des jeweils ersten Kindes, sondern auch bei der Geburt von weiteren Kindern zu verschicken. Dies wird von den Leserinnen und Lesern durchaus gewünscht. Diese Briefe sollten für jedes Kind altersgerecht versandt werden. Bezogen auf das Land Nordrhein-Westfalen muss darauf hingewiesen werden, dass ohne die Landesförderung des Ministeriums für Generationen, Familie, Frauen und Integration für den Druck der Elternbriefe aus Berlin allein drei von den 13 befragten Städten beziehungsweise Kreisen die Verteilung der Elternbriefe einstellen müssten, weil sie nach Aussage der zuständigen Fachkraft die Kosten dafür nicht tragen könnten. Darüber hinaus sollte das Familienministerium in Nordrhein-Westfalen über weitere Verteilerinstitutionen nachdenken wie beispielsweise Familienzentren oder Schulen.

Die Internetversion von Elternbriefen ersetzt nach Aussagen der befragten Eltern nicht den periodischen Versand der gedruckten Briefe, sollte aber als Alternative für diejenigen zur Verfügung gestellt werden, die lieber ihre Informationen am PC abrufen und lesen.

Empfehlungen

Folgende Empfehlungen können auf Grundlage der vorgelegten Untersuchung hinsichtlich des Einsatzes von Elternbriefen als Instrument der Familienbildung ausgesprochen werden:
- Elternbriefe sollten im Einzelversand postalisch an alle Eltern, die ein Kind bekommen haben, verschickt werden. Die Aktualität der Briefe sollte dabei durch die Anbieter gewährleistet sein.
- Alternativ sollten die Briefe digital zum Download im Internet angeboten werden beziehungsweise über E-Mail-Verteiler ebenso periodisch an die Eltern verschickt werden wie die gedruckte Version. In diesem Fall sollten Eltern den altersentsprechenden Brief als pdf-Datei im Anhang der E-Mail finden können, vergleichbar einem Newsletter. Alternativ könnten Eltern auch per E-Mail auf einen jeweils aktuellen Brief auf der Homepage des Anbieters hingewiesen werden.
- Elternbriefe werden bereits deutschlandweit in vielen Kommunen eingesetzt und bekommen von den Nutzerinnen und Nutzern überwiegend positive Bewertungen, so dass eine weitere Empfehlung darin besteht, Elternbriefe in möglichst allen Kommunen einzusetzen und für möglichst alle Eltern zugänglich zu machen. Bedenkenswert sind jedoch Inhalte für speziellere Zielgruppen sowie andere Formen und Gestaltungen der Briefe. Anregungen dazu können insbesondere die vorgestellten Elternbriefkonzepte aus den USA geben.
- Neben den Jugendämtern der Kommunen sollten weitere Verteilerwege erprobt werden. Elternbriefe könnten beispielsweise in Kindertageseinrichtungen, Familienzentren in Nordrhein-Westfalen, Schulen, Krankenhäusern u. a. ausgelegt werden. Durch diese Institutionen, zu denen viele Eltern ohnehin Kontakt haben und zu denen zumeist ein Vertrauensverhältnis besteht, können Eltern sicher gut persönlich auf Elternbriefe hingewiesen werden. Zumindest sollten in diesen

- Einrichtungen aber Ansichtsexemplare für Eltern und eine Information, wie sie die Reihe von Briefen bestellen können, ausliegen.
- Elternbriefe, die vom Jugendamt weiterhin ausgegeben werden, sollten idealer Weise in Kombination mit persönlichen Kontakten zwischen Familie und Jugendamtsmitarbeitenden und weiteren Informationen über Bedingungen vor Ort ausgeben werden. Auf diesem Wege lassen sich auch bildungsferne Familien leichter erreichen.
- Auch im Kontext des Einsatzes von Elternbriefen zeigt sich die Notwendigkeit, dass Familienbildung, Jugendhilfe und Gesundheitswesen ihre jeweiligen Angebote für Eltern und Familien vernetzen und in verbindliche Kooperationen einbringen, denn nur auf diesem Weg lassen sich Angebote bündeln und in sinnvoller Weise miteinander kombinieren.
- Die Landesförderung von Nordrhein-Westfalen für den Druck der Elternbriefe sollte beibehalten oder ausgebaut werden, um für die Kommunen Anreize zu schaffen, die Elternbriefe weiterhin auszugeben oder den Kreis der lesenden Eltern zu erweitern.

Literatur

Arbeitskreis Neue Erziehung e.V. (1990): Elternbefragung zur Überarbeitung der Elternbriefe 1990. Bericht. Berlin.
Arbeitskreis Neue Erziehung e.V. (2002): Elternbriefe 1. bis 8. Lebensjahr, Stand September 2002. Berlin: Arbeitskreis Neue Erziehung.
Arbeitskreis Neue Erziehung e.V. (2005): Auswertung der Elternbefragung anlässlich der geplanten Überarbeitung der Elternbriefe vom Arbeitskreis Neue Erziehung e.V.. Bericht Stand September 2005. Berlin.
Berger, P. (2001): Arbeits, Schicht- und Klassengesellschaft. In Otto, H.-O./Thiersch, H. (Hrsg.): Handbuch Sozialarbeit Sozialpädagogik. Neuwied, Kriftel.
Brotherson, Sean; Bouwhuis, Christopher (2007): Reaching fathers in parent education: perceptions of newsletter value among fathers and father figures, in: Journal of extension (E-Journal), Jahrgang 45, Nr. 3, abrufbar unter: http://www.joe.org/joe/2007june/a3.shtml [Stand: 09.11.2007].
Cudaback, Dorothea; Dickinson, Nancy; Wiggins, Emily (1990): Parent education by mail, in: Families in Society, Jahrgang 71, S. 172–175.
Elternbriefe – „du und wir" e.V. (2005): Elternbriefe 1 bis 36. Eine Initiative der katholischen Kirche. Bonn.

Elternbriefe – „du und wir" (2002): Nutzung und Nutzen – Ergebnisse empirischer Erhebungen. Unveröffentlichte Ausführungen der Hauskonferenz am 23. April 2002.

Garton, M., Hicks, K., Leatherman, M., Miltenberger, M., Mulkeen, P., Nelson-Mitchell, L., & Winland, C. (2003): Newsletters: Treasures or trash? Parenting newsletter series results in positive behavior changes, in: Journal of Extension (E-Journal), Jahrgang 41, Nr. 1, abrufbar unter: http://www.joe.org/joe/2003february/rb5.shtml [Stand: 09.11.2007].

Keane, Brigid; Waterston, Tony; McConache, Helen; Towner, Elizabeth; Cook, Margaert; Birks, Eileen (2005): Pilot trial of an age-paced parenting newsletter; in: Community practitioner, Jahrgang 78, Nr. 10, S. 363–365.

King, Angela (2006): Age-paced parenting newsletters: delivering healthy messages, in: Community practitioner, 2006, Jahrgang 79, Nr. 3, S. 89–92.

Lamp, Cathi (ohne Jahr): Parent Express guides parents through baby's first year, abrufbar unter: http://ucanr.org/delivers/impactview.cfm?impactnum=540 [Stand: 09.11.2007].

Landeshauptstadt München, Sozialreferat/Stadtjugendamt (2001): Elternbriefe. Sammelmappe mit 46 Elternbriefen. München.

Landesregierung NRW (2005): Kinder und Jugendliche fördern – Bildung und Erziehung als Aufgabe der Kinder- und Jugendhilfe. 8. Kinder- und Jugendbericht der Landesregierung NRW. Düsseldorf.

Liebenow. H./Steppke-Bruhn, G./Lahn, T. (2003): Elterngutschein für Elternbriefe an der ElternSchuleMünsingen. Paderborn: Beratung aktuell, 1, 4. Jahrgang, S. 38–48.

Lindner, E. (2004): Evaluation präventiver Beratungsarbeit am Beispiel des Modellprojekts *Aufbau von Beratungs- und Unterstützungsmaßnahmen für Familien, deren Säuglinge und Kleinkinder von Vernachlässigung, Misshandlung und Gewalt bedroht oder betroffen sind*' des Deutschen Kinderschutzbundes Kreisverband Schaumburg e.V. Eine empirische Analyse. Dissertation zur Erlangung des Doktorgrades im Fach Psychologie der Universität Paderborn.

Lüscher, K.; Koebbel, I.; Fisch, R. (1984): Elternbildung durch Elternbriefe. Möglichkeiten und Grenzen einer aktuellen familienpolitischen Maßnahme. Konstanz.

Nelson, P. T. (1986): Newsletters: An Effective Delivery Mode for Providing Educational Information and Emotional Support to Single Parent Families? In: Family Relations, Jahrgang 35, S. 183–188.

Paritätischer Wolfenbüttel (2000): Elternbefragung zu den Elternbriefen des ANE 2000. Bericht. Wolfenbüttel.

Peter Pelikan e.V. (o.J.): Briefe an werdende Mütter und Väter. Broschüre mit 9 Briefen. München.

Peter Pelikan e.V. (o.J.): Briefe zur religiösen Erziehung im Elternhaus. Broschüre mit 7 Briefen. München.

Peter Pelikan e.V. (o.J.): Erziehungsbriefe für die ersten sechs Lebensjahre. Peter-Pelikan-Briefe Grundserie I. München.

Peter Pelikan e.V. (o.J.): Briefe zur Erziehung vom 7. bis 11. Lebensjahr. Peter-Pelikan-Briefe Grundserie II. München.

pro juventute (2007): Elternbriefe 1. Lebensjahr. Broschüre mit 13 Briefen. Zürich. 2. Auflage.

pro juventute (2007): Elternbriefe 2. und 3. Lebensjahr. Broschüre mit 10 Briefen. Zürich. 2. Auflage.

pro juventute (2006): Elternbriefe 4. bis 6. Lebensjahr. Broschüre mit 12 Briefen. Zürich. 3. Auflage.

Riley, David A. (1997): Using Local Research to Change 100 Communities for children and families, in: American Psychologist, Jahrgang 52, Nr. 4, S. 424–433.

Riley, David; Meinhardt, Gail; Nelson, Cathy; Salisbury, Marcia; Winnett, Tedi (1991): How effective are age-paced newsletters for new parents? A replication and extension of earlier studies, in: Family relations, Jahrgang 40, S. 247–253.

Rößler, B. (2006): Akzeptanz und Nutzung der Elternbriefe des Stadtjugendamtes München. Ergebnisse einer Elternbefragung. Bericht herausgegeben von Landeshauptstadt München, Sozialreferat/Stadtjugendamt, Angebote der Jugendhilfe, Fachstelle Elternbriefe und Elterninformation. München.

Schwenk, O.G. (1999): Soziale Lagen in der Bundesrepublik Deutschland. Opladen.

Smolka, A. (o.J.): Beratungsbedarf und Informationsstrategien im Erziehungsalltag. Ergebnisse einer Elternbefragung in Nürnberg zum Thema Elternbildung und Elterninformation. Staatsinstitut für Familienforschung an der Universität Bamberg. Bamberg.

Smolka, A. (2006): Familienbildung durch Elternbriefe. Staatsinstitut für Familienforschung an der Universität Bamberg. Bamberg.

Statistisches Bundesamt (2007): Statistisches Jahrbuch 2007 für die Bundesrepublik Deutschland. Wiesbaden.

Waterston, Tony; Welsh, Brenda (2007): What are the benefits of a parenting newsletter? In: Community practitioner, Jahrgang 80, Nr. 8, S. 32–35.

Weigel, Dan, Martin, Sally, (2003) University of Nevada Cooperative Extension, Little Lives, A parent's guide to development, Kurzinfo abrufbar unter: http://www.unce.unr.edu/publications/files/cy/2003/fs0325.pdf [Stand: 09.11.2007].

Neue Formen aufsuchender Elternarbeit

Ursula Peveling

Elternarbeit ist ein wichtiger Bestandteil innerhalb des Angebots- und Leistungsspektrums der Kinder und- Jugendhilfe (SGB VIII). Sie versteht sich als *„Einbeziehung von Eltern im Rahmen ganz unterschiedlicher Aktivitäten der Sozialen Arbeit und der Bildungsarbeit für Kinder und Jugendliche mit dem Ziel, den Erfolg der professionellen Bemühungen für alle Beteiligten zu erhöhen"* (Kreft/Mielenz, 2005, S. 218).

Viele Angebote und Leistungen des SGB VIII sind ohne den Einbezug von Eltern gar nicht entsprechend ihrem gesetzlichen Auftrag umzusetzen. Eltern haben sowohl ein Wunsch- und Wahlrecht bei der Auswahl bzw. Ausgestaltung geeigneter Betreuungsangebote (§ 5; § 22 Abs. 2; § 24 Abs. 4), als auch bei der Inanspruchnahme konkreter Hilfs- und Förderangebote (§ 27 Abs. 2) für ihr Kind. Sozialpädagogische Hilfen für Kinder und Jugendliche haben immer auch einen familienunterstützenden, familienergänzenden oder auch familienersetzenden Charakter, weswegen Eltern in alle Entscheidungsprozesse, aber auch in pädagogische Maßnahmen einbezogen werden müssen, um den Erfolg dieser Maßnahmen zu sichern (ebd.).

Formen der Elternarbeit

Laut Adler (2001) lassen sich drei unterschiedliche Formen von Elternarbeit unterscheiden:
1. Kooperationsansätze
   Eine kooperative Zusammenarbeit mit Eltern ist immer dann erforderlich, wenn Kinder zeitweise von Fachkräften der Jugendhilfe betreut werden. Die wechselseitige Betreuung macht einen Aus-

tausch von Informationen und eine Abstimmung von Erziehungsstilen und -inhalten zwischen Fachkräften und Eltern erforderlich. Diese Form der Elternarbeit ist demnach besonders im Bereich der Kindertagesbetreuung verbreitet, aber auch bei einer stationären oder teilstationären Unterbringung von Kindern erforderlich, um familiäre Hintergründe zu erfassen und Interventionen innerhalb des Familiensystems zu begründen und durchzuführen.
2. Beratungsansätze und Elterntrainings
Elternarbeit im Rahmen einer Beratung oder eines strukturierten Elterntrainings zielt auf eine Förderung der Erziehungsfähigkeit von Eltern bzw. eine Veränderung spezifischer Verhaltensweisen. Beide erfordern ebenfalls eine Zusammenarbeit mit Eltern, gehen aber noch darüber hinaus, da sie konkrete Handlungsanweisungen beinhalten, die sich auf eine für das Kind förderliche Gestaltung von Alltagssituationen beziehen.
3. Therapeutische Familieninterventionen
Therapeutische Interventionen versuchen tiefgreifende Verhaltensänderungen oder Einstellungen bei einem einzelnen Elternteil oder der gesamten Familie zu erwirken. Sie unterscheiden sich von Elternberatung oder -trainings dadurch, dass sie nicht nur darauf zielen, einzelne Aspekte des elterlichen Erziehungsverhaltens zu verändern, sondern das Kommunikations- und Interaktionssystem der gesamten Familie positiv zu beeinflussen.

Elternarbeit soll Eltern frühzeitig und durchgängig beteiligen, sie „empowern" und soziales Lernen ermöglichen, indem sie die gesellschaftlichen Rahmenbedingungen der Familien, wie Armut, Isolierung und/oder Überforderung berücksichtigt (Kreft/Mielenz, 2005). Dies trifft im Besonderen auf die verschiedenen Formen (neuer) aufsuchender Elternarbeit zu, da es sich hierbei häufig um sehr frühe präventive Maßnahmen handelt, die familiäre Risiken aufdecken und anschließend bearbeiten sollen.

Aufsuchende Elternarbeit

Aufsuchende Elternarbeit bezeichnet den Besuch von Familien durch pädagogische Fachkräfte. Sie begibt sich also dorthin wo Eltern sich aufhalten. Dies kann der eigene Haushalt sein, aber auch andere Orte, die von Eltern häufig aufgesucht werden wie Kindergarten und Schule. Merkmal aufsuchender Elternarbeit ist zudem ein aktives Zugehen auf Eltern, d. h. die Fachkräfte der Hilfesysteme nehmen Kontakt zu den Eltern auf – nicht umgekehrt. Durch persönliche Kontakte im vertrauten Umfeld der Familie kann ein Vertrauensverhältnis zwischen den pädagogischen Fachkräften und den Eltern aufgebaut werden, welches anschließend auch genutzt werden kann, um ihnen weitergehende Hilfen nahezubringen.

Aufsuchende Elternarbeit ist keine neue Methode der Sozialen Arbeit. Insbesondere für die Zielgruppe der sozial benachteiligten Eltern existieren bereits seit längerer Zeit verschiedene Methoden und Programme, sowohl im Bereich der kooperativen Zusammenarbeit als auch im Rahmen von Elterntrainings oder therapeutischen Interventionen. Neu ist aber die verstärkte Hinwendung zu dieser Form der Elternarbeit, hervorgerufen durch die Erkenntnis, dass bestimmte Zielgruppen einer gezielten Ansprache bedürfen, um insbesondere von präventiven Angeboten erreicht zu werden (DJI, 2006). Dies hat letztendlich auch eine Reihe neuer, kreativer Formen der aufsuchenden Elternarbeit hervorgebracht.

Diese Entwicklung entspricht auch der immer wieder geforderten verstärkten Einführung von Geh-Strukturen innerhalb der Kinder und Jugendhilfe. Komm-Strukturen sind wenig geeignet, belastete Familien zu erreichen (ebd.). Während bildungsgewohnte Eltern in der frühen Elternphase, wie auch schon während der Schwangerschaft Angebote der Familienbildung und Beratung aktiv nachfragen, trifft dies auf sozial benachteiligte Familien oder Familien mit Migrationshintergrund eher nicht zu (Mengel, 2007).

Gerade Familien in besonderen Belastungslagen werden von den vorhandenen Hilfesystemen oft nicht erreicht. Sie benötigen leichte Zugangsmöglichkeiten zu Angeboten in ihrem sozialen Umfeld und individuelle, möglichst persönliche Formen der Ansprache, um zu einer Teilnahme motiviert zu werden (BMFSFJ, 2002).

Insbesondere im Zuge des Ausbaus früher Hilfen und sozialer Frühwarnsysteme werden verstärkt Maßnahmen aufsuchender Elternarbeit entwickelt und eingesetzt, um Familien in schwierigen Lebenslagen frühzeitig zu identifizieren und ihnen individuelle, passgenaue Hilfen anzubieten (MGSFF, 2005), denn *„Familien in gravierenden Unterversorgungslagen in vielen Bereichen und mit großen Risiken für das Aufwachsen der Kinder brauchen eher individualisierte, aufsuchende, sozialraumorientierte Hilfeformen, die die Förderung einer positiven Eltern-Kind-Interaktion mit vielfältiger alltagspraktischer Unterstützung verbinden, die zeitlich flexibel auf den Bedarf der Familien reagieren und eine längerfristige Betreuung umfassen"* (DJI, 2006, S. 75).

Um Eltern im Sinne einer optimalen Förderung ihres Kindes mit den Angeboten eines Hilfesystems möglichst frühzeitig zu erreichen, ist es sinnvoll, direkt nach der Geburt eines Kindes, wenn möglich schon während der Schwangerschaft, einen vertrauensvollen Kontakt herzustellen. Der Schwerpunkt der im Folgenden beschriebenen Beispiele aufsuchender Elternarbeit liegt deswegen auf Maßnahmen oder Programmen, die im Rahmen früher Hilfen für Familien entwickelt wurden und sich dementsprechend an die Gruppe der Eltern von 0-3-jährigen Kindern richten.

Hausbesuche nach der Geburt eines Kindes

In der ersten Zeit nach der Geburt eines Kindes beschränken sich die Kontakte der Eltern häufig auf das häusliche Umfeld. Insbesondere die Mütter, als Hauptbezugsperson des Kindes, sind häufig vom gesellschaftlichen Leben isoliert (Huwiler, 1995). Für viele Eltern ergibt sich ein Kontakt mit dem Kinder- und Jugendhilfesystem oft erst, wenn ihre Kinder im Alter von 3 Jahren eine Tageseinrichtung besuchen. Hier verstreicht wertvolle Zeit, die für die Förderung der Kinder genutzt werden kann. Aus diesem Grund sind mittlerweile einige Kommunen dazu übergegangen, in Familien Hausbesuche nach der Geburt eines Kindes anzubieten. Diese Hausbesuche, meist durchgeführt von Mitarbeitern des Jugendamtes, dienen einerseits dazu, Eltern möglichst frühzeitig Informationen über die örtlichen Angebote für junge Familien zukommen zu lassen, gleichzeitig soll aber auch festgestellt werden, ob eventuell ein weitergehender Hilfebedarf in den Familien besteht.

Dieses Hausbesuchsmodell wird seit ca. zwei Jahren auch in der Stadt Dormagen durchgeführt (ISA, 2008). Hier erhalten alle Eltern nach Anmeldung ihres Kindes beim Standesamt ein Glückwunschschreiben der Stadt zur Geburt ihres Kindes und damit gleichzeitig die Ankündigung für einen Besuch durch einen von 12 Bezirkssozialarbeitern. Dieser Besuch ist verbunden mit der Übergabe eines „Babybegrüßungspaketes", welches neben einem Ringordner mit einer Übersicht aller wichtigen Hilfs-, Beratungs- und Betreuungsangebote und Informationen zur Entwicklung des Kindes auch Gutscheine für die Teilnahme an verschiedenen Familienbildungsangeboten sowie weiterer Sponsoren enthält. Daneben finden die Eltern darin auch verschiedene Antragsformulare z. B. für Elterngeld, Kindergeld und Familienpass.

Der Inhalt des Babybegrüßungspaketes wird in dem Glückwunschschreiben der Stadt aufgelistet, sodass ein gewisser Anreiz besteht, den Hausbesuch durch den Sozialarbeiter wahrzunehmen. Ein entsprechender Terminvorschlag für diesen Besuch wird den Eltern in dem Anschreiben ebenfalls mitgeteilt.

Allerdings haben die Eltern durchaus die Möglichkeit, diesen Besuchsdienst ohne Angabe von Gründen abzulehnen. Werden die Eltern zum genannten Termin nicht angetroffen, ohne dass vorher eine Absage erfolgte, wird ihnen ein weiterer Terminvorschlag gemacht. Ist auch danach ein Besuch nicht erwünscht bzw. kann kein persönlicher Kontakt zu den Eltern hergestellt werden, erhalten diese wichtige Informationen des Ringordners zugesandt.

Diese Form der aufsuchenden Elternarbeit ist seit Oktober 2006 dauerhafter Bestandteil des Dormagener Modells „Netzwerk für Familien" (NeFF) und damit auch Teil des sozialen Frühwarnsystems der Stadt. Durch den frühen aufsuchenden Kontakt zu allen Eltern erhofft man sich ein nicht stigmatisierendes Angebot, mit welchem insbesondere Eltern erreicht werden sollen, die weitergehende Hilfen benötigen, aber von sich aus nicht in Anspruch nehmen.

Gerade während der ersten Wochen und Monate nach der Geburt des ersten Kindes benötigen viele Eltern Unterstützung bei der Betreuung und Versorgung ihres Kindes, da diese Phase den Erwerb neuer Kompetenzen erfordert, gleichzeitig aber oft mit einer Konzentration auf das häusliche Umfeld beschränkt ist. Ein Kontakt durch professionelle Helfer in dieser sensiblen Lebensphase kann Eltern helfen, sich in dem oft unübersichtlichen Angebot von Hilfen unterschiedlichster Träger und Institutionen zurechtzufinden.

Das Land Nordrhein-Westfalen will dieses Hausbesuchsmodell durch die Erstellung eines Elternbegleitbuchs nach Dormagener Modell unterstützen, sodass zukünftig möglichst flächendeckend alle jungen Eltern in NRW frühzeitig über Hausbesuche erreicht werden (MGFFI, 2006).

Der Erfolg dieser Maßnahme hängt allerdings davon ab, ob es den Mitarbeitern gelingt innerhalb dieses ersten Besuches einen so stabilen vertrauensvollen Kontakt zu den Eltern herzustellen, dass diesen die Inanspruchnahme von weitergehenden Hilfen erleichtert wird. *„Der Aufbau einer Vertrauensbeziehung ist unverzichtbar für die kontinuierliche, aktive Teilnahme der Familien"* (DJI, 2006, S.74). Eine Voraussetzung ist deswegen, dass die Hausbesuche von Fachkräften durchgeführt werden, welche den Eltern auch als weitere Ansprechpartner zur Verfügung stehen und sich das Angebot nicht darin erschöpft, Eltern einen Ordner an die Hand zu geben. Gerade bei Familien, die von sich aus keine Hilfe in Anspruch nehmen, ist eine sichere Übergabe zwischen den einzelnen Hilfesystemen Voraussetzung, damit diese nicht durch das Hilfenetz fallen. In der Stadt Münster werden z.B. aus diesem Grund die Hausbesuche durch ein Team bestehend aus einer Sozialarbeiterin und einer Hebamme durchgeführt, sodass je nach Bedarf diesem Erstkontakt eine weitergehende medizinische und/oder psychosoziale Betreuung durch Hebamme und/oder Sozialarbeiterin folgen kann (ISA, 2008).

Aufsuchende Hilfen nach der Geburt eines Kindes

Um Eltern möglichst frühzeitig mit den Angeboten des Kinder- und Jugendhilfesystems zu erreichen, nutzen mittlerweile viele Kommunen den frühen Kontakt des Gesundheitssystems zu Familien und binden Fachkräfte des Gesundheitswesens wie Kinderkrankenschwestern und Hebammen in die Arbeit der sozialen Dienste mit ein. Die ersten Wochen und Monate nach der Geburt eines Kindes stellen für die Eltern eine sensible Lebensphase dar, die mit einem hohen Maß an Anpassungsleistungen und zusätzlichen Belastungen verbunden ist. Kommen soziale Belastungen und eigene negative Kindheitserinnerungen hinzu, ist in vielen Fällen der Aufbau einer positiven Eltern-Kind-Beziehung stark erschwert (Hedervari-Heller, Dornes, 2004). Durch den Einsatz medizinischer Fachkräfte, deren Tätigkeit von Eltern als nicht stigmatisierend wahrgenommen wird, kann ein erster vertrauensvoller Kontakt zu Eltern aufgebaut werden. Sie geben Eltern in der ersten Zeit nach der Geburt eine alltagspraktische Unterstützung bei der Versorgung des Säuglings und können gleichzeitig als Türöffner dienen, um ihnen Angebote des Kinder- und Jugendhilfesystems nahezubringen. Insbesondere die aufsuchende Tätigkeit von Familienhebammen wird von einer zunehmenden Anzahl von Kommunen genutzt, um einen ersten Kontakt mit besonders belasteten Familien herzustellen und ihnen daran anschließend weitere Angebote der Kinder- und Jugendhilfe zu vermitteln. So existiert bereits in einigen größeren Städten (Bremen, Hamburg s. DJI, 2006, S. 114/122) ein gut ausgebautes Familienhebammensystem.

Familienhebammen arbeiten als staatlich examinierte Hebammen mit einer Zusatzqualifikation, die sie für die psychosoziale Betreuung und Beratung von Risikogruppen qualifiziert (vgl. Schneider, 2004). Bei den betreuten jungen Müttern handelt es sich in erster Linie um:
- minderjährige/alleinstehende Schwangere/Mütter
- Schwangere/Mütter mit Migrationshintergrund mit Zugangsbarrieren zum deutschen Gesundheitssystem
- alkohol-, medikamenten- und/oder von Drogen abhängige Schwangere/Mütter
- körperlich und geistig behinderte Schwangere/Mütter

Die Familienhebamme sucht die Eltern direkt im Anschluss an die Entlassung aus der Geburtsklinik zu Hause auf. Die Besuche finden in den ersten zehn Tagen täglich und anschließend je nach Bedarf der Familie in immer größer werdenden Abständen statt. Als Angestellte des Jugendamtes oder eines freien Trägers ist die Familienhebamme in der Lage, Mutter und Kind von der Schwangerschaft bis zum ersten Geburtstag des Kindes intensiv und engmaschig zu betreuen. Neben den klassischen Hebammentätigkeiten erstreckt sich ihre Arbeit vor allem auf die Motivation zur Selbsthilfe und die Aufklärung und Vermittlung von weiterführenden Diensten wie Jugendamt, Erziehungsberatungsstelle, Sozialamt, Schwangerschaftskonfliktberatung, Ärzten und Psychologen. Die Familienhebamme arbeitet eng mit den in Frage kommenden Institutionen und medizinischen Diensten zusammen. (Schneider, 2004)

In Niedersachsen, Bremen und Sachsen wird im Rahmen des Projekts „Pro Kind" (vgl. www.stiftung-pro-kind.de) versucht, schwangere Frauen in schwierigen Lebenslagen durch ein Hausbesuchsprogramm zu unterstützen. Auch in dieses Programm sind Hebammen eingebunden, die in Zusammenarbeit mit Sozialarbeiterinnen die Familien bei der entwicklungsgemäßen Förderung ihrer Kinder unterstützen. Der Kontakt zu den schwangeren Frauen wird über Gynäkologenpraxen, Beratungsstellen oder die offene Jugendsozialarbeit hergestellt. Anschließend erhalten die (werdenden) Mütter eine intensive Betreuung in Form von Hausbesuchen sowie Informationsmaterial zu Unterstützungsmaßnahmen bis ihr Kind das zweite Lebensjahr vollendet hat. Teilweise werden die Frauen in diesem Projekt von Tandems betreut, d. h. sowohl eine Hebamme als auch eine Sozialarbeiterin stehen in wechselseitigem Kontakt mit den Frauen.

Eine ähnliche Form der Betreuung wurde auch im Rahmen des Modellprojekts „Aufsuchende Familienhilfe für junge Mütter – Netzwerk Familienhebammen" in Niedersachsen praktiziert, an dem sich zwei Landkreise und die Stadt Osnabrück beteiligten (vgl. Zierau/Gonzales, 2005). Bei dem Modellprojekt in Niedersachsen arbeiteten die beteiligten Hebammen jeweils im Team mit einer Sozialarbeiterin, die vom Jugendamt mit einer halben Stelle freigestellt worden war. Durch Fallbesprechungen und kollegialen Austausch konnte so eine optimale Betreuung der Familien erreicht werden. Die Aufgaben der Sozialarbeiterin lagen in der fachlichen Unterstützung und Beratung der Hebamme bei schwierigen Problemlagen sowie in der Vermittlung, Kooperation und Koordination weiterer Hilfen für die Familie. Die gesundheitsfördernden Interventionen konnten so optimal mit einer sozialen Betreuung verknüpft werden. Dies erleichterte die Weiterleitung der Klientinnen in reguläre Hilfestrukturen und wurde als ein Hauptfaktor für den Erfolg des Projekts angesehen (ebd.).

Einige Kommunen, wie z.B. die Stadt Bielefeld mit ihrem Modell „Chancen von Anfang an" (s. ISA, 2008), setzen eher auf den Einsatz von ehrenamtlichen Kräften, um Familien in (psycho-)sozialen Notlagen zu unterstützen und einen längerfristigen Kontakt zu ihnen zu halten. Die sogenannten „Patinnen" besuchen die Familien ein bis zweimal wöchentlich und geben ihnen eine hilfreiche Unterstützung bei der Alltagsbewältigung mit den Kindern. Sie werden immer dann an Familien weitervermittelt, wenn schon in der Geburtsklinik von den dort tätigen Fachkräften ein weitergehender Unterstützungsbedarf festgestellt wurde. Die ehrenamtlichen Helferinnen werden nach vorangegangener Schulung wiederum durch hauptamtliche Mitarbeiter/innen des Sozialen Frühwarnsystems beraten und erhalten einmal monatlich die Möglichkeit zum Erfahrungsaustausch und werden durch Supervision begleitet.

Die Kindertagesstätte als Treffpunkt für Eltern

Kindertagesstätten bieten ideale Voraussetzungen für aufsuchende Formen der Elternarbeit. Durch die große Akzeptanz der Kindertagesbetreuung – ca. 90 Prozent aller 3-6-jährigen Kinder werden hier betreut (Bien/Rauschenbach/Riedel, 2007) – kann auch der Großteil aller Eltern erreicht werden. Darüber hinaus haben Kindertageseinrichtungen aber auch einen konkreten gesetzlichen Auftrag bzgl. des Einbezugs von Eltern. So wird in § 22 Abs 2 SGB VIII festgelegt, dass die Fachkräfte in ihren Einrichtungen mit den Erziehungsberechtigten *„zum Wohl des Kindes und zur Sicherung der Kontinuität des Erziehungsprozesses"* zusammenarbeiten sollen (BMFSFJ, 2007, S. 78/79).

Dies wird innerhalb der Einrichtungen bereits auf vielfältige Weise umgesetzt. Im Rahmen von Aufnahmegesprächen, Elterninformationsabenden, Tür–und-Angel-Gesprächen oder auch Elterncafes bieten sich den Erziehern/innen zahlreiche Möglichkeiten des Elterneinbezugs. Einige Einrichtungen bieten Eltern auch die Möglichkeit zur aktiven Mithilfe und beteiligen sie an organisatorischen Aufgaben. Insbesondere der Ausbau von Kindertageseinrichtungen zu Familienzentren mit ihrem Auftrag, Eltern für alle Phasen der Erziehung Information, Beratung und Hilfe zukommen zu lassen, hat auch den Ausbau der Elternarbeit stark vorangetrieben (Pädquis, 2008).

Zunehmend gehen die Mitarbeiter von Kindertageseinrichtungen auch dazu über, Familien zu Hause aufzusuchen. Zum Teil finden diese Besuche schon im Rahmen des Aufnahmegesprächs statt, andere Einrichtungen statten den Familien im Laufe des Kindergartenjahres einen Besuch ab. *„Hausbesuche in der Familie des Kindes bieten den Fachkräften in besonderem Maß die Chance, die häusliche Lebenswelt des Kindes und das Erziehungsverhalten der Eltern kennen zu lernen"* (Dusolt, 2008). Daneben dient der Hausbesuch aber auch einem vertiefenden Beziehungsaufbau. Für Kinder ist es sicherlich ein ganz besonderes Ereignis, wenn ihnen ihre Erzieherin/ihr Erzieher einen Besuch abstattet, aber auch Eltern können sich durch die außergewöhnliche Aufmerksamkeit, die ihnen damit zuteil wird, aufgewertet fühlen. Durch die Rollenumkehr – nun ist die Erzieherin/der Erzieher einmal Gast der Familie – können Eltern eine neue Position im Miteinander einnehmen und den Erziehern/innen, fernab des institutionellen Rahmens, eventuell gelassener und aufgeschlossener begegnen. Insbesondere Familien mit Zuwanderungshintergrund, die wenig Kontakt zu deutschen Mitbürgern haben, werten einen Hausbesuch oft auch als ein Zeichen der Wertschätzung (Schlösser, 2004).

Elternarbeit in Kindertagesstätten entwickelt sich aber immer mehr auch zu Elternberatung. Viele Eltern sind verunsichert in Erziehungsfragen und benötigen neue Impulse und Anregungen für den Umgang mit ihrem Kind. So erstaunt es nicht, dass Erzieherinnen immer mehr auch in diesem Bereich gefordert sind. Eltern sind dem Rat von Erziehern/innen sehr aufgeschlossen – sie stehen (nach dem Ehepartner) an zweiter Stelle der Personen, die sie konsultieren, wenn sie Rat in Erziehungsfragen benötigen (Kraus-Gruner et al., 2007).

Elternarbeit in Kindertagesstätten verschmilzt zudem immer mehr mit dem Bereich der Familienbildung. Insbesondere Elterntrainings, die zur Stärkung der Erziehungskompetenz in Kindertagesstätten angeboten werden, beziehen häufig Erzieher/innen in ihr Konzept mit ein. Zum Teil übernehmen Erzieherinnen auch nach entsprechender Schulung selbst die Kursleitung (Pädquis, 2008).

Zwei Elternbildungsprogramme, die u. a. auch für den Einsatz in Kindertagesstätten konzipiert wurden und zu deren Konzept eine aktive Ansprache von Eltern gehört, sind z. B. FuN (s. Brixius, Koerner, Piltman, 2006) und die Eltern AG (s. Armbruster, 2006)

Beide Programme richten sich insbesondere an sozial benachteiligte und bildungsungewohnte Familien und zielen auf eine Verbesserung von Elternkompetenzen. Die Treffen finden in kleinen überschaubaren Gruppen, wohnortnah, meist in einer den Eltern vertrauten Einrichtung (Kindertagesstätte oder Schule) statt und werden jeweils von einem Teamer (FuN) bzw. Mentor (Eltern AG) begleitet.

Um Teilnehmer anzuwerben, begeben sich die Teamer bzw. Mentoren jeweils an Orte, an denen Eltern sich häufig aufhalten. Das FuN Konzept sieht eine enge Kooperation mit Kindertagesstätten vor und bindet die Erzieher/innen mit in das Programm ein. Die Eltern werden gezielt von den Erziehern/innen angesprochen und zur Teilnahme motiviert, sodass die Zusammensetzung der Gruppe ganz bewusst gestaltet werden kann und thematische Schwerpunktsetzungen, die auf die Bedürfnisse dieser konkreten Gruppe abgestimmt sind, ermöglicht werden. Bei der Eltern AG werden die Teilnehmer zusätzlich auch in Arztpraxen oder auf Spielplätzen angesprochen und zu einer Teilnahme motiviert.

Die Gruppentreffen finden in einer lockeren Atmosphäre statt, wobei die Vermittlung der Inhalte in erster Linie über einen gemeinsamen Erfahrungsaustausch erfolgt und sich thematisch auch an den Wünschen und Bedürfnissen der Teilnehmer ausrichtet.

Ein wichtiger Bestandteil der Konzepte beider Programme ist auch die Fortführung der Treffen durch die Kursteilnehmer nach Abschluss des eigentlichen Kurses. Dies geschieht durch eine stetige Verlagerung der Moderationstätigkeit von der Kursleitung zu den Teilnehmern. Die Teilnehmer werden angeregt, zunehmend mehr Verantwortung für die Gestaltung der Treffen zu übernehmen, sodass sie diese anschließend in Eigeninitiative fortführen können.

Frühförderung im Wohnzimmer

Eine intensivere Form der aufsuchenden Elternarbeit, teilweise im Sinne einer therapeutischen Familienintervention, weisen Programme auf, die als Hausbesuchsprogramm konzipiert sind. Hierzu gehören z.B. Programme wie Opstapje, HIPPY und STEEP.

Bei HIPPY und Opstapje handelt es sich um zwei Förderprogramme, die darauf zielen, Eltern individuell in ihrer Erziehungskompetenz zu stärken und Kinder in ihrer Entwicklung zu fördern. Beide Programme versuchen, Eltern durch den Einsatz von geschulten Laienhelfern, welche die Familie zu Hause aufsuchen, zu unterstützen und richten sich in erster Linie an sozial benachteiligte Familien und Familien mit Migrationshintergrund.

Bei dem in den Niederlanden entwickelten Hausbesuchsprogramm Opstapje (holl.: Schritt für Schritt) soll in kleinen Schritten durch Anleitung der Eltern im häuslichen Kontext eine Verbesserung der Mutter- bzw. Vater-Kind-Interaktion erreicht werden (s. Sann/Thrum, 2003). Dies geschieht mit Hilfe anregender Spielmaterialien, die den Familien nach praktischer Anleitung zur Verfügung gestellt werden. Die dadurch angeregten Spiel- und Lernerfahrungen sollen die kognitive, motorische, sozio-emotionale und sprachliche Entwicklung des Kindes fördern.

Die Vermittlung der Lerninhalte erfolgt durch semiprofessionelle Hausbesucherinnen, die Erfahrung im Umgang mit kleinen Kindern haben, eine hohe soziale Kompetenz aufweisen und möglichst aus dem soziokulturellen Umfeld der Familie stammen. Diese werden von sozialpädagogischen Fachkräften für ihren Einsatz in den Familien geschult und arbeiten auf Grundlage einer detaillierten Arbeitsmappe mit genauen Instruktionen für den jeweiligen Hausbesuch.

Das Frühförderprogramm erstreckt sich über einen Zeitraum von zwei Jahren. Während des ersten Jahres finden wöchentliche Hausbesuche von 30 Minuten statt; im zweiten Jahr 14-tägige Besuche von jeweils 45 Minuten Dauer. In dieser Zeit erhalten die Eltern von der Hausbesucherin konkrete Anleitungen für Spielsituationen und Tipps zur Umsetzung im Alltag sowie ein dazugehöriges Arbeitsblatt und entsprechendes Spielmaterial, welches anschließend in der Familie verbleibt.

Zusätzlich finden 14-tägig Gruppentreffen mit anderen Müttern/Eltern statt, die weitere Informationen zur Erziehung und Entwicklung des Kindes vermitteln sowie den Eltern ermöglichen sollen, Kontakte zu anderen Familien im sozialen Umfeld zu knüpfen. Die Hausbesucherinnen werden während ihrer Tätigkeit von Projektkoordinatorinnen betreut, die das Hausbesuchsprogramm organisieren und ebenso den Kontakt zu kommunalen Institutionen und Organisationen im Stadtteil herstellen. Diese fungieren bei Bedarf auch als Vermittlerin zwischen Familien und Hilfsinstitutionen und helfen geeignete Unterstützungsangebote für die jeweiligen Familien zu finden.

Das Förderprogramm HIPPY (Home Instruction Program for Pre-school Youngsters) ist ähnlich konzipiert. Zielgruppe sind allerdings in erster Linie Familien mit Migrationshintergrund, die von geschulten Mitarbeiterinnen, ebenfalls Migrantinnen mit gleichem sozialen Hintergrund, speziell im Bereich der vorschulischen Sprachförderung angeleitet werden, um den Kindern eine verbesserte Schulvorbereitung zu ermöglichen. Jede HIPPY-Mitarbeiterin betreut 12-18 Mütter über einen Zeitraum von zwei Jahren und gibt den Müttern zu Hause spezielles Spiel- und Lernmaterial für gemeinsame Aktivitäten (z. B. Geschichten vorlesen, nacherzählen, Frage-Antwort-Spiele), welches sie fünfmal pro Woche mit ihren Kindern für jeweils 15 Minuten spielen bzw. üben sollen.

Sowohl Opstapje als auch HIPPY wurden bereits vor einigen Jahren als Modellprojekt in Deutschland eingeführt und vom Deutschen Jugendinstitut wissenschaftlich begleitet. Mittlerweile bestehen für beide Programme deutsche Dachverbände, die für die Verbreitung und fachliche Weiterentwicklung der Programme verantwortlich sind.

Bei STEEP (Steps Toward Effective, Enjoyable Parenting) handelt es sich um ein Interventionsprogramm zur Stärkung der Eltern-Kind-Bindung von der Schwangerschaft bis zum zweiten Lebensjahr des Kindes. Es wurde 1987 von Egeland und Erickson in den USA entwickelt, um insbesondere Müttern aus Hoch-Risiko-Konstellationen Hilfe beim Aufbau einer gelingenden Mutter-Kind-Bindung zu geben und wird inzwischen auch in Deutschland durchgeführt und evaluiert (s. Suess/Kissgen, 2005). Ein Hauptbestandteil des Programms ist das im Rahmen von Hausbesuchen durchgeführte Videointeraktionstraining. Die Mütter werden während des Fütterns oder Wickelns gefilmt und anschließend werden die Sequenzen analysiert, wobei nur das positive Verhalten hervorgehoben und verstärkt wird. Durch das bewusste Vorführen konkreter Erziehungssituationen soll die Mutter die Möglichkeit erhalten, die Signale ihres Kindes richtig zu deuten und angemessen auf ihr Kind zu reagieren. Das STEEP-Programm beinhaltet neben den Hausbesuchen auch Gruppentreffen, die jeweils im wöchentlichen Wechsel stattfinden. Die Gruppentreffen dienen der Vermittlung von Informationen zur Kindesentwicklung und der Förderung von Elternkompetenzen. Gleichzeitig ermöglichen sie den Müttern ein soziales Netzwerk aufzubauen und wirken so der sozialen Isolation der Familien entgegen. Die anschließenden Hausbesuche ermöglichen dann wieder eine Nachbearbeitung der Inhalte und eine angeleitete Anwendung in der Praxis.

Chancen und Grenzen aufsuchender Elternarbeit

Mit aufsuchenden Formen der Elternarbeit bietet sich die Chance, schon frühzeitig auch die Eltern zu erreichen, die einen besonderen Unterstützungsbedarf haben, aber aus unterschiedlichsten Gründen (mangelnde finanzielle, zeitliche oder soziale Ressourcen) bislang kaum Leistungen der Kinder und Jugendhilfe in Anspruch nehmen. Dies betrifft im Besonderen die Leistungen nach § 16 SGB VIII/Allgemeine Förderung der

Erziehung in der Familie, die einen eher präventiven Charakter aufweisen.

So nehmen Familien, die multiplen Belastungen ausgesetzt sind und sich durch gravierende Unterversorgungslagen auszeichnen, z. B. eher selten traditionelle Beratungs- und Therapieformen in Anspruch (BMFSFJ, 1998). Die Hemmschwelle, diese Angebote aufzugreifen, ist bei diesen Familien recht hoch, weil oft Lethargie, Hoffnungs- und Perspektivlosigkeit ihnen erschweren, eigeninitiativ diese Angebote in Anspruch zu nehmen. Zudem befürchten sie, dass ihre verbalen Fähigkeiten nicht ausreichen, um sich angemessen mitzuteilen oder dass ihre eigenen Wertvorstellungen und Lebenserfahrungen nicht entsprechend berücksichtigt werden. (ebd. S. 39).

Auch erzieherische Unsicherheiten führen nicht zwangsläufig zu einer verstärkten Inanspruchnahme von institutioneller Familienbildung oder Familienberatung. *„Familienbildung mit hochbelasteten Familien lässt sich nur dann realisieren, wenn sie in eine gute fundierte Beziehungsarbeit eingebettet ist"* (Koch, 2007, S. 25).

Eltern bevorzugen meist das private Umfeld bei auftretenden Fragen und Problemen – dies trifft auf bildungsbenachteiligte Eltern ebenso zu wie auf bildungsgewohnte – allerdings fällt es benachteiligten Familien meist schwerer, institutionelle Angebote wahrzunehmen, da sie sich, auch im Hinblick auf Bildungserfahrungen, eher als defizitär erleben und ihnen zudem die Angebote der Familienbildung oft gar nicht bekannt sind (Mengel, 2007).

Eine verstärkte Einführung von aufsuchender Elternarbeit kann bewirken, dass diese Eltern über die persönliche Ansprache Vertrauen fassen und sich auf weitergehende Hilfsangebote einlassen können.

Hausbesuche durch pädagogisches Fachpersonal oder Angebote in Kindertagesstätten können Eltern lästige Wege und zusätzliche Fahrtkosten ersparen. Daneben bietet ihnen die vertraute Umgebung auch eine gewisse Sicherheit. Viele sozial benachteiligte Familien haben schon Erfahrungen im Umgang mit Institutionen gesammelt und müssen sich erst eines vertrauensvollen Umgangs sicher sein, bevor sie sich zu einer kooperativen Mitarbeit entschließen können. Insbesondere Förderprogramme im eigenen Haushalt können ganz individuell auf ihre Bedürfnisse abgestimmt werden und ersparen ihnen zudem den Aufenthalt in einer Gruppe, in der sie sich möglicherweise als defizitär erleben (s. Helming/Spachtholz, 2007).

Die neuen Formen aufsuchender Elternarbeit erfordern aber auch ein Umdenken bei vielen Fachkräften der Kinder- und Jugendhilfe, die möglicherweise gewohnt sind, Eltern im Rahmen der sonst üblichen Komm-Strukturen zu „empfangen" statt aktiv auf sie zuzugehen. Gerade die präventiven Leistungen im Vorfeld der Hilfen zur Erziehung setzen eine freiwillige Beteiligung der Eltern voraus. Aufsuchende Elternarbeit muss eine dementsprechende Kundenorientierung aufweisen. Eltern sind nicht verpflichtet Hilfe anzunehmen, sondern ihnen muss ein attraktives Angebot gemacht werden, das sie zur Mitarbeit motiviert. Dies erfordert ein vorbehaltloses, empathisches Zugehen auf Eltern, die möglicherweise anfangs wenig Entgegenkommen zeigen und zum Teil einen Lebensstil aufweisen, der den Fachkräften völlig fremd sein und eine ablehnende Haltung hervorrufen kann. Trotzdem müssen Eltern in ihrem Anderssein, mit ihren unterschiedlichen Erziehungsstilen und Lebensweisen akzeptiert und als Experten für die Erziehung ihrer Kinder respektiert werden, was neben einer hohen Frustrationstoleranz auch die Fähigkeit zur Reflexion persönlicher Einstellungen und Haltungen auf Seiten der Fachkräfte erfordert (Dusolt, 2008).

Die komplexen Problemlagen der Familien erfordern häufig aber auch die Bearbeitung neuer Inhalte mit entsprechend angemessenen, zum Teil neuen Methoden und machen Fortbildungen gerade im Bereich der frühkindlichen Bildung und Beratung notwendig.

Die Grenzen aufsuchender Elternarbeit liegen dort, wo Eltern Hilfsangebote von außen nicht wünschen, da sie diese z.B. als zu aufdringlich oder als verstärkte Kontrolle empfinden. Es sollte bedacht werden, dass selbst die Einwilligung von Eltern, Fachkräfte in ihrem Haushalt zu empfangen, schon einen enormen Vertrauensbeweis darstellt. Gerade Hausbesuche nach der Geburt eines Kindes durch pädagogische Fachkräfte, bewegen sich immer im Spannungsfeld zwischen Hilfe und Kontrolle. „*Auch präventive Hilfen beinhalten in jedem Fall einen Kontrollaspekt, da eine dritte Person Einblicke in das Familienleben erhält, die mit subjektiven Bewertungen des dort Erlebten und Erfahrenen einhergehen*" (Sann, 2008, S. 26). Dies ist selbstverständlich auch den Eltern bewusst, insbesondere jenen, die schon einmal Leistungen im Rahmen der Hilfen zur Erziehung erhalten haben. Aus diesem Grund sollte immer wieder auf die Freiwilligkeit des Angebots hingewiesen und Eltern die Möglichkeit gegeben werden, entsprechende Angebote auch ohne negative Folgen für sie abzulehnen. Entsprechend ist der Ausbau von sozialräumlichen Angeboten wie Stadtteilelterntreffs voranzutreiben, die Eltern im Rahmen informeller Kontakte erreichen und für einen Abbau von Hemmschwellen auf Seiten der Eltern führen können.

Literatur

Adler, H., 2001: Formen der Eltern- und Familienarbeit in der Jugendhilfe (Teil I und II). In: Unsere Jugend 4/2001 S. 149–158 und 5/2001.
Armbruster, M., 2006: Eltern-AG. Das Empowerment-Programm für mehr Elternkompetenz in Problemfamilien.
Bien, W., Rauschenbach, T., Riedel, B., 2007: Wer betreut Deutschlands Kinder? DJI-Kinderbetreuungsstudie. Unter:
http://www.dji.de/kinderbetreuungssurvey/Resumee_Betreuungsbuch.04_07.pdf [10.07.2008].
BMFSFJ (Hrsg), 2007: Kinder und Jugendhilfe. Achtes Buch Sozialgesetzbuch. Berlin.
BMFSFJ (Hrsg), 2002: Elfter Kinder- und Jugendbericht. Bericht über die Lebenssituation junger Menschen und die Leistungen der Kinder- und Jugendhilfe in Deutschland. Berlin.
BMFSFJ (Hrsg), 1998: Handbuch sozialpädagogische Familienhilfe. Schriftenreihe Band 182.
Brixius, B., Koerner, S., Piltmann, B., 2006: FuN – der Name ist Programm – Familien lernen mit Spass. In: Tschöpe-Scheffler, S.: Konzepte der Elternbildung – eine kritische Übersicht. Opladen.
DJI (Deutsches Jugendinstitut), 2006: Kurzevaluation von Programmen zu frühen Hilfen für Eltern und Kinder und soziale Frühwarnsystemen in den Bundesländern. Abschlussbericht. Unter:
http://www.dji.de/cgibin/projekte/output.php?projekt=612&Jump1=RECHTS&Jump2=L1&EXTRALIT=Abschlussbericht [16.06.2007].

Dusolt, H., 2008: Elternarbeit als Erziehungspartnerschaft. Ein Leitfaden für den Vor- und Grundschulbereich. Weinheim.

Erickson, M., Egeland, B., 2006: Die Stärkung der Eltern-Kind-Bindung. Frühe Hilfen für die Arbeit mit Eltern von der Schwangerschaft bis zum zweiten Lebensjahr des Kindes durch das STEEP Programm.

Hedervari-Heller, E., Dornes, M., 2004: Verhaltensregulationsstörungen in der frühen Kindheit. Daten und Erfahrungen aus der Säuglings-Ambulanz der Universitätsklinik Frankfurt a. M. In: Deutsche Liga für das Kind (Hrsg): Frühe Kindheit. Die ersten sechs Jahre. Ausgabe 04/04.

Helming, E., Spachtholz, C., 2007: Sozialpädagogische Familienhilfe als aufsuchende Eltern- und Familienberatung/Elternbildung für Familien in gravierenden Unterversorgungslagen. Unter: http://www.familienbildung-ev-bag.de/dokumentation/PDF/12.pdf [30.06.2008].

Huwiler, K., 1995: Herausforderung Mutterschaft. Eine Studie über das Zusammenspiel von mütterlichem Erleben, sozialen Beziehungen und öffentlichen Unterstützungsangeboten im ersten Jahr nach der Geburt. Bern.

ISA Institut für soziale Arbeit e.V., 2008: Soziale Frühwarnsysteme in Nordrhein-Westfalen. Frühwarnsysteme für die Zielgruppe der 0-3-Jährigen. Wie Kooperationen zwischen Jugendhilfe und Gesundheitswesen gelingen. Konzept und Praxisbeispiele.

Koch, G., 2007: Familienbildung mit hochbelasteten Familien. In: Frühe Kindheit. Die ersten sechs Jahre. Zeitschrift der Deutschen Liga für das Kind in Familie und Gesellschaft e.V. Heft 03/07.

Krause-Gruner et al., 2007: Familienbildung lernen – Kindertageseinrichtungen machen's vor! In: Frühe Kindheit. Die ersten sechs Jahre. Zeitschrift der Deutschen Liga für das Kind in Familie und Gesellschaft e.V. Heft 03/07.

Kreft, D., Mielenz, J., 2005: Wörterbuch Soziale Arbeit. Aufgaben, Praxisfelder, Begriffe und Methoden der Sozialarbeit und Sozialpädagogik.

Mengel, M., 2007: Familienbildung mit benachteiligten Adressaten. Eine Betrachtung aus andragogischer Perspektive. Wiesbaden.

MGFFI, 2006: Handlungskonzept für einen besseren und wirksameren Kinderschutz in Nordrhein-Westfalen. Unter: http://www.mgffi.nrw.de/pdf/kinder-jugend/kinderschutz.pdf [04.07.2008].

MGSFF (Ministerium für Gesundheit, Soziales, Frauen und Familie des Landes NRW), (Hrsg) 2005: Soziale Frühwarnsysteme in NRW – Ergebnisse und Perspektiven eines Modellprojekts. Institut für Soziale Arbeit, Münster.

Pädquis gGmbH (Hrsg), 2008: Der Weg zum Familienzentrum. Eine Zwischenbilanz der wissenschaftlichen Begleitung. Unter: http://www.paedquis.de/f+p/down/Transferbericht.pdf [30.06.2008].

Sann, A., 2008: Frühe Hilfen zwischen Helfen und Kontrollieren. In: DJI Bulletin 81. Heft 1/2008.

Sann, A./Thrum, K., 2003: Perspektiven präventiver Frühförderung im Kontext sozialer Benachteiligung. Das präventive Frühförderprogramm „Opstapje – Schritt für Schritt" für Familien mit zwei- bis vierjährigen Kindern im wissenschaftlich begleiteten Ersteinsatz in der BRD. In: Institut für soziale Arbeit (Hrsg.) 2003: Beiträge zum ISA Kongress. Münster.

Schlösser, E., 2004: Zusammenarbeit mit Eltern – interkulturell. Münster.

Schneider, E., 2004: Familienhebammen. Die Betreuung von Familien mit Risikofaktoren. Frankfurt a.M.

Suess, G, Kissgen, R., 2005: Frühe Hilfen zur Förderung der Resilienz auf dem Hintergrund der Bindungstheorie: das STEEP-Modell. In Cierpka (Hrsg.): Möglichkeiten der Gewaltprävention. S. 135–152. Göttingen.

Zierau, Johanna, Gonzales-Campanini, I.-M., 2005: Aufsuchende Familienhilfe für junge Mütter – Netzwerk Familienhebammen. Ergebnisse der Evaluation. Bericht 104.05. Institut für Entwicklungsplanung und Strukturforschung GmbH an der Universität Hannover. Unter: http://www.ies.uni-hannover.de/fileadmin/download/NEFA_Bericht_01.pdf [15.08.2006].

Für das Arbeitsfeld Ganztagsschule qualifizieren: Multiplikator/inn/enschulung und Transfernetzwerke

Uwe Schulz und Stephan Maykus

Das Verbundprojekt „Lernen für den GanzTag" – das den Hintergrund dieses Beitrages bildet – war ein Gemeinschaftsprojekt der Bundesländer Berlin, Brandenburg, Bremen, Nordrhein-Westfalen und Rheinland-Pfalz. Mit dem Beginn der Förderung des Auf- und Ausbaus von Ganztagsschulen in Deutschland durch das Investitionsprogramm „Zukunft Bildung und Betreuung" (IZBB) der Bundesregierung sahen diese Länder die Notwendigkeit, die Schulen beim quantitativen Ausbau des Ganztagsschulsystems auch fachlich zu unterstützen. Sie kamen überein, den Ausbauprozess durch ein Programm zur Qualitätsentwicklung in Ganztagsschulen zu flankieren. Der im Jahr 2003 bei der Bund-Länder-Kommission für Bildungsplanung und Forschungsförderung (BLK) unter der Federführung Nordrhein-Westfalens eingereichte Programmantrag führte dazu, dass das „BLK-Modellprojekt Lernen für den GanzTag" am 01. September 2004 seine Arbeit aufnahm. Im Zuge der Föderalismusreform wurde das Modellprojekt ab dem 01. Januar 2007 unter der Bezeichnung „Verbundprojekt Lernen für den GanzTag" fortgeführt.

Das Verbundprojekt setzte sich zum Ziel, auf der Grundlage von Qualifikationsprofilen für pädagogische Lehr- und Fachkräfte in Ganztagsschulen Fortbildungsmodule für Multiplikator/inn/en aus Schule, Kinder- und Jugendhilfe sowie allen weiteren Einrichtungen und Institutionen, die vor Ort als außerschulische Kooperationspartner Ganztagsschule mitgestalten, zu entwickeln. Diese Fortbildungsangebote und -konzepte für Multiplikatorinnen und Multiplikatoren wurden auf eine Internetplattform gestellt. Damit macht das Verbundprojekt ein Angebot, Ansätze und Inhalte der Qualitätsentwicklung in Ganztagsschulen hineinzutragen. Im Mittelpunkt stand dabei die Frage der Multiprofessionalität des in Ganztagsschulen tätigen Personals. Dieser Schwerpunkt spielte auch bei der Konzeption der Fortbildungsmodule für die verschiedenen an Ganztagsschulen arbeitenden Professionen eine tragende Rolle. Diese setzen gemeinsam neue und erweiterte Konzepte des ganztägigen Lernens in ein breites Spektrum der pädagogischen Vielfalt in den Ganztagsschulen um. Darin liegt eines der innovativen und konzeptionell hervorstechenden Gestaltungsmerkmale der neuen Ganztagsschulen in Deutschland. Zugleich besteht darin auch eine neue Anforderung an eine umfassende Personalentwicklung in Schule, Jugendhilfe, Kultur, Sport und bei vielen anderen Partnern, die in Ganztagsschulen arbeiten.

Im Lichte dieser Anforderung liegen mit den Fortbildungsmodulen aus dem Verbundprojekt vielfältige Materialien vor, die spezifisch für diesen Kontext entwickelt worden sind. Unmittelbar leitet sich daraus die Aufgabe ab, einen Rahmen zu setzen, der die Fortbildung und Weiterqualifizierung von in Ganztagsschulen tätigen Pädagoginnen und Pädagogen institutionell „aufstellt" und die praktische Umsetzbarkeit dieser Aktivitäten gewährleistet. In dem vorliegenden Beitrag wird darum die Frage der Vermittlung der im Verbundprojekt „Lernen für den GanzTag" entwickelten Projektelemente und Fortbildungsmodule in den Mittelpunkt gestellt und unter drei Perspektiven bearbeitet:
1. Einleitend werden Überlegungen zu den Grundlagen und Eckpunkten des Transfers der Kompetenzen von Ganztagsmultiplikator/inn/en sowie der im Projekt entwickelten Fortbildungsmodule in die Breite angestellt (Dissemination). Vor dem Hintergrund eines exemplarischen Tätigkeitsprofils dieser Multiplikator/inn/en werden konzeptionelle Schritte bedacht, wie Unterstützungssysteme als Transferziel etabliert werden können.
2. Im Kontext des Verbundprojektes sind in den Bundesländern Berlin, Bremen und Rheinland-Pfalz Ganztagsmultiplikator/inn/en mittels eigener Fortbildungsprogramme qualifiziert worden, die Lehrer/innen und andere (sozial-)pädagogische Berufsgruppen gemeinsam absolviert haben. Welche möglichen Effekte mit Blick auf die Projektziele dabei erzielt wurden, steht in diesem Abschnitt im Vordergrund (Vermittlung).

3. Abschließend werden die im Verbundprojekt „Lernen für den Ganz-Tag" mit Blick auf Multiplikator/inn/enprogramme gemachten Erfahrungen in Form von Gelingensbedingungen zusammengefasst.

1. Gestaltung des Transfers – Ergebnisse aus dem Verbundprojekt in der Breite wirksam werden lassen

Der Projektverbund „Lernen für den GanzTag" setzte sich zum Ziel, gemeinsame Qualifikationsprofile für Ganztagspersonal aus unterschiedlichen Professionen zu entwickeln und durch Fortbildungsmodule für Multiplikator/inn/en nutzbar und umsetzbar zu machen. Diese Qualifikationsprofile müssen die im Folgenden skizzierten Kompetenzaspekte berücksichtigen:
- Kooperations- und Kommunikationskompetenz: Handeln in multiprofessionellen Kontexten;
- Reflexionskompetenz: reflexiv-vermittelndes Handeln und „pädagogische Situationen lesen können";
- Gestaltungskompetenz: Handeln in entstandardisierten Kontexten und orientiert an individuellen Bildungsbiografien;
- Entwicklungskompetenz: konzeptionell fundiertes Handeln in Ganztagsschulen.

Das Verbundprojekt „Lernen für den GanzTag" geht in seiner Zielsetzung über diesen unmittelbaren Bezug noch einen Schritt hinaus. Es will auch **Schulentwicklung** (und damit eine Veränderung der Praxis) durch (multiprofessionelle) Qualifizierung von Multiplikator/inn/en anregen und dazu gehört hier zugleich das implizite Ziel der **Kooperationsentwicklung**. Im Unterschied zu anderen Projekten aus dem Zusammenhang der Bund-Länder-Kommission (BLK) ist der Gegenstand des Verbundprojektes damit sehr viel offener und hat keinen eingegrenzten Themenbezug, wie z. B. „Demokratie lernen und leben" oder „Bildung für nachhaltige Entwicklung". Die **Transferebene ist dabei vor allem die der Multiplikator/inn/en**, nicht die der Schule (bzw. erst in zweiter Rangfolge). Unter Ganztagsmultiplikatorinnen und -multiplikatoren werden im Verbundprojekt Fachkräfte aus den Bereichen Schule, Kinder- und

Jugendhilfe und anderen Professionen und Einrichtungen verstanden, die vor Ort Fortbildungsmaßnahmen durchführen. Gemeint sind demnach vor allem Personen aus Qualifizierungs-, Fortbildungs- und Unterstützungseinrichtungen.

Vergegenwärtigt man sich, dass Transfer auf mindestens vier Ebenen verortet werden kann – der Ebene der Lehr- und Fachkräfte, der Institution/Schule, des Unterstützungssystems und des Bildungssystems (vgl. Gräsel/Jäger/Willke 2006) – so zielt der Ergebnistransfer des Verbundprojektes demnach vorrangig auf die **Ebene des Unterstützungssystems**. Damit ist hier die Erweiterung von Qualifizierungsstrukturen in der Fort- und Weiterbildung sowie der Beratung und Begleitung mit Blick auf Ganztagsschulen gemeint (ein Multiplikator/inn/ensystem für Ganztagsschulen).

Mit Abschluss des Verbundprojektes „Lernen für den GanzTag"
- liegen insgesamt 27 **ausgearbeitete Fortbildungsmodule** in einer konzeptionell aufbereiteten und praxisorientierten Form vor. Die Inhalte, Konzepte, Methoden und Umsetzungsbeispiele in diesen Fortbildungsmaterialien widerspiegeln interdisziplinäre Verfahren und thematische Zugänge zu den Gestaltungsfeldern von Ganztagsschulen.
- Im Laufe des Projekts sind **Netzwerke und Multiplikator/inn/ensysteme** in den Ländern entstanden bzw. durch einen inhaltlich definierten Gegenstand stabilisiert worden, die eine Bündelung von Fachkompetenzen ermöglichen und für die Prozessbegleitung in den Schulen zur Verfügung stehen.
- Mit den vorliegenden Fortbildungsmaterialien sind Qualitätsstandards für Ganztagsschulen – in der pädagogischen Gestaltung und verstanden als Arbeitsfeld – implizit formuliert worden, die mit den ganztagsschulbezogenen **Qualitätsrahmen** und **Handlungsorientierungen** in den Bundesländern abgeglichen werden können. Gerade der Fokus des Verbundprojektes auf Fragen der multiprofessionellen Qualifizierung kann (und sollte) zukünftig verstärkt in die Qualitätsvorstellungen von Ganztagsschulen einfließen.
- In der Projektlaufzeit sind in allen beteiligten Bundesländern **Qualifizierungsmaßnahmen** von Multiplikator/inn/en durchgeführt wor-

den, die als eine gute Ausgangsbasis für die weitere, systematische Qualifikation eines definierten Pools von Multiplikator/inn/en dienen können.
- Ferner liegen empirische Daten aus einer modellhaften evaluativen Begleitung von Qualifizierungsmaßnahmen in den Bundesländern Bremen, Berlin und Rheinland-Pfalz vor, die wichtige Hinweise für die Organisation, didaktische Gestaltung und transferbezogene (praxis- und aufgabenbezogene) **Konzipierung der Fortbildungen** für Multiplikator/inn/en bieten.

Die Ergebnisse dieses in der Zusammenarbeit der fünf beteiligten Bundesländer durchgeführten Projektes stehen nach Abschluss der Projektlaufzeit sowohl den Multiplikator/inn/en in den Ländern als auch den Akteur/inn/en in Schule, Kinder- und Jugendhilfe und außerschulischen Partnern in der Breite zur Verfügung. Die Ergebnisse des Verbundprojektes lassen daher einen **Bedarf nach Vermittlung** und in diesem Zuge den Aufbau bzw. die Verstetigung von Unterstützungs- und Beratungsnetzwerken für Schulen unmittelbar erkennen.

Das **Ziel des Transfers** (konzeptionelle Ausrichtung der Ergebnisvermittlung; siehe dazu Abb. 1) liegt im Rahmen des Verbundprojektes „Lernen für den GanzTag" in der Strukturentwicklung durch den Gegenstand „Qualifizierung und Beratung/Begleitung", der auf der Grundlage erarbeiteter Fortbildungsmaterialien konstituiert wird. Daraus resultieren zwei zentrale **Verwendungskontexte**, in denen die Projektergebnisse zum Tragen kommen können, jedoch nicht zum expliziten Transferziel des Projektauftrages zu zählen sind:
- 1. Übersetzung von Inhalten der Fortbildungsmaterialien in Schulentwicklung,
- 2. Verzahnung der Systeme Schule und Jugendhilfe auf der Ebene von Qualifizierung.

Der **Transferansatz** des Verbundprojektes ist **konsequent auf Multiprofessionalität ausgerichtet**. Das heißt, sowohl bezüglich der fachlichen Aufbereitung der Fortbildungsmaterialien, ihrer Erstellung als auch (und vor allem) bezüglich ihrer Multiplikation wird das Zusammenwirken von Schule und Jugendhilfe sowie weiterer außerschulischer Partner als

Abb. 1: **Transferziel und Verwendungskontexte im Rahmen des Verbundprojektes „Lernen für den GanzTag"**

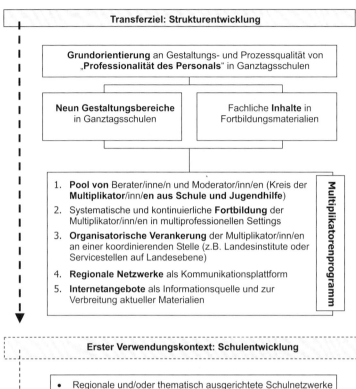

FÜR DAS ARBEITSFELD GANZTAGSSCHULE QUALIFIZIEREN | 85

konstitutives Merkmal forciert. Qualifizierung soll einen Rahmen für die Begegnung und Kooperationsentwicklung der Professionen bieten. Hierfür liefern die Fortbildungsmaterialien die notwendigen fachlichen Grundlagen, um entsprechende Qualifizierungsmaßnahmen zukünftig in der Breite durchführen zu können.

Ferner leiten sich aus den Projektergebnissen **neun Gestaltungsbereiche** in Ganztagsschulen ab, die eine Systematik der erarbeiteten Fortbildungsmaterialien ermöglichen. Diese Gestaltungsbereiche stellen zwar einen grundsätzlich optionalen Rahmen für die Qualifizierung von Multiplikator/inn/en sowie deren Tätigkeit in der Fortbildung und Prozessbegleitung dar, könnten (und sollten) aber für die beteiligten Bundesländer eine verpflichtend-orientierende und systematisierende Funktion haben. Es sind dies:
1. Gemeinsames Verständnis von Bildung und Erziehung im GanzTag
2. Kommunikation und Kooperation im GanzTag
3. Lernen und individuelle Förderung im GanzTag
4. Öffnung von Schule und Lebensweltorientierung
5. Qualitätsentwicklung und -sicherung
6. Organisationsentwicklung im GanzTag
7. Rhythmisierung im GanzTag
8. Arbeitszeitmodelle und Personalpluralität
9. Bau- und Schulflächengestaltung

Darauf aufbauend ergibt sich das Ziel, die diesen neun Gestaltungsbereichen zugeordneten spezifischen Inhalte Multiplikator/inn/en zu vermitteln, sie in von ihnen durchgeführten **Qualifizierungsmaßnahmen** für Akteur/inn/e/n aus Schule und Jugendhilfe einzubinden und damit – im Sinne der Umsetzung durch die Endabnehmer – in die Arbeit an den einzelnen Schulen zu implementieren.

Ein wichtiger **Leitgedanke des Transfers** ist dabei, dass möglichst keine neuen Strukturen geschaffen werden, sondern vorhandene Kooperationsstrukturen sowie Beratungs- und Unterstützungssysteme genutzt werden. Wie können die Ziele dieses Transferansatzes erreicht werden? Welche konkreten Maßnahmen und Strategien befördern das Anliegen des Verbundprojektes „Lernen für den GanzTag" (siehe auch die Abb. 1 und 2)?

1. **Pool von Berater/inne/n und Moderator/inn/en als Kreis der Multiplikator/inn/en aus Schule und Jugendhilfe bilden**
Entscheidend ist es, einen Pool von Fachberater/inne/n zu definieren und zu bilden, der in einem Bundesland eine ausreichende Zahl von Personen mit hoher Fachkompetenz und Zeitressourcen für Beratung, Begleitung und Fortbildung umfassen sollte. Dabei sind die Fragen zu klären: Wer sind geeignete Personen? Wozu wird dieser Personenkreis konkret eingesetzt (ggf. mit Blick auf eine Auswahl von Themen und Aufgaben im Rahmen der Projektergebnisse)? Was sind seine Aufgaben? Wie lange soll die Tätigkeit dieser Personen andauern, welche zeitliche Perspektive kann eingeplant werden? In der Regel gibt es in den Ländern bereits Personen und Personengruppen, die mit den Themen der Ganztagsschulentwicklung und Multiplikation betraut sind. Der Kreis von Multiplikator/inn/en sollte sich – in konsequenter Umsetzung des Projektanliegens – aus Vertreter/inne/n der Bereiche Schule und Jugendhilfe gleichermaßen zusammensetzen. Das Transferprogramm von „Lernen für den GanzTag" sollte darauf ausgerichtet sein, diesen Personenkreis systematisch anhand der genannten Gestaltungsbereiche und Inhalte der Fortbildungsmaterialien zu qualifizieren. Nur auf dieser Grundlage können die Multiplikator/inn/en ihrer Aufgabe gerecht werden, selbst Fortbildungen anzubieten und die Projektergebnisse in die Breite zu tragen.

2. **Systematische und kontinuierliche Fortbildung der Multiplikator/inn/en in multiprofessionellen Settings anbieten**
Die vorgelegten Fortbildungsmodule können im Kontext verschiedener Formen und Organisationsprinzipien von Ganztagsschulen in bedarfsgerechter Weise Anwendung finden und somit die Grundlage je spezifischer Qualifizierungsprogramme bilden. Eine dieser Möglichkeiten besteht darin, die Qualifizierung von Multiplikator/inn/en z. B. anhand eines **modularisierten Curriculums** aus den neun Gestaltungsbereichen von „Lernen für den GanzTag" durchzuführen, etwa in aufeinander aufbauenden Basis- und Vertiefungsqualifikationen, die beispielsweise die folgenden Themen umfassten:

- Basisqualifikation „*Ganztagsbildung - Entwicklungsprozesse in der Praxis begleiten*": mit den Themenmodulen Gemeinsames Verständnis von Bildung und Erziehung im GanzTag, Öffnung von Schule und Lebensweltorientierung, Rhythmisierung im GanzTag, Kommunikation und Kooperation im GanzTag, Lernen und individuelle Förderung im GanzTag.
- Vertiefungsqualifikationen „*Ganztagsbildung - Profilbildung und Qualitätsentwicklung unterstützen*": mit den Themenmodulen Organisationsentwicklung im GanzTag, Arbeitszeitmodelle und Personalpluralität, Bau- und Schulflächengestaltung, Qualitätsentwicklung und -sicherung.

Hierbei sollte auch eine Zertifizierungsmöglichkeit geprüft und möglichst (als zusätzlicher Anreiz) angeboten werden, gegebenenfalls auch in Form eines Portfolios für die Absolvent/inn/en der Qualifizierung, die damit ihre Aufgabe als Multiplikator/inn/en dokumentieren können. Daraus sollte auch ein klares **Aufgabenprofil der Multiplikator/inn/en** abgeleitet, Kompetenzziele definiert (Qualifizierungs- und/oder Beratungs- und Begleitungskompetenz) und ein Rahmen für kontinuierliche Weiterbildung in einem transparenten Gesamtzeitrahmen des Multiplikator/inn/enprogramms geschaffen werden.

3. Organisatorische Verankerung der Multiplikator/inn/en an einer koordinierenden Stelle vornehmen

Der Transfer – konkret die Qualifizierung der Multiplikator/inn/en und deren Tätigkeit in der Fortbildung und Praxisbegleitung – sollte **landesweit koordiniert und gesteuert** werden. Das im Punkt 2 genannte Aufgabenprofil und die modularisierte Qualifizierung liefern die Grundlage für die Zielüberprüfung und aufgabenbezogene Steuerung dieses Personenkreises. Die landesweite Koordinierung könnte bei bestehenden Einrichtungen (Landesinstitute, Servicestellen oder Serviceagenturen „Ganztägig lernen") angesiedelt werden.

4. Regionale Netzwerke als Kommunikationsplattform schaffen

Die landesweite Koordinierung sollte den Multiplikator/inn/en auch regional organisierte Gelegenheiten zum Austausch von Erfahrungen sowie der gegenseitigen Information und Qualifizierung, aber auch mit dem Ziel der Vermittlung von Praxiskontakten und Einblicken in die Implementierung der Inhalte in schulische Praxis bieten. In diese Vernetzungsprozesse könnten die Institutionen und Einrichtungen der Fort- und Weiterbildung mit ihren Angeboten und Aktivitäten eingebunden werden. Auf dieser Ebene wären auch unmittelbare Bezüge zum ersten Verwendungskontext des Verbundprojektes „Lernen für den GanzTag" denkbar: Die Teilnahme der Multiplikator/inn/en an kommunalen Qualitätszirkeln (siehe zum Beispiel das Modell in Nordrhein-Westfalen; vgl. Wegener 2007) oder kommunalen Bildungs- und Ganztagsdialogen (ggf. im Zuge des kommunalen Entwicklungsziels, abgestimmte Systeme von Bildung, Betreuung und Erziehung zu gestalten) kann eine **Brücke zur Schulentwicklung** darstellen: Regionale oder thematisch ausgerichtete Schulnetzwerke, von den Multiplikator/inn/en mit initiiert, könnten hier einen Rahmen darstellen, um die Implementierung der Projektergebnisse in schulische Praxis zu befördern.

5. Internetangebote als Informationsquelle und zur Verbreitung aktueller Materialien installieren

Die Arbeit der Multiplikator/inn/en kann durch eine internetbasierte Informations- und Kommunikationsplattform wesentlich unterstützt werden. Ein eigens für das Verbundprojekt „Lernen für den GanzTag" eingerichtetes **Portal** in den Bundesländern hilft, aktuelle Materialien schnell zu verbreiten sowie Öffentlichkeitsarbeit und den Austausch der Beteiligten zu unterstützen. Zudem ist es das Medium der Wahl, um die Fortbildungsmaterialien kontinuierlich weiter zu entwickeln und zeitnah zu veröffentlichen.

Im Spiegel dieser Ziele können die folgenden Elemente eines **Aufgaben- und Tätigkeitsprofils** von Ganztagsmultiplikator/inn/en entworfen werden, die aus dem Kontext der im Verbundprojekt vorliegenden Erfahrungen resultieren. Sie beziehen sich auf die Funktionen der Ganztagsmultiplikator/inn/en in der Fortbildung/Weiterqualifizierung sowie der Beratungs- und Vernetzungstätigkeit in den Bundesländern.

Abb. 2: **Konkrete Elemente eines Aufgaben- und Tätigkeitsprofils von Ganztagsmultiplikator/inn/en in den Bundesländern (Synthese der Profile der beteiligten Länder)**

Fort- und Weiterbildung	Beratung, Vernetzung
• Bedarfsanalyse, Planung und Durchführung von Qualifizierungsmaßnahmen für Multiplikator/inn/en sowie Fort- und Weiterbildungsangeboten für Lehrer/innen, Erzieher/innen und andere Pädagog/inn/en im Allgemeinen • Fortbildung und Qualifizierung von professionsübergreifenden Tandems, die bereits in Teams / Kollegien an einem Ganztagsschulstandort zusammenarbeiten, im Besonderen • Aktive Beteiligung an der Konkretisierung von Qualifikationsprofilen für pädagogische Arbeit in Ganztagsschulen • Eigene systematische und kontinuierliche Fortbildung und Weiterqualifizierung im Tandem, ggf. auch im Rahmen von Supervision oder kollegialer Beratung • Entwicklung einer Tandemkultur in enger Kooperation mit Pädagoge/ Pädagogin aus anderer Berufsgruppe	• Schulentwicklungsberatung und Prozessbegleitung in Ganztagsschulen • Beratung bei der Selbstevaluation von Ganztagsschulen • Begleitung von regionalen Netzwerken von Ganztagsschulen, Referenzschulen, kommunalen Steuergruppen, Bildungsdialogen oder Qualitätszirkeln • Konzeptionelle Mitarbeit bei Veranstaltungen und anderen Angeboten für Ganztagsschulen • Überregionale Vernetzung mit Teams/ Tandems von Ganztagsmultiplikator/inn/en, Moderator/inn/en oder Fortbildner/innen aus der Weiterbildung – Austausch, Weiterentwicklung • Kooperation mit Berater/inne/n für Schulentwicklung, Beratung der Schulaufsicht, von Trägern der Kinder- und Jugendhilfe, Weiterbildungsträgern, etc.

Dieses konkret auf ein Unterstützungssystem für Ganztagsschulen (vgl. Gräsel/Jäger/Willke 2006) bezogene, umfassende Aufgaben- und Tätigkeitsprofil von Ganztagsmultiplikator/inn/en in den Bundesländern soll jedoch nicht darüber hinwegtäuschen, dass sich Schulentwicklung als Verwendungskontext der Fortbildungsmodule aus dem Verbundprojekt „Lernen für den GanzTag" als **ein komplexer Prozess** darstellt. Er kann nicht allein durch verstärkte Fortbildung, Qualifizierung und Beratung initiiert und vollzogen werden. Es kann vielmehr davon ausgegangen werden, dass Qualifizierung einer von mehreren **Einflussfaktoren** auf die Innovationsoffenheit von Schulen ist. So nennen etwa Holtappels/ Rollet (2007, S. 209) im Rückgriff auf empirische Studien zentrale Einflussfaktoren und Prozessmerkmale im Schulentwicklungsgeschehen: Hierzu zählen etwa
- die Praktizierung ergebnisorientierter und strukturierter Entwicklungsstrategien,

- die Beteiligung aller relevanten Akteur/inn/e/n am Entwicklungsprozess (auch zur Herstellung einer möglichst breit getragenen Akzeptanz der geplanten Entwicklungen im Kollegium),
- das Vorhandensein von Kompetenzen zur Bewältigung von Startschwierigkeiten und Anforderungen sowie
- die Nutzung von externer Unterstützung.

Im länderübergreifenden Forschungsprojekt StEG (**Studie zur Entwicklung von Ganztagsschulen**) (vgl. Holtappels/Klieme u. a. 2007) wird ein theoretisches Modell zur analytischen **Differenzierung von Bedingungen** für den Ausbaugrad (Innovationsgrad) von Ganztagsschulen entworfen und in ersten Ansätzen empirisch geprüft. Dabei zeigt sich, dass „Aktivitäten der Schulen zur Entwicklung des Ganztagsbetriebs (z. B. Fortbildungen, Arbeitsgruppen, Schulbesuche, Konzepterarbeitung) und als nützlich eingestufte **externe Unterstützung** (…) zusammen mit strukturell-finanziellen Hilfen den Ausgangspunkt bedeutsamer Einflussvariablen (bilden)" (ebd., S. 218). So können auf dieser Grundlage eine intensivere Beteiligung der Lehrkräfte an Entwicklungsprozessen und eine höhere Akzeptanz des Entwicklungszieles nachgewiesen werden.

Zusammenfassend liegt vor diesem Hintergrund – ausgehend von der Einordnung des Faktors Qualifizierung in ein komplexes Bedingungsgefüge von Einflüssen auf den Grad der Innovationsoffenheit und der Entwicklungsaktivitäten von Schulen – das entscheidende Ziel des Verbundprojektes „Lernen für den GanzTag" im Auf- und Ausbau **dauerhafter Fortbildungs- sowie Beratungs- und Unterstützungsstrukturen**, sowohl für die Multiplikator/inn/en durch eine landesweite Koordinierungsstelle als auch – und vor allem – für die Schulen und ihre Akteur/inn/e/n.

2. Multiplikator/inn/enqualifizierung im Rahmen von „Lernen für den GanzTag"

Die im vorangegangenen Abschnitt erörterten Transferaspekte konkretisieren sich beispielhaft im Lichte der Aktivitäten, die im Rahmen des Verbundprojektes in den beteiligten Bundesländern mit Blick auf die Qualifizierung von Multiplikator/inn/en für den Ganztagsschulbereich durchgeführt worden sind. So wurden in den Teilprojekten Berlins, Bremens und Rheinland-Pfalz' in den dortigen Ganztagsmultiplikator/inn/enprogrammen insgesamt 43 Personen qualifiziert. In den Ländern konstituierten sich drei Fortbildungsgruppen, in denen eine Hälfte der Teilnehmenden Lehrer/innen aus dem Primar- und dem Sekundarstufe I-Bereich waren und die andere Hälfte sich aus unterschiedlichen weiteren pädagogischen Berufsfeldern zusammensetzte. Zu diesen Teilnehmenden zählten Erzieher/innen und sozialpädagogische Fachkräfte aus Ganztagsschulen im Grund- und Sekundarschulbereich, Fachkräfte aus dem Jugendverbandsbereich, der Jugendsozialarbeit, aus Fachschulen für die Sozialpädagogik, aus Naturschutzverbänden, Landesforsten und den Handwerkskammern.

Alle drei Programme begannen zwischen Frühjahr und Sommer 2006 und dauerten in den Bundesländern zwischen ein und zwei Jahren. In diesem Zeitraum wurden insgesamt 37 Veranstaltungen zur Qualifizierung der Ganztagsmultiplikator/inn/en durchgeführt (s. Abb. 3).

Datengrundlage für die folgende kurze Darstellung zentraler Ergebnisse der Fortbildungsevaluation ist der Rücklauf von insgesamt 37 Fragebögen, die im Rahmen einer standardisierten Befragung in den drei Ländern an die Teilnehmer/innen von Fortbildungsveranstaltung verteilt worden sind (Rücklauf Berlin: 19, Bremen: 8, Rheinland-Pfalz 10).[1]

---

[1] In die Auswertung sind die Antworten von Personen eingegangen, die in den Ländern wenigstens an der Hälfte der durchgeführten Veranstaltungen teilgenommen haben. Aufgrund der recht geringen Fallzahlen ist ein Vergleich zwischen den Bundesländern bzw. zwischen den Berufsgruppen der Lehrer/innen einerseits und der anderen pädagogischen Fachkräfte andererseits nicht sinnvoll. Es werden hier ausschließlich Ergebnisse für das gesamte Sample wiedergegeben im Wissen, dass die Berliner Stichprobe in den Ergebnissen überrepräsentiert ist.

Abb. 3:   Veranstaltungen im Rahmen der Multiplikator/inn/enqualifizierung in drei Bundesländern

Berlin	Bremen	Rheinland-Pfalz
(1) Ganztagsschule als lernende Organisation	(1) Kick-Off-Veranstaltung	(1) Gemeinsamkeiten & Unterschiede im pädagogischen Selbstverständnis des Personals in Ganztagsschulen
(2) Methoden für die Arbeit in der Schulentwicklung	(2) Basismodul 1: Ganztagsschule – meine Sicht, meine Einstellung	
(3) Rhythmisierungsprozesse in Ganztagsschulen	(3) Basismodul 2: Stand der Ganztagsschulentwicklung in Bremen	(2) Organisationsentwicklung in Ganztagsschulen
(4) Was brauchen Kinder in der Ganztagsschule?	(4) Bildung, Erziehung, Betreuung (BEB) I: Was brauchen Kinder in der Ganztagsschule?	(3) Kooperation von Schule und außerschulischen Mitarbeitern an Ganztagsschulen
(5) Strukturen und Methoden der Zusammenarbeit mit Eltern	(5) BEB II: Berufliches Selbstverständnis von Lehrkräften und (sozial-)pädagogischen Fachkräften	(4) Selbstorganisiertes Lernen in der Ganztagsschule
(6) Kommunikation und Kooperation Schule/Sozialraum	(6) BEB III: Gestaltung gelingender Bildungs-, Betreuungs- und Erziehungsprozesse 1: Was macht eine gute Ganztagsschule aus?	(5) Rhythmisierung im GanzTag
(7) Gesprächsführung, Umgang mit Widerständen		(6) Konfliktmanagement in der Ganztagsschule
(8) Qualität in gebundenen Ganztagsgrundschulen		(7) Recht und Verträge
(9) Methoden der Erwachsenenbildung	(7) Soziales Lernen und Lernen des Sozialen I: Sozialstrukturanalyse	(8) Methoden der Erwachsenenbildung
(10) Aufgabenklärung für den Einsatz in der Regionalen Fortbildung	(8) Soziales Lernen und Lernen des Sozialen II: Soziale Anerkennung	
(11) Konzeptentwicklung f. d. außerunterrichtlichen Bereich	(9) Soziales Lernen und Lernen des Sozialen III: Soziales Miteinander	
(12) Evaluation I	(10) Rechtliche und finanzielle Grundlagen der Ganztagsschulentwicklung in Bremen	
(13) Evaluation II		
(14) Teamarbeit entwickeln	(11) Konfliktmanagement in der Ganztagsschule	
(15) Teamentwicklung	(12) BEB III: Gestaltung gelingender Bildungs-, Betreuungs- und Erziehungsprozesse 2: Begleitung von Prozessen zur guten Ganztagsschule	
	(13) Rhythmisierung	
	(14) Praxisbegleitung der Tätigkeiten der Multiplikator/inn/en	

Der persönliche Zugewinn an Wissen, Fertigkeiten und Kompetenzen – auch mit Blick auf die Zielsetzung der Fortbildungsreihen im Rahmen des Projektes – stellt einen ersten wichtigen Indikator für gewünschte Effekte dar. Die Selbstauskunft der Teilnehmenden z. B. hinsichtlich des Zugewinns an Kompetenzen[2] ist jedoch nicht mit einer faktischen Kompetenzmessung zu verwechseln.

Abb. 4: **Zugewinn durch die Teilnahme an den Fortbildungsreihen aus Sicht der Teilnehmer (Auswahl, Skala von 1 („kein Zugewinn") bis 8 („sehr hoher Zugewinn"), n=37**

Zugewinn an...	Skalen-Mittel
... Motivation, mich selbsttätig mit bestimmten Themen weiter zu beschäftigen	6,54
... neuem, relevantem Fachwissen zum Thema „Ganztagsschule"	6,35
... Motivation, als Tandem von Ganztagsschul-Fortbildnern den Schulen konkrete Angebote zu machen	5,92
... Handlungsorientierung in meinem pädagogischen Arbeitsfeld	5,68
... neuem, relevantem Fachwissen zum Thema „Methoden und Didaktik der Fort- und Erwachsenenbildung"	5,24
... Kompetenz im Einsatz praxisorientierter Methoden der Erwachsenenbildung	5,27
... Erfahrung als Fortbildner/in	4,90
... Klarheit darüber, wie ich die erworbenen Qualifikationen „zu Markte trage"	4,65
... Erfahrung mit der Werbung für und Organisation von Fortbildungsangeboten	4,65

Die Einschätzung zur Eigenmotivation, sich mit weiteren Themen selbsttätig zu beschäftigen, sowie der Zugewinn an „relevantem Fachwissen zum Thema Ganztagsschule" verzeichnen die höchsten Skalen-Mittelwerte. Insbesondere ein höherer Eigenmotivationswert ist nach einer längeren Fortbildungsreihe zu erwarten, die hier auch mit den sehr positiv bewerteten Items zu den gemeinsamen Lernprozessen in der Fortbildungsgruppe (Ø 4,86 auf 5er-Skala) sowie der gewinnbringenden

---

2   Zum Verständnis des Begriffs „Kompetenzen": „Kompetenzen sind Dispositionen, die im Verlauf von Bildungs- und Erziehungsprozessen erworben (erlernt) werden und die Bewältigung von unterschiedlichen Aufgaben ... ermöglichen. Sie umfassen Wissen und kognitive Fähigkeiten, Komponenten der Selbstregulation und sozial-kommunikative Fähigkeiten wie auch motivationale Orientierungen." Vgl. Klieme / Hartig 2007, S. 21.

Zusammenarbeit mit Vertreter/inne/n anderer pädagogischer Berufsgruppen (Ø 4,86) in Zusammenhang steht.

Zugleich besteht aber auch eine recht hohe Bereitschaft dazu, gemeinsam mit einem anderen Ganztagsmultiplikator bzw. einer anderen Multiplikatorin konkrete Fortbildungen in Ganztagsschulen anzubieten (was im Laufe der Qualifizierungsprogramme teilweise bereits umgesetzt wurde). Insgesamt werden im Spiegel der Evaluationsergebnisse des Projektes die kooperations- und lernprozessbezogenen Merkmale von den Befragten als gewinnbringend bewertet. Unter anderem in den Fortbildungen zum Thema „Berufliches Selbstverständnis des pädagogischen Personals in Ganztagsschulen" (Bremen und Rheinland-Pfalz) zeigte sich, dass der Arbeit in Tandems (in dieser Reihenfolge) (a) eine Klärung der Fremdperspektive auf die andere pädagogische Berufsgruppe, (b) eine (auch: kritische) Selbstvergewisserung über die eigene pädagogische Profession, sowie (c) ein Miteinander-Denken als Verständigung über gemeinsame Zielsetzungen für die Fortbildungsarbeit mit Blick auf Ganztagsschulen zugrunde liegt. Diese Aspekte sind in den drei Qualifizierungsgruppen – quer liegend zur Auseinandersetzung mit spezifischen fachlichen Themen – immer wieder bearbeitet worden. Konkrete Tätigkeiten der Ganztagsmultiplikator/inn/en im Rahmen von **Tandemformationen** (Zusammenarbeit von Lehrer/inne/n und Vertreter/inne/n anderer (sozial-)pädagogischer Professionen als Fortbildner/innen bzw. Multiplikator/inn/en) scheinen damit durch das Verbundprojekt „Lernen für den GanzTag" zumindest vorbereitet und wären durch Unterstützungssysteme weiterzuentwickeln. Auf den „Tandemgedanken" als Prinzip für die Vermittlung von (a) Kooperationsfähigkeit (vgl. Zschiesche 2005) und (b) adäquaten, ganztagsschulrelevanten und -spezifischen Fortbildungsinhalten im Rahmen der Ganztagsmultiplikator/inn/enqualifizierung wurde im Verbundprojekt konzeptionell hingearbeitet bzw. wurde er, gerade mit Blick auf die zukünftige Arbeit der Befragten in den jeweiligen Strukturen der Bundesländer, im Ergebnis implizit vorweggenommen.

Fachwissen zur „Methodik und Didaktik der Erwachsenenbildung" sowie der „praxisorientierte Einsatz von Methoden" sind in den drei Gruppen von Ganztagsmultiplikator/inn/en von hoher und **wiederkehrender Bedeutung** gewesen, da diese auch als Basisqualifikationen in diesem

Tätigkeitsbereich anzusehen sind. In beiden Bereichen sehen die Teilnehmenden zwar durchaus einen Zugewinn, auf den aus Sicht der Befragten aber zukünftig weiter aufgebaut werden muss. Dies verdeutlicht sich auch im Spektrum der gewonnenen Fertigkeiten als Fortbildner/in, die die Befragten im Anschluss an die Qualifizierung vertiefen bzw. noch erwerben wollen. Hier sind es insbesondere die Bereiche Moderation/Gesprächsführung, Präsentationstechniken, Gestaltung von Lernsituationen in der Fortbildung, Methodeneinsatz und -vielfalt sowie Prozessbegleitung und Evaluation, die die Ganztagsmultiplikator/inn/en für ihre eigene Weiterqualifizierung in den Blick nehmen.

Mit die geringsten Entwicklungseffekte konstatieren die Befragten in einem darüber hinausführenden Bereich, der ihre *zukünftigen* Aktivitäten als Multiplikator/inn/en betrifft: Die hinzugewonnene Erfahrung als Fortbildner/in (Ø 4,90), „Klarheit, wie ich die erworbenen Qualifikationen ‚zu Markte trage'" (Ø 4,65) sowie „Erfahrung mit der Werbung und Organisation von Fortbildungsangeboten" (Ø 4,61). Diese Befunde waren insofern erwartbar, als diese drei Aspekte nicht unmittelbar zum Zielkanon der Qualifizierungsreihen in den Bundesländern gehörten. In Bremen ist die Qualifizierung der Ganztagsmultiplikator/inn/en über die gemeinsamen Fortbildungsveranstaltungen hinaus mit selbstorganisierten Lern- und Lehrphasen in der Form von Praxiserfahrung und -begleitung verbunden worden. Zugleich sind in Berlin elf der Teilnehmenden während der laufenden Qualifizierung als Ganztagsmultiplikator/inn/en offiziell in der Regionalen Fortbildung eingesetzt worden und haben dort gemeinsam Veranstaltungen durchgeführt. Ein Multiplikator/inn/entandem aus Rheinland-Pfalz hat in Bremen eine Fortbildungsveranstaltung für die (erweiterte) Multiplikator/inn/engruppe durchgeführt. Es bleibt dennoch festzuhalten, dass insgesamt Unklarheiten bzw. Unsicherheiten bestehen hinsichtlich der zukünftigen Rolle der Ganztagsmultiplikator/inn/en sowie der von ihnen antizipierten Tätigkeit als Fortbildner/in, Moderator/in oder Berater/in – bei den beteiligten Lehrer/inne/n in geringerem Ausmaß als bei den außerunterrichtlichen pädagogischen Fachkräften.

Die Frage nach den Zugewinnen ist in der Auswertung der Fortbildungen differenziert worden nach Effekten für den eigenen derzeitigen

Berufsalltag sowie mit Blick auf die Qualifizierung als Fortbildner/in / Ganztagsmultiplikator/in. Hinsichtlich des pädagogischen Berufsalltages lässt sich feststellen, dass sich die Befragten vor dem Hintergrund ihrer Teilnahme an den Fortbildungsreihen in ihren ganztagsschulbezogenen Arbeitsfeldern fachlich besser gewappnet sehen. Somit kann der breite Zugewinn an Wissen über ganztagsschulrelevante Themen – das aus Sicht der Beteiligten auch methodisch adäquat vermittelt wurde – insgesamt als der **Haupteffekt der Qualifizierungsreihen** interpretiert werden in Kombination mit, wenn auch in geringerer Ausprägung, der Lernerfahrung in multiprofessionell besetzten Qualifizierungsgruppen in den Ländern. Zugleich geben die Teilnehmenden (hier mehrheitlich die beteiligten Lehrer/innen) an, dass sie in ihrem Arbeitsfeld/ihrer Ganztagsschule zum Teil bereits neue Ideen umsetzen konnten bzw. neue Impulse für ihre berufliche Entwicklung erhalten haben.

Hinsichtlich der Einschätzungen der Befragten zur Qualifizierung als Fortbildner/in in Ganztagsschulen paart sich der Befund der recht starken Motivation, nun die Umsetzung von Fortbildungsangeboten angehen zu können, damit, dass Unklarheiten darüber noch nicht ausgeräumt erscheinen, wie und in welcher Form dies geschehen soll. Zugleich gibt etwa die Hälfte der Befragten an, Fortbildungen zum Befragungszeitpunkt bereits anzubieten und diese auch im Tandem mit einer Kollegin/ einem Kollegen aus einer anderen pädagogischen Berufsgruppe schon durchzuführen. Hierbei handelt es sich vor allem, aber nicht ausschließlich, um Teilnehmer/innen aus Berlin (die ja z. T. bereits mit festen Verträgen in die Regionale Fortbildung eingebunden sind, s.o.). Insgesamt wird jedoch durchaus deutlich, dass die Teilnehmer/innen an den Qualifizierungen z. T. bereits an konkreten Aspekten arbeiten und mit ihren Themenpräferenzen zentrale Bereiche der Qualitäts- und Konzeptentwicklung in Ganztagsschulen im Blick haben (wie z. B. Rhythmisierungsprozesse, Kooperations- und Teamentwicklung oder Methoden und Ansätze der Schul- und Qualitätsentwicklung).

In den sich hier anschließenden Skizzen werden abschließend die Aktivitäten der Länder Berlin, Bremen und Rheinland-Pfalz mit Blick auf Strukturbildung überblicksartig zusammengefasst.

- Im Laufe der Qualifizierung für Multiplikator/inn/en konnten Teilnehmer/innen am **Berliner** Programm – wie oben bereits erwähnt – durch eine Einbindung in die Strukturen der Lehrer/innenfortbildung bereits eigene Fortbildungen und Beratungen anbieten und Erfahrungen als multiprofessionelle Tandems sammeln. Aus dem Multiplikator/inn/enprogramm heraus entwickelte sich in Berlin eine auf Dauer angelegte Institutionalisierungsform für Multiplikator/inn/en und an Ganztagsschulen tätige Pädagog/inn/en: In Kooperation mit der Berliner Serviceagentur „Ganztägig lernen" wurde ein Netzwerk etabliert, das über den unmittelbaren Projektrahmen von „Lernen für den GanzTag" hinaus zukünftig mit dem Landesinstitut für Schule und Medien (LISUM) Berlin-Brandenburg weitergeführt wird. Im Rahmen dieses Netzwerkes soll eine Multiplikation der Fortbildungsmodule des Verbundprojektes erfolgen; die Inhalte der Module, deren Schwerpunkte an die Multiplikator/inn/enqualifizierung (s. Abb. 3) anschließen, sollen in die Schulentwicklung eingebracht werden. Dies soll durch Fortbildung, Beratung und Prozessbegleitung geschehen. Den unmittelbaren Bezugsrahmen dafür bieten (a) die regionalen Fachkonferenzen in Berlin, in denen alle Ganztagsschulen vertreten sind, und (b) Fortbildungsangebote, die von allen pädagogischen Mitarbeiter/inne/n (möglichst multiprofessionell) gewählt werden können.
- Die Ganztagsmultiplikator/inn/en aus **Bremen** setzen sich je zur Hälfte aus Lehrkräften und sozialpädagogischen Fachkräften, die mit mindestens halber Stelle an einer Ganztagsschule arbeiten, zusammen. Nach ihrer zweijährigen Qualifizierung bezieht sich ihr Tätigkeitsfeld vor allem auf die *direkte* Arbeit für und mit Kollegien aus Ganztagsschulen (sowohl bestehenden als auch solchen, die es werden). Im Mittelpunkt stehen dabei die konkrete Durchführung von Fortbildungen, die auch in die Begleitung von Entwicklungsprozessen in etwas längerer zeitlicher Perspektive einmünden können, und die Mitwirkung bei Veranstaltungen für Ganztagsschulen. Inhaltlich führen die Aktivitäten der Bremer Multiplikator/inn/en die thematischen Schwerpunkte des in Abb. 3 skizzierten Qualifizierungsprogramms weiter, setzen dabei aber auch eigene Akzente (z.B. Selbstbestimmtes Lernen, Teamarbeit, Mensa und Mittagsfreizeit). Vor dem Hintergrund des weiteren Ausbaus von Ganztagsschulen in Bremen

sollen die Angebote und Tätigkeiten der Ganztagsmultiplikator/inn/
en enger in die Fortbildungs- und Qualifizierungslandschaft Bremens
integriert werden. Im Schuljahr 2008/09 werden die Ganztagsmultiplikator/inn/en an die Schulentwicklungsberater/innen des Bremer
Landesinstituts für Schule angebunden.

- In **Rheinland-Pfalz** wurden auch vor dem Verbundprojekt „Lernen für den GanzTag" – im Rahmen einer Kooperation zwischen sozialpädagogischem und Lehrerfortbildungsinstitut – bereits außerschulische Mitarbeiter/innen aus Ganztagsschulen von multiprofessionellen Tandems grundlegend qualifiziert. Aus dieser Qualifizierung für die außerschulischen Mitarbeiter/innen haben sich – auch im Kontext des Verbundprojektes – thematische Fortbildungen für Lehrer/innen und außerschulische Mitarbeiter/innen entwickelt. Weiterhin sind regelmäßige Praxisbegleitungstreffen auf regionaler Ebene geplant, die das gesamte Personal an Ganztagsschulen in seiner Arbeit unterstützen sollen. Bei diesen Netzwerktreffen werden, so ist es geplant, die im Rahmen von „Lernen für den GanzTag" qualifizierten Multiplikator/inn/en gemeinsam mit den regionalen Ganztagsschulmoderator/inn/en in Rheinland-Pfalz zusammenarbeiten. Letztgenannte Gruppe berät von schulischer Seite her Ganztagsschulen beim Auf- und Ausbau und der Weiterentwicklung ihrer pädagogisch-konzeptionellen Arbeit.

Die Länder Brandenburg und Nordrhein-Westfalen haben im Rahmen von „Lernen für den GanzTag" einen anders akzentuierten Weg eingeschlagen: Sie initiierten die Entwicklung von Fortbildungsmodulen durch Fach- und Fortbildungsexpert/inn/en und griffen dabei auf bestehende Strukturen von Multiplikator/inn/en zurück. In diesem Kontext wurden sowohl Fortbildungsveranstaltungen durchgeführt als auch Qualifizierungsstrukturen erweitert. Dies wird im Folgenden kurz dargestellt.

- Die Aktivitäten bezogen auf Ganztagsmultiplikator/inn/en setzten in **Brandenburg** im Kontext von „Lernen für den GanzTag" auf eine bereits bestehende Struktur von Konsultationsstandorten auf. Konsultationsstandorte sind Ganztagsschulen im Primar- und Sek. I-Bereich, an denen die Zusammenarbeit von Schulen mit außerschulischen Partnern (z. B. Kindertagesstätten) modellhaft auf- und systematisch ausgebaut wird. Diese Erfahrungen werden anderen Ganztagsschulen u.a durch Dokumentation und Beratung zugängig gemacht. An diese Konsultationsstandorte sind Multiplikator/inn/en (Lehrerinnen und Lehrer) angebunden, wodurch sich eine regionale Netzwerkstruktur etabliert hat, durch die Ganztagsschulen bei ihren Entwicklungsprojekten von Multiplikator/inn/en beraten und begleitet werden können. Innerhalb der regionalen Netzwerkstrukturen werden Fortbildungen angeboten, die Multiplikator/inn/en als Tandems (von z.B. Schulleitung und kooperierender Kindertagesstättenleitung) durchführen. Zwei Konsultationsschulen waren im Rahmen des Verbundprojekts in die Entwicklung und Erprobung von Fortbildungsmodulen für Multiplikator/inn/en eingebunden. Zugleich sind diese Fortbildungsmodule durch Multiplikator/inn/en (Ganztagsberater/innen) in den Netzwerken geprüft und weiterentwickelt worden.

- In **Nordrhein-Westfalen** wurden Entwicklungsaktivitäten im Rahmen des Verbundprojekts „Lernen für den GanzTag" an die Ganztags-Koordinator/inn/en in den Regierungsbezirken sowie die Gruppe der Berater/innen im Ganztag (BiG) angekoppelt. Als solche fungieren Schulleitungen und Lehrkräfte, die an die 54 Kompetenzteams der Lehrer/innenfortbildung auf Schulamtsebene angebunden sind. Sie bilden gemeinsam mit Fachberater/inne/n der Jugendhilfe, des Sports (organisiert in landesweit 54 Koordinierungsstellen) sowie mit Fachkräften der Kultur und der Weiterbildung lokale oder auf die Ebene von Kreisen bezogene Netzwerke. Grundlage dieser Vernetzungsaktivitäten sind Rahmenvereinbarungen zur Umsetzung der Offenen Ganztagsschule, die mit gemeinnützigen Partnern des Landes (freie Jugendhilfe, Sport, Kultur, etc.) geschlossen wurden. Während Teams von Multiplikator/inn/en für die Entwicklung der Fortbildungsmodule zuständig waren, wurden diese auf Fortbildungsveranstaltungen oder in den genannten Netzwerkzusammenhängen erprobt. So wurden alle Berater/innen im Ganztag in den Kompetenzteams sowie eine Vielzahl weiterer Multiplikator/inn/en (z.B. Schulleitungen) und aus den Reihen der Partner (z.B. Fachberater/innen) in der Anwendung des im Rahmen von „Lernen für den GanzTag" entwickelten Instruments zur Selbstevaluation für Ganztagsschulen, „QUIGS – Qualitätsentwicklung in Ganztagsschulen", geschult. Qualifizierungen von Multiplikator/inn/en aus Schule, Jugendhilfe und weiteren Partnern mit Fortbildungsmodulen aus dem Verbundprojekt „Lernen für den GanzTag" sowie dem Instrument QUIGS wurden kontinuierlich durchgeführt. Perspektivisch wird zur Strukturbildung eine Standardisierung von Fort- und Weiterbildungsinhalten auf der Grundlage von Pflicht- und Wahlmodulen mit der Zielsetzung einer Zertifizierung angestrebt, die auch durch eine Rahmenvereinbarung mit den Trägern der Weiterbildung unterstützt werden soll.

3. Gelingensbedingungen für die Verankerung eines Multiplikator/inn/enprogramms und die Reichweite von Fortbildungsmodulen: Abschließende Überlegungen

Aus diesen Ergebnissen, vor dem Hintergrund der praktischen und sehr vielfältigen Erfahrungen im Rahmen der Projektlaufzeit und im Kontext der Qualifizierung von Ganztagsmultiplikator/inn/en können die folgenden zusammenfassenden Rückschlüsse für die Entwicklung und Durchführung von Multiplikator/inn/enprogrammen gezogen werden:

1. Voraussetzung für eine motivierte und motivierende Teilnahme an einer längeren Fortbildung/Weiterqualifizierung zum Ganztagsmultiplikator/zur Ganztagsmultiplikatorin muss sein, den Teilnehmenden zu Beginn eine Zielperspektive und eine realistische Kosten-Nutzen-Kalkulation vorzustellen. Dazu gehört auch eine klare Einschätzung darüber, (a) welcher Zugewinn an **Wissen, Können und Fertigkeiten** mit der Absolvierung der Fortbildung/Weiterqualifizierung zum Ganztagsmultiplikator/ zur Ganztagsmultiplikatorin erwartet werden kann, (b) wie und in welchem Rahmen die dazu gewonnenen Kompetenzen im Anschluss eingesetzt werden können (organisatorische Verankerung) und gegebenenfalls (c), ob eine bzw. welche berufliche Weiterentwicklungsmöglichkeit (ggf. durch die Form einer Zertifizierung) mit der Maßnahme verbunden ist.
2. Pädagog/inn/en im Rahmen einer umfangreicheren Maßnahme der Fortbildung/Weiterqualifizierung zu Ganztagsschulmultiplikator/inn/en auszubilden ist sinnvoll, wenn verlässliche Ermöglichungsstruk-

turen vorhanden sind, auf deren Grundlage die Multiplikator/inn/en ihre Kenntnisse und Fähigkeiten zum Einsatz bringen können. Dies hat für die Beteiligten zwei Dinge zur Voraussetzung: (1) Sie müssen hinsichtlich ihrer eigenen beruflichen Tätigkeit dafür zeitliche Ressourcen erübrigen können (so ist es z. b. problematisch, wenn sich Anfragen für Fortbildungen in Ganztagsschulen auf ein Zeitfenster beziehen, an dem Ganztagsmultiplikator/inn/en in ihren Dienst- und Arbeitsstellen unabkömmlich sind), und (2) es muss einen Anreiz für sie geben, (a) aktiv ihre Fort- und Weiterbildungstätigkeiten anzubieten oder (b) auf Nachfrage von Seiten von Ganztagsschulen ihre Zeitressourcen und Kompetenzen einbringen zu können. Diese Anreize können verschiedene Formen annehmen: (a) Im Falle von Lehrer/inne/n eine zeitliche Freistellung von Unterrichtsverpflichtungen oder einen adäquaten finanziellen Anreiz, um eigene Freizeit für die Durchführung von Fortbildungsmaßnahmen zu investieren; (b) Im Falle von Angehörigen anderer pädagogischer Professionen eine Freistellung von anderen Aufgaben durch den Arbeitgeber oder ebenfalls finanzielle Anreize. In beiden Fällen bliebe auch zu klären, welchen Nutzen ein Anstellungsträger daraus gewinnen kann, diese Freistellungen zu gewähren.

3. Mit dem Blick auf die gesellschaftliche Debatte um *lifelong learning* und Kompetenzentwicklung in der beruflichen Bildung und Weiterbildung im Allgemeinen sowie dem Blick auf die (Qualitäts-) Entwicklung von Ganztagsschulen im Besonderen ist eine Entwicklung sinnvoll, in den Bundesländern institutionalisierte Schnittstellen zu schaffen zwischen den (Fortbildungs-) Systemen der Schule und den Weiterbildungssystemen der Kinder- und Jugendhilfe (z. B. mit den Sozialpädagogischen Fortbildungsstätten) und anderen relevanten Trägern der Weiterbildung mit inhaltlichem, ganztagsschulrelevantem Bezug (zweiter Verwendungskontext: Verzahnung der Systeme). Die in den Bundesländern qualifizierten Ganztagsmultiplikator/inn/en wären an diesen Schnittstellen mit ihren Kompetenzen und Ressourcen organisatorisch zu verankern (Transferziel: Strukturentwicklung). Diese Schnittstellen können auf einer ersten Stufe im Aufbau von strukturierten Fortbildungs- und Qualifizierungsverbünden (über Systemgrenzen hinweg) bestehen, in denen inhaltlich übergreifende Angebote von Lehrer/innenfortbildungsinstitutionen

und z. B. anerkannten Trägern der Weiterbildung (wie Freien Trägern der Kinder- und Jugendhilfe oder – in öffentlicher Trägerschaft von Gemeinden oder Gemeindeverbänden – den Volkshochschulen) gemacht werden.
4. An diesen Schnittstellen sollten nach Qualitätskriterien und Kompetenzprofilen ausdifferenzierte schulische Qualitätsrahmen der Bundesländer zur Entwicklung von *Ganztags*schulen der Ausgangspunkt für die Gestaltung und Umsetzung von Fortbildungsprogrammen und -maßnahmen sein (zweiter Verwendungskontext: Verzahnung). Diese Qualitätsrahmen formulieren konkrete Kriterien und Indikatoren für gutes pädagogisches Handeln von Lehrer/inne/n und anderen pädagogischen Professionellen in Ganztagsschulen. Grundlage hierfür könnten – in einem ersten Schritt – aus den Qualitätskriterien und Kompetenzprofilen abgeleitete Formen von Curricula für die kompetenzbasierte Weiterqualifizierung sein (vgl. Edelmann/Tippelt 2007, S. 135f). Dieser Prozess kann von Ganztagsmultiplikator/inn/en begleitet und unterstützt werden.
5. Nicht nur, um einerseits diese übergreifenden Strukturen und Konzepte nutzbar zu machen und andererseits die Fortbildung/Weiterqualifizierung von Lehrer/inne/n und weiteren pädagogischen Fachkräften durch Ganztagsmultiplikator/inn/en strukturell abzusichern, ist die Schaffung von adäquaten Rahmenbedingungen und die Zurverfügungstellung von zeitlichen und finanziellen Ressourcen (z. B. Fortbildungsbudgets) in und für die Ganztagsschulen unerlässlich. Ganztagsschulen können darüber hinaus – ggf. auch durch weitere geeignete Anreizformen – dazu motiviert werden, Lehrer/innen, (sozial-)pädagogische Fachkräfte und weitere Pädagog/inn/en aus dem außerunterrichtlichen Bereich in adäquater Anzahl und unter sinnvoller Berücksichtigung von fachlichen Schwerpunkten und Zuständig- bzw. Verantwortlichkeiten in der Ganztagsschule, zu einer zumindest grundständigen Fortbildung/Weiterqualifizierung zu organisatorisch-strukturellen sowie pädagogisch-konzeptionellen Bewältigungsaufgaben von Ganztagsschulen zu entsenden und damit eine gezielte Personalentwicklung zu betreiben.
6. Die Fortbildung/Weiterqualifizierung von multiprofessionellen Tandems oder Teams aus Ganztagsschulen verstärkt die Möglichkeiten, Impulse aus diesen Maßnahmen in Schulentwicklung zu übersetzen

(vgl. z. B. Kohlmeyer/Maruszat 2006). Dieser Transfer von Anregungen in Entwicklungsprozesse (erster Verwendungskontext: Schulentwicklung) – der bereits in den Fortbildungen angelegt sein sollte – ist aus vielerlei Gründen voraussetzungsvoll (vgl. z. B. Haenisch 1994) und erfordert u. a. ein innovationsoffenes Klima in den jeweiligen Schulen, in denen z. b. Gelegenheiten zu selbstevaluativen und -reflexiven Aktivitäten gegeben sind. Insgesamt kann eine Einbindung der qualifizierten Ganztagsschultandems bzw. -teams in lokale Netzwerke und Unterstützungsstrukturen den genannten Transferprozess kontinuierlich anregen.

Veränderungsprozesse über Fort- und Weiterbildung in Ganztagsschulen zu initiieren kann also dann zu positiven Ergebnissen führen, wenn die sie initiierenden Personen in der Schule selbst, aber auch durch externe Unterstützungssysteme getragen werden. Ein systematisches Multiplikator/inn/enprogramm auf Ebene der Länder stellt ein solches Unterstützungssystem dar. Fortbildungsaktivitäten, Transferagenturen (vgl. Nickolaus/Schnurpel 2001) oder eine enge Vernetzungsstruktur (vgl. Jäger 2007) tragen zur Absicherung des Transfers bei. Diese – und weitere – Gelingensbedingungen sind wesentliche Voraussetzungen dafür, dass Multiplikator/inn/enprogramme in der Praxis ihre Wirkung entfalten können.

Das Verbundprojekt „Lernen für den GanzTag" hatte den Auftrag, Fortbildungsmodule für Multiplikator/inn/en zu entwickeln, Multiplikator/inn/en zu qualifizieren und dadurch Unterstützungssysteme zur qualitativen Weiterentwicklung von Ganztagsschulen aufzubauen. Dabei liegen den Fortbildungsmodulen Qualifikationsprofile für pädagogisches Personal zugrunde, die sich aus Rahmenqualitätszielen für Ganztagsschulen herausfiltern lassen, die den Blick auf die spezifischen Möglichkeiten der Schulen richten. Grundsätzlich gelten die „Merkmale guter Schulen" als Qualitätsmerkmale auch für Ganztagsschulen (vgl. Radisch/Klieme/Bos 2006), noch aber sind in ihre Betrachtung die Potenziale ganztägiger Schulorganisation nicht systematisch einbezogen und als grundsätzliches Gestaltungsprinzip verstanden worden. Die hier vorgelegte Analyse zeigt Ansatzpunkte auf und verweist mit der Akzentsetzung auf Kompetenzprofile und die Professionalisierung des pädagogischen Personals auf ein

Abb. 5: Im Überblick: Wichtige Gelingensbedingungen für ein Multiplikator/inn/enprogramm

Klares Aufgabenprofil: Aufgabenbeschreibung und Zielperspektive für die Multiplikator/inn/en erstellen und auf dieser Grundlage Kompetenz- und Anforderungsprofile festlegen
Klar strukturierte Organisation des Multiplikator/inn/enprogramms (landesweite, transparente Steuerung, Kompetenzen, Zuständigkeiten, Laufzeit und zeitliche Perspektive, Freistellungsumfang)
Feste Ansprechpartner für die Multiplikator/inn/en in einer landesweit tätigen und selbst multiprofessionell besetzten Koordinierungsstelle
Die Gewinnung von Multiplikator/inn/en der Kinder- und Jugendhilfe benötigt andere Verfahren als im schulischen Bereich: Statt Freistellungsstunden auf der einen Seite muss es auf dieser Seite handlungsfeldspezifische Anreize geben und eine verbindliche Einbindung in das Multiplikatorenprogramm
Ausreichende Zeitressourcen: Multiplikator/inn/en benötigen angemessene Freistellung für die Aufgaben der Qualifizierung bzw. Prozessbegleitung
Ausreichende Ausstattung mit Finanzmitteln: damit mit dem Multiplikator/inn/enprogramm die weit reichenden Aufgaben erfüllt werden und Ganztagsschulen Fortbildung und Prozessbegleitung anfragen können
Kollegiale Beratung in regionalen Netzwerken anbieten und Multiplikator/inn/en regelmäßigen Austausch ermöglichen
Anreiz- und Anerkennungssysteme für Multiplikator/inn/en schaffen: Bezahlung, Zeit für eigene Qualifizierung, langfristige Aufgabenstellung, berufliche Profilierungsmöglichkeit
Verfahren der Selbstevaluation: sollten für Multiplikator/inn/en eingeführt werden; eine externe Evaluation sollte in Ergänzung dazu Impulse für Weiterentwicklungen liefern
Schulaufsicht: sollte das Multiplikator/inn/enprogramm aktiv unterstützen und nutzen
Geringer Verwaltungsaufwand: das Multiplikator/inn/enprogramm so unbürokratisch wie möglich gestalten
Hohe Flexibilität in ihrer Aufgabenerledigung: sollte den Multiplikatoren bei ihren Tätigkeitsschwerpunkten eingeräumt werden, um wechselnden schulischen Bedarfen in der Qualifizierung und Begleitung gerecht zu werden

wesentliches Qualitätsmerkmal, das Ganztagsschulen – über den ihnen zur Verfügung stehenden erweiterten Gestaltungsrahmen hinaus – kennzeichnet: das **Merkmal der Multiprofessionalität**. An dieses Merkmal hat das Verbundprojekt „Lernen für den GanzTag" angeknüpft. Fortbildung für und Beratung von Ganztagsschulen durch multiprofessionelle Teams/Tandems kann somit auch umgekehrt die Gelegenheit eröffnen, zur Entwicklung von Qualitätsmerkmalen beizutragen: aus der Praxis multiprofessioneller *settings* heraus die spezifischen Qualitätsanforderungen an professionelles pädagogisches Handeln in Ganztagsschulen entwickeln.

Obgleich Fort- und Weiterbildung selbst einen unmittelbaren Transfermodus für Systeme wie Ganztagsschulen konstituiert, kann sie keineswegs als der einzige (und kausal wirksame) Impuls für Schulentwicklung verstanden werden. Auf die Bedeutung von Rahmenbedingungen, Einflussfaktoren und Beratungs- und Begleitungsprozessen ist hier hingewiesen worden. Der Aufbau von geeigneten **Unterstützungsstrukturen** durch Fortbildungsmodule und die Qualifizierung von Multiplikator/inn/en eröffnet Schulentwicklung jedoch mittelbar als Verwendungskontext. Die Fortbildungsmodule stellen ein Angebot an Fachleute dar, erprobte **Konzepte anzuwenden** und so die Merkmale der Multiprofessionalität und Kooperation in den Unterstützungssystemen für Ganztagsschulen und relevanten fachlichen Themenfeldern weiter zu etablieren. Die Reichweite solcher Verstetigungsaktivitäten lässt sich zurzeit nicht erfassen; diese Prozesse können jedoch absichtsvoll gestaltet und verstetigt werden.

Literatur

Edelmann, D./ Tippelt, R.: Kompetenzentwicklung in der beruflichen Bildung und Weiterbildung. In: Zeitschrift für Erziehungswissenschaft, 10. Jg., Nr. 8/2007 (Sonderheft), S.129--46.

Gräsel, C./ Jäger, M./ Willke, H.: Konzeption einer übergreifenden Transferforschung unter Einbeziehung des internationalen Forschungsstandes. In Nickolaus, R./C. Gräsel (Hrsg.): Innovation und Transfer. Expertisen zur Transferforschung. Hohengehren 2006, S. 445–566.

Haenisch, H.: Wie Lehrerfortbildung Schule und Unterricht verändern kann. Eine empirische Untersuchung zu den Bedingungen und der Übertragbarkeit von Fortbildungserfahrungen in die Praxis. Soest 1994.

Holtappels, H. G./ Rollett, W.: Organisationskultur, Entwicklung und Ganztagsschulausbau. In: Holtappels, H. G./ Klieme, E./ Rauschenbach, T./ Stecher, L. (Hrsg.): Ganztagsschule in Deutschland. Weinheim/München 2007, S. 209–227.

Holtappels, H. G./ Klieme, E./ Rauschenbach, T./ Stecher, L. (Hrsg.): Ganztagsschule in Deutschland. Weinheim/München 2007.

Jäger, M.: Innovation durch Kooperation. Voneinander lernen – Erfolg von TransKIGs durch Transfer. Eröffnungsvortrag auf der Zwischenbilanztagung des TransKIGs-Verbundprojekts „Wege, Irrwege und Umwege zur Kooperation", Berlin, 18. September 2007. http://www.bildung-brandenburg.de/transkigs/zwischenbilanzerffnung.html (18.04.2008).

Klieme, E./ Hartig, J.: Kompetenzkonzepte in den Sozialwissenschaften und im erziehungswissenschaftlichen Diskurs. In: Zeitschrift für Erziehungswissenschaft, 10. Jg., Nr. 8/2007 (Sonderheft), S. 11–29.

Kohlmeyer, K./ Maruszat, R.: Kooperation von Schule und Jugendhilfe. Abschlussbericht der wissenschaftlichen Begleitung zum Modellprojekt „Berufs- und arbeitsweltbezogene Schulsozialarbeit". Berlin 2006.

Nickolaus, R./ Schnurpel, U.: Innovations- und Transfereffekte von Modellvorhaben in der beruflichen Bildung. Band 1, hrsg. vom Bundesministerium für Bildung und Forschung (BMBF). Bonn 2001.

Radisch, F./ Klieme, E./ Bos, W.: Gestaltungsmerkmale und Effekte ganztägiger Angebote im Grundschulbereich. Eine Sekundäranalyse zu Daten der IGLU-Studie. In: Zeitschrift für Erziehungswissenschaft, 9. Jg., Nr. 1/2006, S. 51–66.

Wegener, S.: Praxis kommunaler Qualitätszirkel in Nordrhein-Westfalen. Trägerübergreifende Qualitätsdialoge zur Weiterentwicklung der offenen Ganztagsschule. Reihe „Der GanzTag in NRW", 3. Jg., Heft 6/2007, hrsg. vom Institut für soziale Arbeit. Münster.

Zschiesche, T.: Was gibt's da zu lernen? Fortbildung zur Förderung der Kooperation von Schule und Jugendhilfe. In: Hartnuß, B./S. Maykus (Hrsg.): Handbuch Kooperation von Jugendhilfe und Schule. Ein Leitfaden für Praxisreflexionen, theoretische Verortungen und Forschungsfragen. Berlin 2005, S. 954–963.

Schulsozialarbeit als Bindeglied zwischen Schule und Jugendhilfe im Ganztag

Ergebnisse einer Studie zur Rolle der Schulsozialarbeit im Aufbau der Ganztagsschulen in der Sekundarstufe I am Beispiel der gebundenen Ganztagshauptschule in Nordrhein-Westfalen

Eva Christina Stuckstätte

Die Notwendigkeit der Kooperation von Jugendhilfe und Schule scheint in Anbetracht der vielfältig gewachsenen Kooperationen in der Ganztagsschule unbestritten. Insbesondere in den Ganztagshauptschulen wird eine entsprechende Kooperation gewünscht und mit dem Verweis auf eine Vielzahl von Schüler/innen mit besonderem Förderbedarf begründet (vgl. Stuckstätte 2008, S. 25f.). Dieser Förderbedarf resultiert nach Auskunft von Lehrer/innen und Schulsozialarbeiter/innen insbesondere aus Problemen in den Lebensbereichen Familie (Trennung der Eltern, Gewalterfahrungen, Armutserfahrungen), Schule (Lernschwierigkeiten, Lernstörungen, Schulmüdigkeit, Schulverweigerung), sozialer Nahraum (Drogenkonsum, Gewalterfahrungen, Drogenkonflikte) sowie aus persönlichkeitsbedingten Problemen (Unruheerscheinungen, Überforderungen, geringe Frustrationstoleranz etc.). Drilling (2004, S. 88f.) konnte bereits aufzeigen, wie vielfältig und erheblich die Probleme von Schüler/innen sind, die Kontakt zur Schulsozialarbeit suchen. Die Anerkennung der Tatsache, dass sozialpädagogische Arbeitsansätze in der Schule gut und wichtig sind, ändert jedoch seit Jahren nichts daran, dass die Implementierung entsprechender Ansätze in den Schulalltag nicht im erwünschten Maße gelingt. Eine Vielzahl von Studien zeigt immer wieder insbesondere die strukturellen Probleme im Prozess der Verankerung von Schulsozialarbeit in Schule auf, die sich nachteilig auf die fachlichen Möglichkeiten des sozialpädagogischen Personals auswirken können (vgl. Drilling 2004, Speck 2007).

Die Ganztagsschulentwicklung eröffnet gegenwärtig neue Möglichkeiten der Einführung sozialpädagogischer Arbeitsansätze. Die Serviceagentur Ganztägig lernen in Nordrhein-Westfalen ging vor diesem Hintergrund im Rahmen einer kleinen qualitativen Studie der Frage nach, ob und wie die fachlichen Ressourcen der Schulsozialarbeit in diesem Prozess genutzt werden. Im Rahmen von Experteninterviews (vgl. Meuser und Nagel 1991) wurden Schulsozialarbeiter/innen und Lehrer/innen an elf Ganztagshauptschulen in NRW in der zweiten Jahreshälfte 2007 gefragt, wie sie ihren Ganztag gestalten, was Schulsozialarbeit leistet, mit welchen sozialpädagogischen Herausforderungen im Schulalltag umzugehen ist, welche sozialpädagogischen Angebote vorgehalten werden und wie sich der Prozess der Ganztagsschulentwicklung gestaltet. Die Daten wurden durch die qualitative Inhaltsanalyse nach Mayring (2000) ausgewertet. Im Folgenden werden ausgewählte Ergebnisse vorgestellt.

Zur Ausgangssituation der Studie Anfang 2007

Seit dem Schuljahr 2006/2007 sind in Nordrhein-Westfalen über 200 Hauptschulen in den gebundenen Ganztag gegangen. Der gebundene Ganztag hält für gesamte Klassenverbände ein verbindliches Ganztagsangebot von ca. 8.00 Uhr bis ca. 15.30 Uhr vor. Viele Hauptschulen in Nordrhein-Westfalen bauen den Ganztag sukzessiv auf, d. h. alle neuen Klassen ab Jahrgangsstufe fünf besuchen den Ganztag, während die oberen Klassen weiter nach altem Modell beschult werden. Viele Schulen haben bereits über die Landesprogramme „13+" oder über den „20 Prozent-Stellenzuschlag" für ein Ganztagsangebot Erfahrungen im Ganztag gesammelt (zu den Programmen vgl. Erlasse des Ministeriums für Schule und Weiterbildung des Landes Nordrhein-Westfalens auf www.msw.nrw. de, Rubrik Schulrecht/Erlasse).

Die Beratungserfahrungen der Serviceagentur zeigten Anfang 2007, dass die Phase des Aufbaus des Ganztagsangebotes unter den damaligen (und bis heute ähnlichen) Rahmenbedingungen mit einigen Unsicherheiten für die Schulen einherging. Insbesondere die Fragen, welche externen Partner wie in den Ganztag mit welchem Ziel einzubinden sind, beschäftigten viele Schulen. Nach den Beratungserfahrungen der Serviceagentur reagierten (und reagieren noch heute) nicht wenige Schulen auf diese Unsicherheiten häufig mit einem Ganztagsangebot, das aus regulären Unterrichtssequenzen am Vormittag und Förder- sowie freizeitpädagogischen Angeboten am Nachmittag besteht (additives Ganztagsschulmodell). Viele Schulen schöpften ihre Kooperationsmöglichkeiten mit außerschulischen Partnern noch nicht aus. Dieses Phänomen resultierte vielfach (neben Problemen im Verfahren der Finanzierung dieser Kooperation über die so genannte „Kapitalisierung" (vgl. Erlass des Ministeriums für Schule und Weiterbildung Nordrhein-Westfalens vom 25.01.2006)) auch aus Unwissenheit über potentielle Kooperationspartner und ihre Angebotsstrukturen (vgl. auch Riedt 2006, S. 9, 17). Häufig war nicht klar:

- Welche Angebote gibt es im Schulumfeld?
- Welche Professionen bieten diese Angebote an?
- Welche Erwartungen können wir als Schule an die Professionen stellen?
- Welche Erwartungen werden in der Kooperation an die Schule gerichtet?
- Welche Lern- und Entwicklungsmöglichkeiten bieten Angebote jenseits des formalen Lernens für die Schüler/innen? Welchen Gewinn erzielen Lehrer/innen durch ihre Einbindung in entsprechende Angebote?
- Wie können die Angebote zur individuellen Förderung der Schüler/innen beitragen und was sind zu erwartende Lernerfolge?

Diese Unsicherheiten führten in Beratungsprozessen der Serviceagentur schließlich zu der Frage, wer im Prozess der Gewinnung von Kooperationspartnern und im Aufbau des Ganztagsangebotes ein kompetenter Partner für die Schulvertreter sein kann.

Die Studie der Serviceagentur ging schließlich von der Annahme aus, dass Schulsozialarbeit[1] durch ihr fachliches Profil und die daraus resultierenden Netzwerke im Sozialraum als Unterstützungsressource geeignet sein kann. Insbesondere für einen bedarfsgerechten Ausbau sozialpädagogischer Angebote im Ganztag als Reaktion auf den Förderbedarf von Schüler/inne/n an Hauptschulen, dürfte Schulsozialarbeit ein guter Ansprechpartner sein. Bereits Drilling (2004) zeigt in seinem Übersichtswerk zur Schulsozialarbeit die vielseitigen Kontakte der Schulsozialarbeit zu unterschiedlichen Bildungs- und Jugendhilfeeinrichtungen auf und bescheinigt somit ein breites Wissen über mögliche Kooperationspartner.

Die nachfolgenden Ausführungen zeigen auf, ob und wenn ja wie Schulsozialarbeit in die Ganztagsschulentwicklung einbezogen wird und welcher fachliche Weiterentwicklungsbedarf sich für die Schulen ergibt. Zunächst wird jedoch beschrieben, wie sich das Ganztagsangebot und das Angebot der Schulsozialarbeit an den teilnehmenden Schulen gestalten.

Der gebundene Ganztag an Hauptschulen – zwei Beispiele aus Nordrhein-Westfalen

Zu Beginn der Interviews wurden die Gesprächspartner gebeten, ihren Ganztag zu beschreiben. Nachstehende Tabelle verdeutlicht (vereinfacht dargestellt) die Ganztagsstruktur exemplarisch an zwei Schulen (siehe Abbildung):

---

1 Folgende Definition von Speck (2007, S. 28) konkretisiert den Begriff Schulsozialarbeit und zeichnet eine Idealvorstellung der Position von Schulsozialarbeit in der Schule: „Unter Schulsozialarbeit wird (…) ein Angebot der Jugendhilfe verstanden, bei dem sozialpädagogische Fachkräfte kontinuierlich am Ort Schule tätig sind und mit Lehrkräften auf einer verbindlich vereinbarten und gleichberechtigten Basis zusammenarbeiten, um junge Menschen in ihrer individuellen, sozialen, schulischen, und beruflichen Entwicklung zu fördern, dazu beizutragen, Bildungsbenachteiligung zu vermeiden und abzubauen, Erziehungsberechtigte und LehrerInnen bei der Erziehung und dem erzieherischen Kinder- und Jugendschutz zu beraten und zu unterstützen sowie zu einer schülerfreundlichen Umwelt beizutragen. Zu den sozialpädagogischen Angeboten und Hilfen der Schulsozialarbeit gehören insbesondere die Beratung und Begleitung von einzelnen SchülerInnen, die sozialpädagogische Gruppenarbeit, die Zusammenarbeit mit und Beratung der LehrerInnen und Erziehungsberechtigten, offene Gesprächs-, Kontakt- und Freizeitangebote, die Mitwirkung in Unterrichtsprojekten und in schulischen Gremien sowie die Kooperation und Vernetzung im Gemeinwesen."

Abb. 1: Der Ganztag an zwei Hauptschulen in NRW.

	vormittags	mittags	nachmittags
Schule 3	Unterricht (Lehrer/innen) Alternativangebote zum Religionsunterricht (Schulsozialarbeiter/in)	Betreuung in der Mensa (Student/in im Anerkennungsjahr)	Hausaufgabenbetreuung (Schulsozialarbeiter/in) Unterricht (Lehrer/innen) Förderunterricht (Lehrer/innen) AG-Angebote (Schulsozialarbeiter/in, Honorarkräfte)
Schule 4	Unterricht (Lehrer/innen)	Betreuung in der Mensa Freizeitangebote (k.A.)	AG-Angebote (Schulsozialarbeiter/in) Unterricht (Lehrer/innen) Förderunterricht (Lehrer/innen)

Die Übersicht zeigt eine Dominanz des Regelunterrichts auf. Ein rhythmisierter Tagesablauf, in dem sich formale, nicht formalisierte und informelle Lernangebote abbilden, war an keiner der elf untersuchten Schulen zum Befragungszeitpunkt erkennbar. Außerunterrichtliche Angebote, in die Schulsozialarbeit eingebunden ist, finden vorrangig am Nachmittag statt. Deutlich wird zudem die hohe Präsenz der Lehrer/innen am Nachmittag, die vorrangig regulären Unterricht bzw. Förderunterricht anbieten (Unterricht in Lerngruppen von ca. 12 Schüler/innen).

Schulsozialarbeit im Ganztag: Status Quo

Zunächst bestätigen auch die hier gewonnenen Daten, dass Schulsozialarbeit in den Schulen positiv angekommen ist (vgl. Hollenstein 2007, S. 356). Die Fachkräfte fühlen sich geschätzt und auch die Lehrer/innen bewerten die Schulsozialarbeit als durchgängig wichtige und gute Unterstützung. Allerdings konnten auch in dieser Erhebung die seit Jahren bekannten strukturellen Mängel im Handlungsfeld der Schulsozialarbeit festgestellt werden: fehlende Technik, unzulängliche räumliche Ausstattung, Kooperationsprobleme zwischen den Professionen (vgl.

Stuckstätte 2008, S. 11ff.). Zudem wird das Anstellungsverhältnis sehr differenziert bewertet: Schulsozialarbeiter/innen in Landesförderungen durch das Schulministerium fühlen sich durch Schule vereinnahmt und beklagen eine fehlende fachliche Anbindung sowie bürokratische Hürden im Arbeitsalltag. Schulsozialarbeiter/innen in Trägerschaft der freien Jugendhilfe schätzen ihre fachliche Anbindung, beklagen jedoch die im Vergleich zur Landesförderung eher ungünstigen Anstellungsverhältnisse (z.T. befristet/Teilzeit) (vgl. hierzu auch Riedt 2006, S. 9).

Im Hinblick auf die Aufgabenprofile der Schulsozialarbeiter/innen zeigen sich erhebliche Varianzen im Umfang der Aufgabenwahrnehmung (trotz ähnlich beschriebenem Profil der Schülerschaft). Einzelfallarbeit wird nach Einschätzung der Schulsozialarbeiter/innen zwischen 0–80 Prozent der Arbeitszeit geleistet, Gruppen- und Projektarbeit zwischen 5–50 Prozent. Eines berichten jedoch alle Befragten: Krisenintervention hat häufig Vorrang vor Prävention, Schulmüdigkeit kann aus zeitlichen Gründen kaum bearbeitet werden und Lehrer/innen haben häufig zu hohe Erwartungshaltungen an Schulsozialarbeit als „Reparaturbetrieb".

Im Weiteren wurden die Schulsozialarbeiter/innen nach ihren Kooperationspartnern befragt. Hier bestätigt sich die Annahme der guten Vernetzung. Zu ihren Kooperationspartnern zählen u.a. das Jugendamt, weitere Schulen, Jugendhilfeeinrichtungen, Psychiatrien, der schulpsychologische Dienst, verschiedene Bildungsträger und die Polizei. Deutlich wurde jedoch, dass diese Kooperationen häufig nur im Rahmen von Einzelfallarbeit und nicht regelmäßig erfolgen. Die Kooperationsbeziehungen mit dem Jugendamt sowie regelmäßige Kontakte zu weiteren Schulsozialarbeiter/inne/n heben die Befragten als besonders wichtig hervor. Aus den Lehrer/inneninterviews wurde ersichtlich, dass den Lehrer/inne/n die Kooperationspartner der Schulsozialarbeit häufig nicht bekannt sind. In diesem Zusammenhang äußerte eine Lehrerin, sich als Lehrperson aus der Kooperation mit außerschulischen Partnern zurückzuziehen, da Schulsozialarbeit für Vernetzungsaufgaben zuständig sei.

Diesen Ergebnissen nach ist zu schlussfolgern, dass aufgrund fehlender Transparenz über die Aktivitäten der Schulsozialarbeit deren Netzwerkressourcen nicht oder nicht ausreichend genutzt werden. Als Ursache hierfür wird insbesondere fehlende Zeit für regelmäßige Kommunikation zwischen den Professionen benannt.

Schließlich wurden die Interviewpartner zur Einbindung der Schulsozialarbeit in den Ganztag interviewt. Den Ergebnissen nach wird Schulsozialarbeit nicht grundsätzlich in den Ganztag involviert. Wenn eine Einbindung erfolgt, dann mit folgenden Aufgaben:
- Koordination von Sprachförderangeboten/Nachmittagsangeboten
- Durchführung von AG-Angeboten
- Hausaufgabenbetreuung
- Übernahme von Angeboten in der Mittagspause
- Aufsicht

Die Einbindung erfolgt häufig nur punktuell und wenig systematisch. Nicht selten hat Schulsozialarbeit auf „ad hoc Bedarfe" zu reagieren. Die Rolle und der Auftrag der Schulsozialarbeit wurden an keiner Schule im Zuge der Ganztagsschulentwicklung neu bzw. gesondert diskutiert. Eine Schulsozialarbeiterin beklagt fehlende Zeit und Räume, um ihre Ideen vorstellen und diskutieren zu können. Eine andere Schulsozialarbeiterin berichtet, durch fehlende Absprachen mit ihren (offenen) Nachmittagsangeboten in Konkurrenz zum Ganztag zu treten.
Die befragten Lehrer/innen wussten zudem nicht genau, ob oder wie Schulsozialarbeit in den Ganztag eingebunden ist.

Weiterentwicklungsbedarf für Schulsozialarbeit bzw. sozialpädagogische Angebote im Ganztag

Beide Professionen wurden nach ihrer Einschatzung zum Weiterntwicklungsbedarf der Schulsozialarbeit, aber auch weiterer sozialpädagogischer Angebote im Ganztag befragt. Den Schulsozialarbeiter/inne/n ist es ein besonderes Anliegen, zukünftig nicht nur auf dem Papier, sondern auch im gelebten Schulalltag strukturell in den Ganztag eingebunden zu sein. Zunächst streben sie in ihren schulischen Gremien eine Rollenklärung hinsichtlich ihres Auftrags im Ganztag an. Darüber hinaus möchten sie innerhalb ihrer Arbeitszusammenhänge standardisierte Kommunikationsstrukturen zwischen den unterschiedlichen

Professionen im Ganztag aufbauen. Ihnen ist es weiterhin wichtig, in eine Teamstruktur eingebunden zu sein, die auch außerhalb der Schule, z. B. bei einem Jugendhilfeträger, angesiedelt sein kann. Hinsichtlich der Angebotsstruktur im Ganztag ist es ihnen zudem ein Anliegen, an einer Angebotserweiterung bzw. Angebotsumstrukturierung mitzuwirken. Das gegenwärtige Ganztagsangebot wird von ihnen als zu unterrichtslastig und z. T. als überfordernd für die Schüler/innen wahrgenommen (vgl. Stuckstätte 2008, S. 50f.).

Die Lehrer/innen bekunden Interesse an einer Ausweitung der Lernorte im Ganztag (z. B. Nutzung örtlicher Jugendzentren). Eine stärkere Sozialraumorientierung wird von ihnen als wünschenswert eingeschätzt. Insbesondere fordern sie jedoch Ressourcen zur Erhöhung der Personalstunden für sozialpädagogisches Personal im Ganztag. Diese wünschen sie sich insbesondere zur Ausweitung von Angeboten in den Bereichen der Sozialtrainings und der individuellen Förderung. Eine Lehrerin äußert, dass ganze Kollegien zum Thema „Umgang mit Kindern in Schwierigkeiten" geschult werden müssten. Schließlich, und da stimmen die Lehrer/innen den Schulsozialarbeit/innen zu, bedarf es einer fundierten und gelebten Konzeption zur Einbindung außerschulischer Partner in den Ganztag.

Aus den Interviews ergeben sich folgende, zu intensivierende Kooperationsfelder zwischen Jugendhilfe und Schule:
- Kooperation im Rahmen von Einzelfallarbeit
- kollegiale Beratung (z. B. zum Thema Umgang mit Kindern in Schwierigkeiten)
- Ausweitung von Angeboten zur Berufsorientierung / Berufsvorbereitung
- Ausweitung von Sozialtrainings
- Intensivierung der Zusammenarbeit im Bereich der individuellen Förderung sowohl im unterrichtlichen als auch im außerunterrichtlichen Bereich
- gemeinsame Elternarbeit

In diesem Zusammenhang ist zu erwähnen, dass unter einer Intensivierung bzw. Ausweitung der Zusammenarbeit nicht unbedingt die Hinzunahme weiterer Kooperationspartner in den Ganztag zu verstehen ist. Es wird vielfach gewünscht, bestehende Kooperationen weiter auszubauen.

Zusammenführend werden der Ausbau sozialpädagogischer Angebote im Ganztag, die Schaffung zuverlässiger Kommunikationsstrukturen zwischen den Professionen sowie eine Rollenklärung der Schulsozialarbeit als dringliche Handlungsschritte im weiteren Prozess der Ganztagsschulentwicklung angesehen. Wie diese Aufgaben praktisch umgesetzt werden können, zeigen die nachfolgenden Ausführungen am Beispiel der Geistschule Münster, einer Ganztagsschule in Angebotsform (20 Prozent Stellenzuschlag).[2]

Schulsozialarbeiter/innen, Ganztagskoordinator/inn/en und Schulleiter/innen als Managerteam des Ganztags!

Die Geistschule in Münster zeigt beispielhaft auf, wie durch die enge Zusammenarbeit zwischen Schulsozialarbeit, sozialpädagogischen Fachkräften unterschiedlicher Träger, Lehrerkollegium und Schulleitung ein differenziertes sozialpädagogisches Angebot in eine Ganztagsschule implementiert werden kann. Die Geistschule verfügt durch ein gutes „Management" über fünf sozialpädagogische Fachkräfte, die im Umfang von drei Vollzeitstellen tätig sind. Nachfolgende Grafik zeigt das Angebotsspektrum auf (siehe S. 117):

Wie zu sehen ist, hält die Schule in allen zuvor als wichtig benannten Kooperationsfeldern sozialpädagogische Angebote vor. Zwei Sozialpädagog/inn/en sind mit 50 Prozent-Stellen ausschließlich für den Ganztag zuständig. Eine Fachkraft führt im Rahmen einer 75 Prozent-Stelle in Kooperation mit einer Erziehungsberatungsstelle ein Schulverweigerungsprojekt für Schüler/innen der sechsten, siebten und achten Klassen durch. Eine 50 Prozent-Kraft führt das Projekt „14plus" durch, ein Projekt zur Berufsorientierung und Demokratieerziehung, das insbesondere die Förderbedürfnisse von Schüler/innen mit Migrationshintergrund im

---

[2] Die Geistschule gehört nicht zur Stichprobe der hier thematisierten Studie, sondern findet als Good-Practice-Beispiel Erwähnung.

Abb. 2: Sozialpädagogische Angebote an der Geistschule Münster

- **AG Angebote:** Angebote im Ganztag
- **Übergang Schule-Beruf:** Projekt 14Plus
- **Hilfen zur Erziehung:** Beratung bei familiären Problemen
- **Geistschule Münster**
- **Schulverweigerung:** Schulmüdenprojekt
- **Projektarbeit/Trainings:** Projekt UFAS
- **Schulsozialarbeit**

Quelle: Grönefeld 2007, geändert durch Stuckstätte 2008

Klassenverband in den Blick nimmt. Zudem kommt jede Woche eine Mitarbeiterin des örtlichen Jugendamtes mit zehn Stunden für „Vorortberatungen" bei familiären Problemen der Schüler/innen in die Schule. Eine weitere Fachkraft bietet mit 20 Stunden pro Woche das „UFAS Projekt" an, ein Projekt zu Unterstützung von Schüler/inne/n mit Verhaltensauffälligkeiten in der Orientierungsstufe. Deutlich wird, dass die Schule mit ihren sozialpädagogischen Angeboten frühzeitig versucht, auf die Förderbedürfnisse der Schüler/innen zu reagieren, um größere Probleme in den höheren Jahrgangsstufen zu vermeiden.

Die Realisierung eines solch differenzierten Angebotes ist jedoch nur durch einen engen Austausch zwischen den Professionen möglich. Dieser wird durch regelmäßige Besprechungen zwischen der Schulleitung, den sozialpädagogischen Fachkräften, Trägervertreter/innen und Lehrer/innen realisiert. So treffen sich die Sozialpädagog/inn/en vierwöchentlich mit der Schulleitung zum Gespräch (ca. einstündig), die Sozialpädagog/

inn/en untereinander vierwöchentlich zur Vorbereitung von Konferenzen sowie die Lehrer/innen und die Sozialpädagog/inn/en einmal wöchentlich ca. einstündig zur Planung von gemeinsamen Projekten und Einzelfallbesprechungen. Zudem findet ca. alle sechs Wochen ein Austausch zwischen der Schulleitung und den Trägern der Jugendhilfe statt, bei denen die Sozialpädagog/inn/en angestellt sind.

Die Sozialpädagog/inn/en haben in ihren Stundenbudgets die jeweiligen Besprechungszeiten eingeplant. Die Lehrer/innen nutzen so genannte „Springstunden" und unterrichtsfreie Zeit für Gremienarbeit. Das Engagement der Lehrer/innen, sich Zeit für regelmäßige Besprechungen zu schaffen, resultiert nach Aussage der Schulleitung insbesondere aus den wahrgenommenen positiven Effekten der sozialpädagogischen Angebote auf die Unterrichtssituationen.

Die Zusammenarbeit der Professionen in den Gremien verfolgt nicht nur das Ziel der Herstellung von Transparenz über die einzelnen Angebote und ihre Wirkungen sowie der Ermittlung weiterer Handlungsbedarfe, sondern versteht sich auch als „Managementteam" zur gemeinsamen Fördermittelakquise. Durch die Akquisetätigkeiten jedes Einzelnen wird es möglich, Finanzmittel aus unterschiedlichen Töpfen zu gewinnen: Mittel der Kommune (Schul- und Jugendamt), der Kammern, Fördermittel aus Landes- und Bundesprogrammen sowie Mittel aus Programmen einzelner Stiftungen. Sicherlich sind die in der Regel zeitlich befristeten Förderungen nicht förderlich für die Realisierung eines durchgängigen und auf Beziehungsarbeit aufbauenden sozialpädagogischen Fördersystems im Ganztag, jedoch schaffen die Professionen an der Geistschule unter den aktuellen Rahmenbedingungen derzeit das Möglichste und realisieren ein umfassendes Förderangebot. Die Schulsozialarbeit ist in diesem Prozess – wie an vielen Schulen – die einzige Konstante im Bereich der sozialpädagogischen Angebote. Deshalb spielt sie in der Mitwirkung des Aufbaus sozialpädagogischer Angebote eine tragende Rolle, so dass ihr mit der Schulleitung zusammen eine koordinierende Funktion in diesem Bereich zugesprochen werden sollte sowie m.E. auch die Rolle der Fachaufsicht über weitere sozialpädagogische Akteure im Ganztag.

Ausblick: Was ist zu tun?

Wie oben beschrieben, ist die Schaffung einer Kooperationsstruktur zwischen den Professionen im Ganztag die Grundlage guter Ganztagsschulentwicklung. Schulleitung und Schulsozialarbeit nehmen in diesem Prozess eine Schlüsselrolle ein: Schulleitung durch ihre Position im Schulsystem und durch ihre Rolle als „Zugpferd" für das Lehrerkollegium, Schulsozialarbeit als Mittler zwischen Schule und Sozialraum durch eine systematische Einbindung in beide Systeme. Dass die Einnahme dieser Mittlerrolle erfolgsversprechend für den Ausbau von Jugendhilfeleistungen im Ganztag ist, zeigt bereits die Untersuchung von Riedt (2006, S. 14, 17, 20). Damit erhält Schulsozialarbeit nicht nur einen sozialpädagogischen Auftrag in Schule, sondern auch einen sozialräumlichen Auftrag über Schule hinaus. Einer häufig beklagten Vereinnahmung der Schulsozialarbeit (vgl. Stuckstätte 2008, Riedt 2006, S. 9) kann durch die Umsetzung dieses fachlichen Anspruchs entgegengewirkt werden. Das Stuttgarter Modell der Schulsozialarbeit zeigt anschaulich auf, wie dieser Ansatz implementiert werden kann (vgl. Bolay et al. 2003). Dort ist Schulsozialarbeit immer auch mit einer halben Stelle für Jugendarbeit im Sozialraum zuständig und eröffnet somit Schüler/inne/n erweiterte bzw. neue und differenzierte Zugänge zu sozialpädagogischen Angeboten in und jenseits der Schule (durch eine Person). Deutlich wird in diesem Zusammenhang, dass hohe fachliche Anforderungen an ein solches Modell von Schulsozialarbeit entstehen, die sicherlich nur von erfahrenem und gut qualifiziertem Personal und kaum von Berufsanfängern zu leisten sind.

Neben Schulleitung und Schulsozialarbeit sind die kommunalen Vertreter/innen der Jugendhilfe gefordert, Schulen einen transparenten Überblick über die Möglichkeiten und Angebote der Jugendhilfe zu vermitteln. In diesem Prozess muss Jugendhilfe nicht nur gute Einzelfallarbeit, sondern gute Arbeit im Feld leisten und diese auch inhaltlich transportieren (z. B. über eine gemeinsame Schulentwicklungs- und Jugendhilfeplanung). Für Schulen muss deutlich erkennbar sein, mit welchem Bildungsauftrag und Leistungsprofil Jugendhilfe Partner von Schule vor Ort werden kann. Jugendhilfe ist in diesem Prozess wie Schule ein aktiver Gestalter (und nicht nur Auftragsempfänger unter Konditionen, die Schule vorgibt) und muss diese Gleichberechtigung auch kommunalpolitisch durchsetzen.

Jugendhilfe und Schule sind schließlich auf fachpolitischer Ebene gefordert, durch ständige Einmischung auf Bedarfe, notwendige fachliche Weiterentwicklungen und Mangellagen hinzuwirken. Eine qualitativ gut arbeitende Ganztagsschule, die nicht nur Lern- sondern auch Lebensort für Kinder und Jugendliche ist, bildet schließlich einen Baustein im Aufbau kommunaler Bildungslandschaften, die dauerhaft Antworten auf die von beiden Professionen beschriebenen mehrdimensionalen Problemlagen von Schüler/innen finden sollen.

Literatur

Bolay, Eberhard; Flad, Carola; Gutbrod, Heiner: Sozialraumverankerte Schulsozialarbeit – Eine empirische Studie zur Kooperation von Jugendhilfe und Schule. Tübingen 2003 (zu beziehen über www.lwv.wh.de).

Drilling, Matthias: Schulsozialarbeit. Antworten auf veränderte Lebenswelten. Haupt Verlag, Bern Stuttgart Wien 2004 (3. Auflage).

Hollenstein, Erich: Über unerledigte Aufgaben der Schulsozialarbeit und den Nutzen empirischer Befunde. In: Unsere Jugend, 9 / 2007, S. 354–365.

Mayring, Philip: Qualitative Inhaltsanalyse – Grundlagen und Techniken. Deutscher Studien Verlag, Weinheim 2000 (7. Auflage).

Meuser, M.; Nagel, U.: Experteninterviews – vielfach erprobt, wenig beachtet. Ein Beitrag zur qualitativen Methodendiskussion. In: Garz, D.; Kraimer, K. (Hrsg.): Qualitativempirische Sozialforschung, Westdeutscher Verlag, Opladen 1991, S. 441–468.

Riedt, Roman: Schulsozialarbeit an den Ganztagsschulen der Sekundarstufe I in Brandenburg. Potsdam 2006 (zu beziehen über www.kobranet.de).

Speck, Karsten: Schulsozialarbeit – Eine Einführung. Ernst Reinhardt Verlag, München Basel 2007.

Stuckstätte, Eva Christina: Sozialpädagogische Herausforderungen in der Ganztagshauptschule – Ergebnisse qualitativer Interviews mit Lehrer/innen und Schulsozialarbeiter/innen aus elf Ganztagshauptschulen in Nordrhein-Westfalen. Münster 2008 (zu beziehen über das Institut für soziale Arbeit e.V. www.isa-muenster.de).

Sozialraumorientierung macht Schule

Manfred Grimm und Ulrich Deinet

1. Was meint Sozialraumorientierung?

Sowohl in Schule als auch in der Jugendhilfe stellt sich das Thema Sozialraumorientierung: In der Schule geht es darum, unter dem Stichwort „Öffnung von Schule" Unterrichtsinhalte, aber besonders auch die Funktion von Schule als Lebensort stärker mit den Stadtteilvierteln, Sozialräumen und Lebenswelten von Kindern, Jugendlichen, aber auch Eltern in Verbindung zu bringen. Die Sozialraumorientierung in der Jugendhilfe hat ähnliche Zielsetzungen, in dem sie die Konzepte sozialpädagogischer Einrichtungen stärker als bisher von den sozialräumlichen Bedingungen der jeweiligen Stadtteile aus entwickeln will.

Schule und Jugendhilfe können deshalb in der Sozialraumorientierung sehr gut zusammenarbeiten und sollten dafür ein gemeinsames Verständnis des Begriffs Sozialraum entwickeln, das weit über die gebräuchliche Definition als sozialgeographisch begrenztes Territorium, als Planungsraum, als Stadtteil und Viertel hinausgeht. Es geht bei Sozial-Räumen auch um die sozialen Räume, die die Menschen selbst konstruieren, durch Kommunikation schaffen und dabei den objektiven „Räumen" eine subjektive Bedeutung verleihen, in dem der Schulhof zum Kommunikationsraum zwischen Jungen und Mädchen wird oder die Bänke in einem Park zu einem Seniorentreff. Notwendig wird hier ein Verständnis, das Sozialräume auch als subjektive Lebenswelten von Kindern und Jugendlichen bzw. Schülerinnen und Schülern versteht. Diese Lebenswelten lassen sich nicht auf planerische Sozialräume reduzieren bzw. beschränken, sondern gehen sehr differenziert noch darüber hinaus.

Unter einer Sozialraumorientierung von Institutionen in Schule oder Sozialer Arbeit versteht man auch die Ausrichtung der Konzepte von

Einrichtungen und Angeboten (Ganztagsschulen, Jugendzentren etc.) an den Bedürfnissen, Bedarfen und Lebensbedingungen von Kindern, Jugendlichen und Erwachsenen. Dahinter steht auch die Erkenntnis, dass sich u. a. soziale Strukturen, Lebensräume, Kompetenzen von Kindern und Jugendlichen, familiäre Hintergründe etc. auf die jeweilige Schule auswirken und im pädagogischen Alltag berücksichtigt werden sollten.

Denn für Pädagog/inn/en insgesamt, die Tag für Tag in der Lebenswelt Schule mit ihren Schülerinnen und Schülern arbeiten, lernen, leben und auch streiten, ist es sicher von großer Bedeutung zu wissen, wie die Welt der Kinder auch außerhalb der Schule konstruiert ist, zu erfahren und zu verstehen, was Schüler/innen bewegt und was sie prägt. „Wir brauchen eine Pädagogik, die nicht nur an den Schulkindern interessiert ist, sondern die Kinder in ihrer Ganzheitlichkeit wahr- und ernstnimmt" (Rohlfs 2007, S. 14).

Grundlage für die Sozialraumorientierung in Schule und Jugendhilfe sind sozialräumliche Analysen (z. B. Stadtteilbegehungen mit Kindern und Jugendlichen, Fotomethoden etc.), die Aufschluss darüber geben, wie Kinder und Jugendliche, aber auch andere Bevölkerungsgruppen Sozialräume erleben, d. h. sie erschließen die Binnensicht, die Denkwelt, das subjektive Erleben, die subjektiven Bedeutungen, die Kinder und Jugendliche ihren lebensweltlichen Bereichen zumessen.

Viele Schulen und Einrichtungen der Jugendhilfe haben sich schon lange auf den Weg gemacht, den Sozialraum, die Lebenswelten von Kindern und Jugendlichen in ihre pädagogische Arbeit mit einzubeziehen. Denn auch die Schulen selbst (Mack/Deinet 2003) gehören u. a. zu den wichtigsten Sozialräumen von Kindern und Jugendlichen. Neben ihrer Funktion als formale Bildungseinrichtung sind Schulen, insbesondere Ganztagsschulen soziale Orte und Treffpunkte, an denen auch informelle Bildungsaktivitäten stattfinden.

2. Methoden sozialräumlich orientierter qualitativer Lebensweltanalysen und ihre Anwendungsmöglichkeiten in Unterrichtsprojekten

2.1 Einführungen

Es ist unbestritten, dass die lebensweltlich-sozialräumlichen Bezüge der Schülerinnen und Schüler in ihren Zusammenhängen stärker in die Schul- und Unterrichtsentwicklung einbezogen werden müssen (s. Zwölfter Kinder- und Jugendbericht, BMFSFJ 2005/ Hauptschuloffensive, MSW 2007/8). Interessant in diesem Zusammenhang ist auch eine UNESCO-Studie, die schon 1972 herausstellte, dass 70 Prozent des Erlernten informellen Ursprungs ist. Methoden qualitativer Lebensweltanalysen können u. a. dazu beitragen, informell erworbene Kompetenzen junger Menschen gemeinsam mit ihnen aktiv zu erforschen und auf vielfältigste Art und Weise beispielsweise auch als Thema in den Unterricht einzubringen. Die einzelnen Methoden können u. a. auch Gefährdungen der Kinder und Jugendlichen ans Licht bringen, die einer diskreten Intervention bedürfen.

Wenn es der Schule im Zusammenwirken mit Familie und entsprechenden Kooperationspartnern didaktisch-methodisch gelingt, diese Kinder und Jugendlichen beim Konstruieren und Verstehen ihrer sozialräumlich orientierten und ganzheitlich erlebten Welten zu unterstützen, wäre endlich diese künstliche Aufteilung von „Schulwelt" und übriger Lebenswelt aufgehoben bzw. zu einer **sozialräumlich orientierten Bildungslandschaft** miteinander verknüpft. Wertvolle, informell erworbene Kompetenzen oder Stärken der Schülerinnen und Schüler fänden so wertschätzend und bewusst berücksichtigt Eingang in unterrichtliche Lernprozesse – denen sie **faktisch ohnehin immanent** sind (s. Grafik Abb. 1).

Kompetenzerwartungen sollen durchaus auch kompatibel mit Bildungszielen sein und können ebenso zu deren Realisierung beitragen (Reinders 2007, S. 71ff). Bildung im umfassenden Sinne ist eben mehr als

Abb. 1: Sozialräumlich orientiertes Bildungsverständnis, ein Zusammengehen von Lern- und Lebenswelten. Grafik: M. Grimm; Theoriehintergrund: U. Deinet u. a.

eine nur auf Lehrplänen basierende Vermittlung von Inhalten. Es sei denn, der „Lehrplan des Lebens" wird mit in die Unterrichtsgestaltung einbezogen. Die einzelnen Projekte wurden in der sechsten Klasse einer Ganztagshauptschule von dem Klassenlehrer und z.T. in Kooperation mit der Schulsozialarbeiterin (AWO) als Pilotprojekt durchgeführt.

Im Folgenden werden nun einige Methoden sozialräumlich orientierter qualitativer Lebensweltanalysen und ihre praktische Umsetzung in Unterrichtsprojekten – redaktionell bedingt – in gekürzter Form dargeboten:

- Zeitbudgets von Kindern und Jugendlichen
- Nadelmethode
- Subjektive Landkarte
- Stadtteilbegehung mit Kindern und Jugendlichen
- Schüler/innen zeichnen und bewerten ihre Schulräume – ein Wohlfühlbarometer (in Klasse 5 durchgeführt)

2.2 Methode: Zeitbudgets von Kindern und Jugendlichen

2.2.1 Beschreibung und Durchführung der Methode

Durch diese einfach anzuwendende Methode lässt sich Aufschluss über die pflichtfreie bzw. verpflichtende Zeit von Schülerinnen und Schülern gewinnen; sie ist auch erweiterbar um die Frage, wo und mit wem die Schüler/innen ihre Zeit verbringen und wie sie diese bewerten. Grundsätzlich kann es bei der Methodenanwendung auch darum gehen, Schüler/innen einmal bewusst zu machen, wie sie ihre Zeit verbringen, Zeiten, Aktivitäten einfach mal qualitativ abwägen, reflektieren zu lassen.

Nach einer Einführungsphase bekommen die Schüler/innen ein Arbeitsblatt (s. Abb. 2) zur inhaltlichen und zeitlichen Erfassung ihrer täglichen, wöchentlichen und/oder wochenendlichen Aktivitäten (PC, TV, Sportverein etc.). Es bieten sich zwei unterschiedliche Wochentage und ein Wochenendtag an. Es kam bei der Präsentation der Ergebnisse zu einem sehr regen Austausch, auch zu Nachfragen hinsichtlich bestimmter Hobbys (Cheerleader-Gruppe), Sportvereine und Orte. Diskussionen über Frühstücks- und Fernsehgewohnheiten schlossen sich an. Auch „Schätze" wie z. B. ein prämierter Kurzfilm aus einem überregionalen Wettbewerb wurden überraschend entdeckt.

2.2.2 Auswertung

Diese Methode brachte interessante und z.T. auch erwartete Ergebnisse hervor. Die Mädchen werden stärker als die Jungen nach der Schule zu weiteren verpflichtenden Aufgaben in der Familie (mit Geschwistern spielen, Haushalt etc.) herangezogen. Bei den Jungen halten sich die verpflichtenden und freigestaltbaren Zeiten ziemlich die Waage. Vier von zehn Mädchen müssen sich am frühen Abend gegen 19.00 Uhr schon ein wenig ausruhen, weil sie u. a. vom Helfen in der Familie oder vom Üben für die Schule ermüdet sind. Von den zehn Mädchen haben vier eine vergleichbare Möglichkeit wie die Jungen sie in der Regel haben, etwas zu unternehmen wie z. B. mit Freundinnen in die City zu gehen; die übrigen Mädchen unternehmen außerhalb der Wohnung eigentlich immer nur

Abb. 2: **Arbeitsblatt zu Zeitbudgets: von 07.00 – 24.00 Uhr. Grafik: M. Grimm**

Name: WAS mache ich WO mit WEM an diesem Tag? Mädchen o / Junge o

Tag: z.B. Samstag	Was mache ich? z.B.:	Wo?	Mit wem?	Mein Urteil: ☹ ☺ 😐
7 Uhr				
8 Uhr				
9 Uhr				
10 Uhr				
11 Uhr				
12 Uhr				
13 Uhr				
14 Uhr				
15 Uhr				
16 Uhr	Es folgt eine Auflistung bis 24.00 Uhr...			

etwas im Familienverband. Wohl haben die Mädchen gegenüber den Jungen zumeist noch regelmäßige Außentermine z.B. in einer Musik- oder Kunstschule, in einer Cheerleader-Gruppe etc. und kommen auf diese Weise auch einmal aus dem Haus. Die Jungen verfügen insgesamt über eine respektable frei verfügbare Zeit nach der Schule. Sie treffen sich häufig nach dem Unterricht noch mit Jungen aus der Klasse, der Schule oder der Nachbarschaft und unternehmen etwas zusammen.

Im Folgenden werden kurz einige wichtige Ergebnisse aufgeführt (Mädchen/Jungen):

- Einige Schüler/innen (6 von 28) kommen ohne Frühstück zur Schule – dafür z.T. aber schon Frühstücks-TV vor der Schule
- Extremer Fernseh- und PC-Konsum bis zum späten Abend in der Woche (3–5 Stunden), am Wochenende liegt er noch darüber
- Verhäuslichung von Mädchen (6 von 10)
- Manche Schüler/innen gehen nach der Schule (16.00 Uhr) gleich in ein Jugendzentrum und kommen erst um 20.00 Uhr oder später nach Hause (Gespräche!)

- Bis auf vier Mädchen gehen die Schüler/innen in der Woche gegen 23.00 Uhr zu Bett
- Einige Schüler/innen stehen morgens vor der Schule viel zu spät auf (Verspätungen!)
- Abendliches Telefonieren von Mädchen mit Klassenkameradinnen – bis zu drei Stunden (Ausgleich für Verhäuslichung?)
- Freundschaften, Gruppenbildungen in der Klasse spiegeln sich in den Plänen wider
- Einige Kinder bewerten die Zeit in der Ganztagsschule positiver als die Zeit danach
- **„Markt der Möglichkeiten"**: interessante neue Orte, verschiedene Sportarten, Vereine, interessante Hobbys, Jugendhäuser, Naturflächen, Stausee, Sportstätten, Kurzfilm- und Rapper-Gruppe etc.

Der Markt der Möglichkeiten wird von einigen Schüler/innen wie ein „Leuchtturm" in der Brandung ihrer eintönigen Alltagsroutine aufgenommen; die Möglichkeiten einer anderen Freizeitgestaltung haben sie plötzlich deutlicher vor Augen. Alleine dafür hat sich u.E. die Anwendung dieser Methode schon „gelohnt". Die Beziehungen in der Klasse sind offener geworden – man/frau kennt sich besser, geht unverkrampfter, lockerer miteinander um.

2.3 Die Nadelmethode

2.3.1 Beschreibung und Durchführung der Methode

Die Nadelmethode fragt gezielt nach bestimmten Orten wie den häufig und mit Vorliebe aufgesuchten Lieblingsorten (informeller Treff, Wohnung der Freundin oder der Tante etc.) und deren subjektiver Bedeutung für die Schüler/innen; aber auch nach Gefahrenquellen auf dem Schulweg oder auch nach einschränkenden, zu sehr verregelten, z.T. verbotenen und riskanten Orten. Die durch die jeweilige Fragestellung anvisierten Orte, Treffs etc. werden mit entsprechend farbigen Nadeln – je nach Farbzuschreibung – auf einer Stadtteilkarte (mit Styropor-Basis) visualisiert, gekennzeichnet. Man benötigt zumeist mehrere Stadtteilkarten, da es das kleine Schulumfeld schlechthin kaum noch gibt. Diese Methode kann aber auch sehr mobil z.B. im Freien auf dem Schulhof oder in einem Viertel auf einem Platz, einer Straße durchgeführt werden. Auch Erwachsene lassen sich z.B. im Viertel von dieser Methode leicht animieren. Die Stadtteilkarten im DIN A 3 – Format sollten einen Maßstab von 1:10 000 bis 1:12 000 aufweisen.

Abb. 3: **Kartenausschnitt Nadelmethodenergebnisse. Foto: M. Grimm**

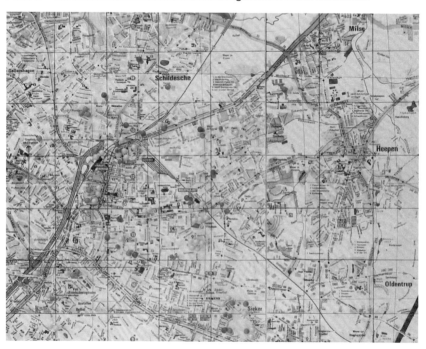

Zur besseren Einschätzung der sozialräumlichen Distanzen auf der Karte wird mit den Schüler/innen noch einmal der Maßstab mathematisch erarbeitet. Danach platzieren sie ihre farbigen Nadeln auf der entsprechenden Stadtteilkarte. Zunächst wird die Wohnlage farbig visualisiert; die der Mädchen mit roten, die der Jungen mit blauen Nadeln. Es folgt die Kennzeichnung der Lieblingsorte (i.d.R. zwei); die der Mädchen mit grünen, die der Jungen mit gelben Nadeln. Es stellt sich anschließend ein interessantes soziales, z.T. inselförmiges Gebilde von Wohnungen und Lieblingsorten der Schüler/innen dar. Die riskanten, angstbesetzen

Räume, können z.B. anschließend ebenso lokalisiert und farbig „genadelt" werden.
Nun folgt noch die Präsentation der Ergebnisse.

2.3.2 Auswertung

Einige Ergebnisse aus der Methode Zeitbudget (z.B. Markt der Möglichkeiten) spiegeln sich wie erwartet durchgängig auch in den Präsentationen wider. Redundanz vermeidend werden diese o.a. Ergebnisse hier nicht noch einmal aufgeführt.

An informellen subjektiven Lieblingsorten bzw. Treffs mit hoher positiver Bedeutung besetzt wurden z.B. genannt:
- Bestimmte Straßen- bzw. U-Bahnhaltestellen
- Winklige schützende Treppenstufen am Bahndamm der Straßenbahnlinien
- Bolzplätze mit Käfigen in den Siedlungen – aber zu klein und z.T. ohne Tore
- Kellerräume zum Üben einer Rapper-Gruppe
- Parks, Unterführungen, kleine Tunnel als Unterschlupf auch bei Regen
- Jugendhäuser, Spielplätze und das Underground-Eck (U-Eck), eine selbstbetitelte Gegend mit Spielflächen im Schulviertel
- Allgemein Sportflächen, Spaßbäder
- Bäche, Fluss, Stausee, Tierpark
- Schule – wegen der Freunde, die man dort trifft

Interessant ist, dass die Mädchen – mit einer Ausnahme – ihre Lieblingsorte nicht in ihrem Wohnumfeld, in ihrem Nahraum lokalisierten, sondern weiter entfernt einordneten.

An unsicheren, auch angstbesetzten Orten, Straßen, Situationen wurden angeführt:
- Alkohol- bzw. Drogenkonsum (Glas, Spritzen, Drogentütchen in Parks, auf Spielflächen).
- Reale Bedrohungen durch alkoholisierte, obdachlose Personen.

- Gehandikapte Menschen mit Sicherheitshelm machen einigen Jungen Angst, wenn sie morgens mit ihnen an der Haltestelle stehen.
- Aussehen und Benehmen einiger Besucher eines „Sozialen Mittagstisches" werden von einigen dort in der Nähe wohnenden Mädchen als sehr unangenehm wahrgenommen.
- Als negativ wird es von Schüler/innen auch empfunden, wenn Gleichaltrige in der Nachbarschaft fehlen.
- Manche Kinder schlafen wegen des Autolärms in einzelnen stark befahrenen Straßen, in denen sie leben, sehr schlecht ein, kommen morgens müde in die Schule.
- Große, gefährlich erscheinende Straßenkreuzungen, breite stark befahrene Straßen, die zur Schule und zur Erledigung alltäglicher Besorgungen überquert werden müssen.

Wenn die Lehrkräfte und das übrige pädagogische Personal um diese positiven wie negativen Lebensumstände der Kinder wissen, fällt es ihnen möglicherweise leichter, sie in bestimmten Situationen anders, ganzheitlicher zu sehen, besser zu verstehen, denn es sind dann nicht nur mehr einfach zu benotende Schüler/innen, die vor ihnen in der Klasse sitzen.

2.4. Methode: Subjektive Landkarte

2.4.1 Beschreibung und Durchführung der Methode

Beginnend mit einem Fixpunkt – der Wohnung – wird ein großes Blatt (DIN A 3) sukzessive mit Verbindungsstraßen, Plätzen, Orten, subjektiv wichtigen Gebäuden, Spielstraßen etc. versehen und werden diese – je nach gestalterischer Fähigkeit – in ihrer spezifischen Qualität zeichnerisch dargestellt. Es geht bei dieser Methode nicht um geographisch genaues Zeichnen, sondern um die eigene persönliche (Welt-) Sicht der Dinge.

Es können auch negative Details wie gefährliche Straßen, Gebäude, riskante Orte farbig (z. B. in rot) gekennzeichnet werden; positiv bewertete Orte, Plätze, Gebäude hingegen z. B. in blau.

Nach einer Einführung zur Methode beginnen die Schüler/innen mit der Zeichnung. Alle beginnen mit dem vorher vereinbarten Fixpunkt – der Wohnung. Abschließend begründen die Schüler/innen ihre sozialräumlichen Vorlieben und Ablehnungen schriftlich auf Moderationskarten für die Dokumentation. Durch gezieltes Nachfragen der Kinder sowie der Pädagog/inn/en während der Präsentation sind die gezeichneten Details in den subjektiven Landkarten noch klarer zu verstehen.

2.4.2 Auswertung

Die gezeichneten Landkarten und die schriftlichen Aufzeichnungen dazu gehen z.T. recht tief auf Details der einzelnen Lebenswelten der Kinder ein. Nur – das Interpretieren von Zeichnungen ist mit Vorsicht anzugehen. Man muss sich schon auf plausible Aussagen der Kinder, die auch ihren o.a. schriftlichen Belegen zu entnehmen sind, verlassen. Einige Schüler/innen haben auch Aspekte hinzugenommen, die ihnen in ihrem lebensweltlichen Bereich fehlen. Sie wünschen sich z.B. in ihrem Viertel mehr Sicherheit, weil dort sehr oft Gewalt vorkommt; oder es fehlt an Angeboten für ihre Altersgruppe, an Spielflächen, auch an Kindern in ihrem Alter. Im Folgenden einige Beispiele von subjektiven Landkarten:

Abb. 4: **Die Lebenswelt einer engagierten, afghanischen Schülerin mit Vorlieben und Ablehnungen bezüglich bestimmter Orte, mit denen sie Erinnerungen verbindet: Friedhof, Krankenhaus, Straßen, Tunnel. Ein hoher Mobilitätsgrad und bedeutungsvolle „Inseln" (Schwimmbad, Stadtbibliothek, Nordpark, Wohnungen von Freundinnen etc.) sind im Stadtgebiet zu erkennen, die in der Regel mit Freundinnen aufgesucht werden. Im Wohnviertel direkt bewegt sie sich nicht, wie man es von Jungen kennt.**

Abb. 5: **Lebenswelt eines „Draußen-Schülers": die Natur, der Fluss und die Stauteiche des Flusses zum Angeln und Relaxen; ferner die Touren auf dem BMX-Rad, um mit Freunden den Fluss, die Radrennbahn abzufahren. Die Wohnung unten links im Bild ist kaum zu bemerken, ebenso die oben angeführten gefährlichen Zuggleise. Dieser Schüler wirkt sehr introvertiert und hat mit der Darstellung seiner Welt (Präsentation) eine riesige Anerkennung in der Klasse erfahren, die ihm sehr gut getan hat, da er erst kürzlich in diese Klasse gekommen ist.**

Abb. 4.

Abb. 5.

Abb. 6: **Die Lebenswelt** eines irakischen Schülers, der in der Nähe der Schule wohnt und sich in diesem Viertel bewegt. Die Schule, wie auch sein Wohnhaus, ist umgeben von z.T. vierspurigen Straßen und Zugbrücken, Tunnel schließen sich noch an. Die überdimensionalen Straßenabbildungen drücken schon einiges an Erleben dazu aus. Seine Lieblingsgegend ist das „Underground-Eck" (in grün gezeichnet), dort trifft er seine Schulfreunde und geht mit ihnen auch in die „Walde", einem Jugendzentrum der Sportjugend.

2.5 Methode: Stadtteilbegehung mit Kindern und Jugendlichen

2.5.1 Beschreibung und Durchführung der Methode

Es geht bei dieser Methode um die alltäglichen Streif- und Lebensräume, die Treffs, Wege, Abkürzungen, Schutz-, Angst- und auch Rückzugsräume der Schüler/innen in ihren Vierteln. Mittels Fotokamera, Diktiergerät, Notizen etc. lassen sich die subjektiven Sichtweisen der Kinder in Gesprächen beim Durchstreifen z.B. des Schulviertels dokumentieren.

Die Schüler/innen des aktuell zu erkundenden Viertels sind in dieser Situation die Expert/inn/en; sie gehen voran, schlagen ihre gewohnten

Wege, Abkürzungen, Schleichwege ein und leiten die Begehung. Für die nicht dort lebenden Schüler/innen ist diese Methode auch sehr spannend, noch dazu lebenswelt- und handlungsraumerweiternd.

Die Expert/inn/en dieses Viertels berichten aus ihrem Blickwinkel während der Begehung authentisch über bestimmte für sie wichtige Einzelheiten und z.T. auch über traurige Ereignisse, die sich in ihrem Viertel abgespielt haben. Sie äußern sich über die Qualität und Größe ihrer Spielflächen und über Gegenstände, die ihnen in ihrem Viertel fehlen, über informelle Treffs, die sie sehr schätzen. Nach nur kurzer Einweisung des Vorhabens in der Klasse wird der Stadtteil um die Schule herum (1. Begehung) auf einer von der Experten-Gruppe (sechs Jungen leben dort) eingeschlagenen Route begangen und ihre Aussagen, Interpretationen zur sozialräumlichen Qualität der Orte dokumentiert. Im Fokus stehen die schon o.a. Spiel-, Bolzplätze, Nischen, Naturflächen, teilweise überdachte Hofdurchgänge und Parkhauseinfahrten als Unterschlupf u.a. bei Regen, „Buden" und aktuell ein kleines Jugendzentrum, dessen Angebote als nicht ausreichend für die differenzierten Bedürfnisse der Mädchen und Jungen interpretiert werden. An wesentlichen Stellen wird Halt gemacht und die Experten erläutern sehr ernsthaft die örtlichen Verhältnisse: Sie finden durch die übrigen Schüler/innen ein sehr aufmerksames, diszipliniertes Forum vor, das auch vor Ort schon weitere Fragen stellt.

Die Experten aus dem Schulviertel haben dazu als Hausarbeit ein „Neun-Punkte-Programm" zur Verbesserung der örtlichen Situation für die Stadtteilkonferenz erarbeitet und dort vorgetragen.

Auch die örtliche Presse fand dieses Beteiligungsprojekt interessant. Titel:

„Wir brauchen mehr Unterschlupf"

Abb. 7: **Pressetermin: Schüler mit ihren subjektiven Landkarten und ihrem Neun-Punkte_Programm sind das Thema. Quelle: Westfalen-Blatt vom 29.02.2008**

Analysierten und zeichneten ihr Viertel rund um den Ostmannturm (von links): Dana Sahladdin, Bassem | Cheribeso, Raymond Demin und Kevin Vimbi von der Klasse 6a der Lutherschule. Foto: Borgmeier

2.5.2 Auswertung

Diese erste Stadtteilbegehung im Schulviertel wird für die Schüler (sechs Jungen) gleich ein erfolgreiches Projekt, denn der regionale Leiter der Bundesinitiative „Soziale Stadt" in dieser Kommune wird in der Sitzung der Stadtteilkonferenz zugegen sein und noch einmal mit den Programmvorschlägen der Jungen konfrontiert. Ferner wird sich die Stadtteilkonferenz auch für diese Schüler beim Grünflächenamt für entsprechende Veränderungen (Naturflächen/Holzbalkenhütte etc.) einsetzen – Beschluss.

Die sechs Jungen haben eine erstaunliche Dynamik in die Konferenz gebracht; eine Trägervertreterin des Umweltzentrums erklärte sich schon in der Sitzung spontan bereit, einen Raum als Ton- bzw. Musikstudio zur Verfügung zu stellen. Die Vertreterin der „Walde" (Jugendzentrum) lässt sich auf einen speziellen, besonderen Programm- bzw. Thementag für die Jungen ein. Der Revierpolizist, Mitglied der Stadtteilkonferenz, hat gleich angeboten und auch realisiert, einen Termin der Schülergruppe mit der Presse zwecks Öffentlichkeitsarbeit zu vermitteln. Was die Pädagog/inn/en resümierend sehr überraschte, war die enorm hohe Aufmerksamkeit und Disziplin, mit der die übrigen Schüler/innen, die in anderen Stadteilen zu Hause sind, den Experten bei der Begehung des Stadtteils folgten. Diese Methode und die damit verbundenen Aktivitäten, Exkursionen und Auswertungen kamen bei allen Schüler/innen sehr gut an, auch der abschließende Besuch eines Eiscafés. Die Methode „Stadtteilbegehung mit Kindern und Jugendlichen" hat hier einmal mehr Schule gemacht.

2.6 Methode: Schüler/innen zeichnen und bewerten ihre Schulräume – ein Wohlfühlbarometer

2.6.1 Beschreibung und Durchführung der Methode

Auch bei dieser Methode steht die subjektive Sichtweise der Schüler/innen in Bezug zu ihren ausschließlich schulischen Räumen, Orten, Spielflächen, Nischen und den dort installierten Spiel- und Sportgeräten im Mittelpunkt der Betrachtung. Im Übergang von der Primarstufe zur Sekundarstufe I ist eine solche Methode u. a. gut anwendbar, um das subjektive Erleben, die Gefühle und Haltungen der Kinder in für sie neuen Räumen, anderer Umgebung und mit neuer Kommunikationsstruktur zeichnerisch umsetzen zu lassen. Im Hinblick auf aktuell anstehende räumliche Umgestaltungs- und Planungsprozesse in der Schule kann über diese einfache Beteiligungsmethode eine Auseinandersetzung in der Schülerschaft in Gang gesetzt werden. Die Lieblingsplätze und Orte, an denen sich Kinder (un-)sicher fühlen, kristallisieren sich ebenso heraus. Ferner werden Zusammenhänge zwischen den Sichtweisen und Gefühlen der Kinder, deren Mitgestaltungsmöglichkeiten (Aneignungsqualität) und den dort gemachten personalen Erfahrungen deutlich. Aus der Summe dieser sozialräumlichen Segmente entwickelt sich bei Kindern die jeweilige Gegenstandsbedeutung eines Raumes.

Abb. 8: **Eine vorgefertigte Skizze, Beispiel: Ergebnis einer Schülerin der Klasse 5, die z. B. den Sportplatz, Teile der Aula und des Schulhofs u. a. meidet, weil sie und andere Jüngere dort von älteren Schülern („Platzhirschen") verdrängt, nicht akzeptiert werden.**

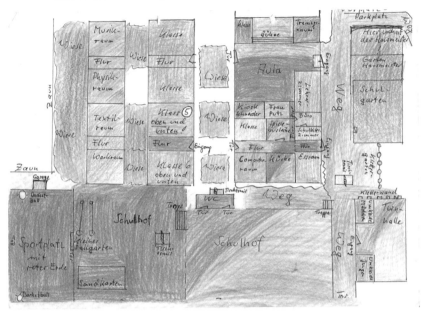

Drei zu verwendende Farben bekommen in Bezug auf die zu bewertenden Räume und Flächen eine Bedeutung zugeschrieben:
- Blau steht für hohes Wohlbefinden (halte mich dort gern auf, bin ich am liebsten)
- Rot steht für: meide ich, bin ich ungern, fühle mich dort nicht wohl.
- Grün steht für: kenne ich noch gar nicht.

Nun färben bzw. zeichnen und färben (bei freiem Zeichnen) die Schüler/innen die Räume und Flächen ihrer Schule sukzessive in den für sie subjektiv bedeutsamen Farben. Hier und da sind kleine Hilfestellungen und Anregungen erforderlich. Nach Fertigstellung der Zeichnungen sollten die Schüler/innen ihre Farbauswahl und somit ihre Gefühle und Standpunkte in Beziehung zu einzelnen Räumen und Flächen für die Präsentation schriftlich begründen. Es entsteht so eine interessante selbstgestaltete Dokumentation für die Präsentation.

2.6.2 Auswertung

Einen signifikanten geschlechtsspezifischen Trend geben die Ergebnisse nicht her.

Es zeigen sich zusammenfassend aber auch Trends bei Mädchen und Jungen gleichermaßen:
- Die Raucherecke auf dem Sportplatz wird von den Schüler/innen der Klasse 5 gemieden, weil sie dort angepöbelt, verjagt werden.
- Sportflächen werden von den älteren „Platzhirschen" dominiert.
- Kicker in der Aula sind o.k., werden aber zu oft von den älteren Jungen beherrscht. Die Schüler/innen haben eine Regelung durchgesetzt.
- Interessante Nischen im Außenbereich mit hoher Aneignungsqualität werden sehr geschätzt.
- Die Turnhalle steht hoch im Kurs.
- Außen-WCs sind nicht akzeptabel.
- PC-Raum, Küche und „Mensa" sind sehr beliebt.
- Verriegelte/verregelte Räume (Gärten, Grünflächen mit Absperrungen versehen) werden als nicht bespielbar, nicht nutzbar kritisiert (Schülervertretung).
- Seilgarten und Kletterwand werden sehr positiv bewertet.

Entsprechende Verbesserungsvorschläge sind von den Schüler/innen entwickelt und an die Schülervertretung weitergeleitet worden; ihre anschließende **Fotoevaluation** (hier nicht mehr aufgeführt) hat ihre Sichtweisen und Forderungen schulpolitisch noch wirkungsvoller werden lassen.

2.7 Fazit

Die hier vorgestellten und in Unterrichtsprojekten erprobten o.a. Methoden haben die Schüler/innen sehr motiviert, weil sie mit ihren Lebenswelten im Mittelpunkt des Geschehens standen und darüber hinaus sehr aktiv an Unterrichts- und z.T. auch an schulischen und außerschulischen Entwicklungsprozessen beteiligt waren – sie sind die Expert/inn/en des

Abb. 9: **Methodenergebnisse mit ihren Wirkungsdimensionen.**
Grafik: M. Grimm.

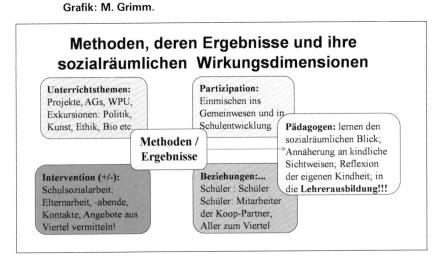

Projektgeschehens gewesen. Sie haben Probleme ihrer Sozialräume beim Namen genannt und Änderungen argumentativ, engagiert und mit hoher Anstrengungsbereitschaft eingefordert. Den Schüler/innen ist dabei klar geworden, dass sie ihre lebensweltlichen Bereiche bewusster, mit mehr „Tiefenschärfe" betrachten, und die Chancen zur **Beteiligung** vor Ort auch aktiv, wenn möglich mit Partnern wie einer Stadtteilkonferenz, wahrnehmen müssen, wenn sie ihre Vorstellungen wirksam einbringen möchten.

Auch der **Beziehungsaspekt** – nicht nur in Bezug zum Viertel der Schüler/innen – ist hervorzuheben. Denn was die Schüler/innen durch die Methodenprojekte an Informationen über sich und über die Lebenswelten der Mitschüler/innen erfahren konnten, ist schon sehr bemerkenswert und horizonterweiternd. Es haben sich neue Gruppen in der Klasse gefunden, die sich nach der Schule auch z.T. zu veränderten Freizeitaktivitäten treffen. Ebenso muss die Lehrer-Schüler-Beziehung angeführt werden, die sich durch diese Projekte noch vertrauensvoller entwickelt und sich auch positiv auf den übrigen Unterrichtskontext ausgewirkt hat.

Erwähnenswert ist auch der **Inhaltsaspekt**, denn aus den o.a. Projektergebnissen kristallisieren sich vielfältige Unterrichtsthemen und Anschlussprojekte, beispielsweise für die Fächer Politik/Geschichte,

Kunst, Technik, Hauswirtschaft etc. heraus, die aber betontermaßen aus dem „**Lehrplan des Lebens**" erwachsen sind. Darüber hinaus sind auch Themen zu bemerken, die für die Elternarbeit (**Interventionsaspekt**) in Kooperation mit der Schulsozialarbeit (u.a. zur Kindesgefährdung, Ernährung etc.) infrage kommen.

Diese Methoden mit ihrer Eigendynamik sollten als Baustein curricular Eingang in die **Lehrer/innen/ausbildung** finden. Denn der gesamte Kontext der Methodenanwendung hat nicht zuletzt auch bei den Pädagog/inn/en wirkungsvolle „Spuren" hinterlassen: Interessante neue Erfahrungen und Erkenntnisse sind zu belegen, z.B. der „sozialräumliche Blick", der eine völlig geschärfte Sicht auf Stadtteile oder Schulgelände vermittelt, ferner auch die gänzlich unabwendbare Annäherung an (auch eigene) kindliche Sichtweisen, die Kinder in einem anderen Licht erscheinen lassen. Die jungen Menschen werden nicht einfach als Schüler/innen betrachtet, sondern im Kontext ihrer Lebenswelten mit allen ihren Freuden und Nöten, mit ihren Stärken und Sorgen – ganzheitlich eben.

Literatur

Deinet, U. (Hrsg.): Sozialräumliche Jugendarbeit. Grundlagen, Methoden, Praxiskonzepte, Wiesbaden 2005.
Deinet, U./ Reutlinger, C. (Hrsg.): „Aneignung" als Bildungskonzept der Sozialpädagogik, Wiesbaden 2004.
Deinet, U./ Krisch, R.: Der sozialräumliche Blick der Jugendarbeit. Methoden und Bausteine zur Konzeptentwicklung und Qualifizierung, Opladen 2003.
Deinet, U./ Icking, M. (Hrsg.): Jugendhilfe und Schule, Analysen und Konzepte für die kommunale Kooperation, Opladen 2006.
Deinet, U./ Sturzenhecker, B. (Hrsg.): Konzepte entwickeln. Anregungen und Arbeitshilfen zur Klärung und Legitimation, Weinheim und München 2001.
Löw, M.: „Raumsoziologie", Frankfurt a.M. 2001.
Mack, W. u.a.: Schule, Stadtteil, Lebenswelt. Eine empirische Untersuchung, Opladen 2003.
Reinders, H.: Diagnostik jugendlichen Kompetenzerwerbs durch außerschulische Aktivitäten, in: Prenzel, Manfred u.a. (Hrsg.): Zeitschrift für Erziehungswissenschaften, 10. Jahrgang 2007, Sonderheft 8.
Rohlfs, C.: Freizeitwelten von Grundschulkindern. Eine qualitative Sekundäranalyse von Fallstudien, Weinheim und München 2007.
Wahler, P./ Tully, C.J./ Preiß, C.: Jugendliche in neuen Lernwelten. Selbstorganisierte Bildung jenseits institutioneller Qualifizierung, Wiesbaden 2004.

Der empirisch informierte Professionelle:
Ein Beispiel zur wirkungsorientierten Qualifizierung der Erziehungshilfen durch evidenzbasierte Professionalität

Dirk Nüsken und Bernd Seidenstücker

Unter dem Titel „Mythos Wirkungsorientierte Steuerung" fand im Herbst 2007 eine Tagung des Vereins für Kommunalwissenschaften statt. Vor dem Hintergrund der zuletzt sehr kontrovers beurteilten Frage, was unter einer Wirkungsorientierung zu verstehen und wie diese zu bewerten ist (vgl. Nüsken 2008) war es Ziel der Tagung, das Thema wirkungsorientierte Steuerung zu „relativieren" und zu systematisieren, die Lücke zwischen Theorie und Praxis zu schließen und das Thema in den Jugendhilfealltag „einzuordnen". (Quelle: http://www.vfk.de/agfj/veranstaltungen/thema.phtml?termine_id=1118).

Zentrales Thema der rahmenden Hauptbeiträge (Schrapper 2008, Schrödter/Ziegler 2008) war die Frage nach den Möglichkeiten zur Gestaltung und Steuerung einer wirksamen Kinder- und Jugendhilfe. Vor dem Hintergrund, dass sich Soziale Arbeit ohne die Annahme einer prinzipiellen Wirkmächtigkeit nicht legitimieren lässt und dass der bloße Verweis auf eine notwendige Daseinsvorsorge jenseits einer empirischen Vergewisserung deshalb nicht (länger) ausreicht (vgl. Winkler 2006, S. 283), scheint es nach Ziegler (Schrödter/Ziegler 2008, S. 256) wesentliches Versprechen einer wirkungsorientierten Steuerung zu sein, individuelle und gesellschaftliche Nutzwerte in optimaler Form, oder zumindest besser als bisher, sicher zu stellen. „Es geht nicht darum, dass soziale Dienste konsumiert werden, sondern darum, dass sie Nutzwerte entfalten."

Eben jene Nutzwerte und die dazu förderlichen Variablen bilden den Anknüpfungspunkt für den vorliegenden Beitrag, der die Idee des evidenzbasierten Professionalismus, wie sie von Otto (AGJ 2007) und Schrödter/Ziegler (2007) in Auswertung zahlreicher englischsprachiger empirische Studien vertreten wird, aufgreift. Im Mittelpunkt steht dabei die Frage nach der Verknüpfung von empirischer Erkenntnis und Praxisgestaltung auf einer prinzipiellen Ebene und ihrer möglichen Umsetzung im Bereich der Hilfen zur Erziehung.

1. Evidenzbasierung und Steuerung

In seiner Analyse der Debatte um wirkungsorientierte Steuerung führt Ziegler (Schrödter/Ziegler 2008, S. 257 f.) aus, dass sich bis in die frühen 80er Jahre des letzten Jahrhunderts für die Bundesrepublik von der Dominanz eines sozialstaatlichen Diskurses sprechen lässt, der den professionellen Erbringern sozialer Dienste eine verhältnismäßig breite Handlungs- und Entscheidungsautonomie einräumte. Wer ihre Klienten sind, warum sie ihre Klienten sind und wie mit ihnen umzugehen sei, bestimmte die Sozialpädagogik als Profession weitgehend selbst. Bewegungen zur Stärkungen der Position der Nutzerinnen und Nutzer und der Diskurs der so genannten ‚Neuen Rechten' mit dem Vorwurf Adressaten Sozialer Arbeit würden nicht zur Autonomie, sondern zur Wohlfahrtsabhängigkeit geführt und nährten damit den Eigennutzen der Leistungserbringer, lenken seit Mitte der 1980er Jahre aber verstärkt den Blick auf Formen der marktförmigen Steuerung nach wirkungsorientierten Prämissen. Im Effektivitäts- und Effizienzwettbewerb sollen Leistungserbringer nunmehr zielgerichtet nach optimalen Lösungen suchen, andernfalls riskieren sie ökonomische Schwierigkeiten und letztendlich ihre Existenz. Im Fokus der Steuerung steht damit nicht allein die Effektivität von Verwaltungsabläufen, sondern die Effektivität und Effizienz der sozialpädagogischen Leistungserbringung selbst.

Dieser Steuerungsansatz bedingt jedoch die Kenntnis um optimale Lösungen im Sinn von erfolgreichen, wirkmächtigen Faktoren. Wirkungsorientierung setzt das Wissen um mögliche Wirkungen voraus!

In wie weit lässt sich aber solches Wissen um Wirkungen generieren und woher sollen professionelle Erbringer sozialer Dienste diese Kenntnis erlangen? Nach Engelke (2003) lassen sich hinsichtlich des Wissens von professionellen Akteuren Alltagswissen, wissenschaftliches Wissen und Berufswissen unterscheiden. Alltägliche Beobachtungen, Erlebnisse und Erfahrungen bilden das „Alltagswissen", welches eine Grundlage gemeinsamer Werte, Vorstellungen, Meinungen und Grundannahmen bildet, auf denen menschliches Denken und Handeln beruht. Darüber hinaus beinhaltet wissenschaftliches Wissen das gezielte, systematische und reflektierte Bemühen um Erkenntnisgewinnung und damit überprüfbares, begründetes und nicht zuletzt dokumentiertes Wissen. Berufswissen schließlich verbindet Fachwissen und individuelle Erfahrungen, es bildet sich in der Praxis heraus und entwickelt sich im Lauf einer Berufsbiografie z. B. durch Fortbildung weiter und bemisst sich im Wesentlichen daran, was sich in der Praxis bewährt. „Berufswissen kann daher als eine Verbindung (,Kompositum') von Alltagswissen und wissenschaftlichem Wissen angesehen werden, in Berufstraditionen erworben und in ständiger Auseinandersetzung mit neuen Berufserfahrungen und wissenschaftlichen Erkenntnissen weiter entwickelt" (Engelke 2003, S. 188).

Das Wissen um Wirkungen von professionellen Erbringern sozialer Dienste wird demzufolge durch Berufserfahrungen und durch wissenschaftliche Erkenntnisse erworben. Während Berufserfahrungen in hohem Maße von der Berufsbiografie, dem Feld, der Position, den Institutionen, den jeweiligen den Fort- und Weiterbildungen und damit stark individuell geprägt sind, stehen wissenschaftliche Erkenntnisse prinzipiell allgemein zur Verfügung. Inwiefern diese tatsächlich rezipiert werden, etwa durch die Lektüre von Fachzeitschriften oder ob diese Niederschlag in Konzeptentwicklungen finden und damit Handlungspraxen prägen, bleibt jedoch offen.

Auf der Suche nach wissenschaftlichen Erkenntnissen zur Wirkung von sozialen Dienstleistungen kommt der Evidenzbasierung, also dem Rückgriff auf Ergebnisse der empirischen Wirkungsforschung, eine besondere Bedeutung zu. In großen Teilen des von Otto (AGJ 2007) und Schrödter/Ziegler (2007) u. a. dargestellten internationalen Diskurses um Evidenzbasierung geht man davon aus, dass nur bestimmte statistische Verfahren valide darüber Auskunft geben können, ob ein bestimmtes Ziel durch eine bestimmte Intervention (hier eine soziale Dienstleistung) erreicht wurde. Der Grund hierfür wird deutlich, bedenkt man, dass im Rahmen von Sozialer Arbeit nicht von strengen Kausalitäten im Sinne eines gesetzmäßigen Zusammenhangs zwischen einer Ursache und einer Wirkung ausgegangen werden kann (vgl. AGJ 2007, S. 29). Menschliche Lebenspraxis, auf die Soziale Arbeit abzielt, ist aufgrund ihrer Komplexität, Individualität und Relationalität empirisch nie in aller Gänze zu erfassen. Jedenfalls nicht absolut hinsichtlich aller möglicherweise relevanten Variablen, die Einfluss auf eine Entwicklung bzw. einen Effekt haben könnten.

Auch mit sehr aufwändigen Forschungsdesigns lassen sich deshalb Wirkungen sozialer Dienstleistungen nicht absolut ursächlich bestimmen, sondern wahrscheinlichkeitstheoretisch. D. h. bis zum Beweis des Gegenteils gilt die begründet in den Blick genommene Maßnahme als angenommene Ursache für einen zeitlich nachfolgenden Effekt, wenn diese Maßnahme die Wahrscheinlichkeit erhöht, dass der Effekt eintritt. „Wirksamkeit ist dann nichts anderes als die Wahrscheinlichkeit, mit der eine Maßnahme ein in messbarer Form definiertes Ziel gegenüber einer bestimmten, klar definierten Adressatengruppe erreicht" (AGJ 2007, S. 30).

Gemäß der Hierarchie valider Wirkungsstudien, wie sie von McNeece und Thyer (2004) vorgeschlagen wird, lassen nur bestimmte statistische Verfahren solche Schlüsse zu. Mit abnehmender Validität sind dies:
1. Systematische Reviews bzw. Metaanalysen (von randomisierten Kontrollstudien)
2. Randomisierte Kontrollstudien (Experimentalstudien)
3. Quasi-Experimentalstudien

Vereinfacht formuliert bestimmen diese Studien die Wirksamkeit einer Maßnahme durch den Vergleich der Ergebnisse der Teilnahme an einer Maßnahme mit den Ergebnissen der Nicht-Teilnahme an dieser Maßnahme, die ermittelte Differenz wird schließlich als Wirkung der Maßnahme ausgewiesen. Bereits an diesem schlichten Beispiel lässt sich leicht erkennen, dass sich Experimentalstudien insbesondere für in hohem Maße hinsichtlich der Diagnose und Intervention standardisierbarer und unter stabilen Rahmenbedingungen mit einer hohen Zahl an AdressatInnen durchgeführte Maßnahmen eignen (vgl. Schrödter/Ziegler 2008, S. 260 f.) Ihre Ergebnisse gelten allerdings ausschließlich für die analysierten Kontexte und Settings, falls nicht Kontextindikatoren wie etwa die Strukturqualität der Organisation und die Demographie, Ausbildung, Überzeugungen und Ausrichtungen und ggf. die Professionalität der Mitarbeiterinnen oder auch die Beziehungsqualität der Fachkräfte zu den AdressatInnen mit erfasst und hinsichtlich ihres Einflusses auf die Wirkung analysiert werden (vgl. Schrödter/Ziegler 2007, S. 24).

Kritisch äußert sich dementsprechend Otto (AGJ 2007, S. 66) zu solchen Kontrollstudien und favorisiert kontextsensible quasi-experimentelle Studien u. a. unter Bezug auf die American Psychological Association, die entgegen ihrer vormaligen Befürwortung inzwischen von einer Tendenz der Überschätzung der Möglichkeiten randomisierter Kontrollstudien spricht. Bei Quasi-Experimentalstudien geht es hingegen eben nicht darum, wie bei randomisierten Kontrollstudien, Kontexteinflüsse auszuschließen, als vielmehr gerade diese zu erheben, um deren Einfluss auf Wirkungen messbar zu machen.

Will man die Ergebnisse solcher Studien hinsichtlich ihrer Bedeutung für die Steuerung und Handlungspraxis Sozialer Arbeit bewerten, ist es also notwendig, nach den jeweiligen Kontexten und Settings zu fragen und zu beachten, dass Flexibilität, Fallverstehen und Kontextadäquatheit kennzeichnende Bedingungen, wenn nicht gar Qualitätskriterien Sozialer Arbeit sind (vgl. Schrödter/Ziegler 2008, S. 262).

Für die wirkungsorientierte Gestaltung von sozialen Dienstleistungen in der Praxis können die Ergebnisse von Wirkungsstudien, insbesondere, wenn sie auch die entsprechenden Kontexte erfassen und analysieren, eine wertvolle Reflektionsgrundlage darstellen, die dazu beiträgt, Praxis zu qualifizieren, indem neben Erfahrungswissen auch empirisches Wissen in die Entwicklung von Fachkonzepten und Handlungspraxen und somit auch in das Berufswissen einfließt. Damit ließe sich auch die Bedeutung der Ergebnisse von Wirkungsforschung für die Erbringung sozialer Dienstleistungen in der Praxis markieren. Empirisch fundiertes Wissen über Wirkungswahrscheinlichkeiten und Wirkungsweisen von Sozialer Arbeit dient in diesem Verständnis als Informationsquelle, die zur Qualifizierung und damit zur Professionalisierung Sozialer Arbeit dienen kann.

Dieses Verständnis einer Qualifizierung von Praxis durch Einbezug empirischen Wissens jenseits einer „naiven Transfermentalität" (Dewe/ Ferchhof/Radtke 1992, S. 71) kommt dem ursprünglichen Ansatz einer Evidenzbasierung sehr nahe wie er in der Recherche „Evidenzbasierte Ansätze in kinder- und jugendbezogenen Dienstleistungen der USA" des Deutschen Jugendinstitutes (DJI 2007, S. 5 ff.) nachgezeichnet wird.

Die Ursprünge einer Evidenzbasierung, konkret der *„Evidence-based Medicine"* lassen sich demnach in Beiträgen der *Evidence-Based Medicine Working Group* (1992) sowie von Sackett et al. (1996) ausmachen. Anliegen der *Evidence-Based Working Group* war es, die Ausbildung von jungen Krankenhausärztinnen und -ärzten durch den Bezug zu aktuellen wissenschaftlichen Studien zu verbessern. Damit wandten sie sich gegen medizinische Urteile, die vor allem einer klinischen Expertise entspringen, d. h. einer Expertise aus zwar jahrelanger Erfahrung, aber ohne Rückbezug auf aktuelle wissenschaftliche Entwicklungen. An einem auch in der DJI Recherche aufgeführten Beispiel wird diese Überlegungen deutlich: „Ein Assistenzarzt soll eine klinische Diagnose stellen und eine Behandlungsempfehlung aussprechen; trotz Untersuchung und Befragung des Patienten nach seinen Symptomen bleibt das Krankheitsbild ungenau. Er schlägt eine nahe liegende Diagnose vor, die von der in der Ausbildung weiter fortgeschrittenen Assistenzärztin sowie dem diensthabenden Oberarzt mit getragen wird. Der Patient wird medikamentös behandelt und ihm wird empfohlen, sich bei erneutem Auftreten der Symptome mit seinem Hausarzt in Verbindung zu setzen" (vgl. *Evidence-Based-Working-Group* 1992: 2420, zit. nach DJI 2007, S. 5).

Im Gegensatz zu dieser vorherrschenden Praxis treten die Mitglieder der *Evidence-Based Medicine Working Group* dafür ein, dass Assistenzärzte in Fällen der Unsicherheit zum gegebenen Sachverhalt in wissenschaftlicher Literatur recherchieren, relevante Studien herausfiltern, sie in ihrer wissenschaftlichen Stichhaltigkeit bewerten und ihre Diagnose sowie Therapie-Empfehlung unter Berücksichtigung der neu gewonnenen Erkenntnisse aussprechen (vgl. ebd.). Die Ausübung von evidenzbasierter Medizin besteht damit darin, individuelle klinische Expertise mit der besten verfügbaren externen Evidenz aus systematischer Forschung zu verbinden und beides mit den Präferenzen und Werten der Patientin/ des Patienten in Einklang zu bringen (vgl. Sackett et al. 1996: 712 zit. nach DJI 2007, S. 6). Zur Gesundung des Patienten sollen somit drei Informationsquellen in Einklang gebracht werden: die individuelle Expertise des Mediziners, die beste verfügbare Evidenz der Forschung und die Präferenzen des Patienten. Dass dieser ursprüngliche Ansatz einer evidenzbasierten Praxis zu Transformationen in Form von evidenzbasierten Politiken genutzt wurde (z.B. im Rahmen der evidence-based-policy *von New Labour in Großbritannien),* der es darum geht, mittels Experimentalstudien möglichst wirksame Programme und Praktiken zu identifizieren und (nur noch) diese anschließend zu fördern und dass damit eine Standardisierung professioneller Praxis durch Programmvorschriften und Manuale einhergeht, darauf weisen vorliegende Beiträge (AGJ 2007, DJI 2007, Schrödter/Ziegler 2008) deutlich hin.

Die Auseinandersetzung dieses Beitrages soll jedoch der ursprünglichen Idee einer evidenzbasierten Praxis und der Übertragung dieser auf eine evidenzbasierte Praxis Sozialer Arbeit gelten. Im Mittelpunkt der Überlegungen stehen damit die Befähigung von Fachkräften, ihre persönliche Expertise, die Potentiale (externer) Evidenz und die Adressatenorientierung in Einklang zu bringen. Es geht uns ausdrücklich nicht um eine technokratisch orientierte Auswahl und Bereitstellung bestimmter Praktiken, Arbeitsansätze, Methoden und Programme.

In seiner Analyse der Steuerungsmodelle professioneller Sozialer Arbeit greift u.a. Schrödter (Schrödter/Ziegler 2008, S. 263 ff.) dieses Thema auf. Durch die Unterscheidung der Hauptkontrolle über die Dienstleistungserbringung Sozialer Arbeit kommt es zum Modell der Wohlfahrtsbürokratie (Kontrolle der Hilfeleistung durch die Organisation bzw. Fachkraft), der Marktorientierung (Kontrolle der Hilfeleistung durch den „Kunden" etwa im Rahmen von Gutscheinfinanzierungen) und des S.M.A.R.T.-Movement (Kontrolle der Dienstleistung – und der Finanzierung – im Rahmen von Wirkungsmessungen durch eine dritte Instanz). Nach Schrödter/Ziegler (2008) sind alle drei Steuerungsmodelle für die Soziale Arbeit nicht geeignet, da S.M.A.R.T.-Modell und Wohlfahrtsbürokratie Steuerung unabhängig von den Bedürfnissen der Nutzer betreiben und eine Marktorientierung einen als Kunden rational agierenden Akteur voraussetzt, der sich seiner Bedürfnisse vollständig im Klaren ist und die Qualität der Dienstleistungen realistisch einschätzen kann. Diese Eigenschaften können aber gerade bei Nutzerinnen und Nutzern sozialer Dienstleistungen nicht in jedem Fall bzw. von vornherein voraus gesetzt werden, da nicht wenige auf Grund ihrer individuellen und/oder strukturellen Situation in ihrer Autonomie (zeitweilig oder gar dauerhaft) eingeschränkt und damit hilfsbedürftig sind. Als Alternativmodell entwerfen Schrödter/Ziegler (2008) ein Steuerungsmodell über die Profession, den evidenzbasierten Professionalismus. „Das bedeutet eine professionelle Selbstkontrolle und nicht die Übereignung der Kontrolle an Expertokraten, an eine dritte Instanz, auch nicht an scheinbar autonome, scheinbar rational handelnde Akteure, die zu Kunden werden. Die Steuerung sozialer Dienstleistung sollte über die Profession erfolgen, die dann aber mit Wirkungswissen ausgestattet ist und in ihrer fachlichen Autonomie dieses Wirkungswissen mit dem Nutzer teilt" (ebd., S. 266). Das Wissen um Wirkungen wird somit zu einer Leitlinie für die Profession, es trägt zu einer Professionalisierung Sozialer Arbeit, zu einer wissenschaftlichen Fundierung des Berufswissens und zu einer Qualifizierung von Handlungspraxen bei.

Anders als in Teilen evidenzbasierter Praxis – insbesondere im angloamerikanischen Raum – standardisiert und prädeterminiert es die Leistungserbringung im Einzelfall jedoch nicht, da es, wie bereits geschildert, Aufgabe der Fachkräfte ist, ihre persönliche Expertise, die (externe) Evidenz sowie die Vorstellungen der Adressatinnen und Adressaten in Einklang zu bringen.

Denn selbst wenn Wirkungseffekte valide nachgewiesen zu sein scheinen, bleibt festzuhalten, dass das mittels einseitig kognitiv-behavioralen kontrollexerperimentalen Methoden produzierte Wissen über Wirkungen immer nur auf problematisierte individuelle Einstellungen und Verhaltensdispositionen gerichtet sein kann. Schwandt (1997) spricht diesbezüglich von einer entpolitisierten, instrumentalistischen Rationalität, weil die zentrale sozialpädagogische Problemstellung nach Hamburger (2003) immer auch „das individuelle Verhältnis zur Gesellschaft ist" (a.a.O., S.13). Was heißen soll, dass die Frage nicht verkürzt lauten kann, „Was wirkt?", sondern „*Was* wirkt für *wen* unter *welchen* Bedingungen?" (AGJ 2007, S. 72). Mehr noch, gemäß dem von Otto und seinen Mitarbeitern favorisierten Capability-Ansatz (Befähigungs-, Kompetenzen- und Verwirklichungschancenansatzes) lautet die zentrale professionelle Frage „Was ist im Einzelfall angemessen?" Dies setzt weiterhin professionelles Reflektions- und Erklärungswissen voraus, welches auf möglichst empirisch gesicherten Erfahrungen – auch hinsichtlich operationalisierter Wirkfaktoren – fundiert sein sollte (vgl. dazu ebd. S. 93). Dies ist freilich mehr, als instrumentelles technologisch-operationalisiertes Wirkungswissen.

2. Wirkungswissen zu den Hilfen zur Erziehung

Nachdem seit den 80er Jahren des letzten Jahrhunderts vor allem aus Ländern im angloamerikanischen Sprachraum bekannt geworden war, dass dort die Steuerung personenbezogener sozialer Dienstleistungen über marktförmige Konkurrenz vermittels wirkungsorientierten Prämissen (Managerialismus) mit dem Ziel erfolgte, mehr Effektivität und Effizienz zu erreichen (dazu AGJ 2007, S. 31), war anzunehmen, dass dem einschlägige Wirkungsforschung zugrunde liegt. Schrödter/Ziegler (2007) kommen ähnlich wie andere Autoren in Auswertung diesbezüglicher englischsprachiger Studien empirischer Wirkungsforschung zu dem Ergebnis, dass in erster Linie (lediglich) versucht wurde, die Frage zu beantworten, „*Was* wirkt? ... Methodologisch hochwertige empirische Forschungen, die in kinder- und jugendhilferelevanten Feldern, beide Aspekte, d.h. die Frage ‚*was wirkt warum*' gehaltvoll beantwortet haben ... (sind – d. Verf.) praktisch nicht finden. Es finden sich bestenfalls einige (nachträgliche) Tiefenanalysen von Programmen bzw. Maßnahmen, die sich als wirksam erwiesen haben..." (Schrödter/Ziegler 2007, S. 5).

Der Blick in die deutschsprachige Forschungslandschaft zeigt, dass Wirkungsstudien des genannten Typus (Kontroll- bzw. Experimentalstudien) bislang in der Sozialen Arbeit nicht durchgeführt wurden. Die meisten so genannten Wirkungsstudien bewegen sich allenfalls auf dem Niveau „prä-experimenteller Kohortenstudien" (Schrödter/Ziegler 2008). Ergebnisse dieser Studien lassen sich dementsprechend eher als „Output-Monitoring" bezeichnen, die jedoch keine Aussagen über Wirkungen gemäß den Kriterien der Eingangs skizzierten Wirkungsforschung treffen.

Otto schlägt vor, dass quasi-experimentelle Studien ein Weg sein könnten, zu empirisch realistischen Wirkungsevaluationen zu gelangen. Dabei geht es weniger darum, ob eine bestimmte Maßnahme wirksam war, sondern darum, „unter welchen Umständen welche Maßnahmen für welche Zielgruppen unter welchen Bedingungen und Konstellationen welche Effekte zeigen" und welche Wirkmechanismen dem zugrunde liegen (AGJ 2007, S. 65).

Dieser Befund mag angesichts der durchaus gegebenen Chancen, die eine Beschäftigung mit Wirkungsforschung für die Qualifizierung von Praxis in sich trägt, ernüchtern. Andererseits bedeutet der Mangel an Quasi-Experimentalstudien gemäß der weiter oben skizzierten qualitativen Ansprüchen aber nicht, dass bislang gar keine wissenschaftlichen Erkenntnisse zur Analyse von Wirkungen im deutschsprachigen Raum, genauer gesagt, zu „wirkmächtigen Variablen" von Hilfen zur Erziehung vorliegen würden.

Im Zuge der Arbeit der Regiestelle zum Bundesmodellprogramm Wirkungsorientierte Jugendhilfe hat das Institut für soziale Arbeit Expertisen (Metaanalysen) zu wesentlichen Studien, aus denen Schlüsse zu wirkmächtigen Variablen gezogen werden können, in Auftrag gegeben. Die vorliegenden Expertisen stellen zwar keine Meta-Evaluation im statistischen Sinne dar, d.h. sie ermitteln keine Effektstärken erzieherischer Hilfen, aber sie geben Auskunft auf die Frage, welche Einflussfaktoren mit positiven Ergebnissen für die betroffenen jungen Menschen und ihre Familien nachweisbar verbunden sind (vgl. Gabriel u.a 2007, S. 5). Im Sinne einer strengen Wirkungsforschung lässt sich der hier am Beispiel der Hilfen zur Erziehung konkretisierte Ansatz zwar nicht direkt als „evidence-based", sondern eher als vorläufig (*promising practice*" vgl. DJI 2007, S. 18) bezeichnen. Dennoch dürfte es lohnenswert sein, wissenschaftliche Expertisen deutlicher als bislang als Qualifizierungsfokus sozialpädagogischer Praxis zu nutzen.

Beispielhaft werden dazu nachfolgend zunächst die unterschiedlichen Vorstellungen formuliert, die den übergreifenden Zielen (beabsichtigten Wirkungen) in den Hilfen zur Erziehung in den im Rahmen des Bundesmodellprogramms Wirkungsorientierte Jugendhilfe ausgewerteten 22 deutschsprachigen Studien[1] – soweit sie dort erfasst werden konnten – zugrunde liegen, um dann die (eher) allgemeinen Merkmale von Wirkung aufzunehmen und schließlich in den verschiedenen Studien wiederkehrend deutlich werdenden Interdependenzen, i.s. von plausiblen Aussagen über Wirkungszusammenhänge („wirkmächtige" Faktoren) darzulegen. Schlussendlich soll ein Beispiel aus dem Bundesmodellprogramm für eine wirkungsorientierten Qualifizierung evidenzbasierter Erziehungshilfen dargelegt werden.

Seitens des Auftraggebers des Bundesmodellprogramms (BMFSFJ) wurde in Anlehnung an den § 1 SBG VIII schlicht als Wirkungsziel der Hilfen zur Erziehung formuliert, dass es darum gehe, „dem Hilfeempfänger einen langfristig wirkenden persönlichen Entwicklungszuwachs (zu) ermöglichen und einen nachhaltigen Beitrag zur eigenverantwortlichen und gemeinschaftsfähigen Lebensführung (zu) liefern" (Struzyna 2004, S. 6).

---

[1] Schrödter/Ziegler haben im Auftrage der Regiestelle (ISA) des Bundesmodellprogramms „Wirkungsorientierte Jugendhilfe" unter dem Titel „Was wirkt in der Jugendhilfe?" einen internationalen Überblick und Entwurf eines Indikatorensystems von Verwirklichungsformen erarbeitet. Schriftenreihe des ISA zur Qualifizierung erzieherischer Hilfen, Band 02, Münster 2007
Gabriel u.a haben 11 Studien zu Wirkungen erzieherischer Hilfen ausgewertet: „Wirkungen erzieherischer Hilfen – Metaanalyse ausgewählter Studien". Schriftenreihe des ISA zur Qualifizierung erzieherischer Hilfen, Band 03, Münster 2007;
Gleichermaßen hat Wolf 12 Fallstudien (die sog. „Jule"-Studie wurde hier ebenfalls ausgewertet, nachdem sie sich auch bei Gabriel u. a. findet, s. o.) in der „Metaanalyse von Fallstudien erzieherischer Hilfen hinsichtlich von Wirkungen und „wirkmächtigen" Faktoren aus Nutzersicht ausgewertet a.a.O, Band 04, Münster 2007
Zu nennen ist aus übergreifend-grundsätzlicher Perspektive in Deutschland und in Auswertung des anglo-amerikanischen Diskurses: Otto, H.-U. What works?: Zum aktuellen Diskurs um Ergebnisse und Wirkungen im Feld der Sozialpädagogik und Sozialarbeit – Literaturvergleich nationaler und internationaler Diskussion. AGJ (Hg.), Berlin 2007

Folgende angestrebte Wirkungen wurden in diesem Zusammenhang in den für die untersuchten Studien zu „Hilfen zur Erziehung" in der Analyse von Gabriel u. a. (2007) erkennbar:
- Reduktion der Symptomatik und Verbesserung des Funktionsniveaus des Kindes, altersgemäße Aufgaben bewältigen zu können (BMFSFJ 2002, in Gabriel u. a. 2007, S. 9)
- Abbau von individuellen Defiziten und Aufbau von Ressourcen (Macsenaere, M. /Knab, E.: Evaluationsstudie erzieherische Hilfen 2004, a.a.O., S. 11)
- Defizitabbau relational zu den Vorbelastungen vor der Heimunterbringung (Hansen; G. 1994, a.a.O., S. 12f.)
- Lebensbewährung durch die Fähigkeit der Bewältigung neuer Situationen auf der Basis geltender Normen, der kritischen Anpassung in die Gesellschaft, persönliche Befriedigung. Erfolgskriterien: Bewährung im Beruf/Arbeitswelt, Legalbewährung und Soziale Integration (Wohlfahrtsverband Baden 2000, a.a.O., S. 16f.)
- SPFH: Verbesserung der Familiendynamik, der materiellen Grundlagen und praktischen Fertigkeiten, Außenbeziehungen, Förderung der Kinder (Blüml, H., u. a. 1994, a.a.O., S. 19)
- Verhältnis zwischen Erzieher und zu Erziehendem in Kombination von Bewältigung von spontanem Alltag, normgeleiteter Pädagogik und spezifischer präziser Therapie (Thurau, H./ Völker, U. 1995, a.a.O., S. 23)
- Bewältigung biografischer Herausforderungen und Krisen, Findung und Stärkung des Selbstwertes junger Menschen: Ermöglichung eigenständiger Lebensbewältigung. Indikatoren für positive Entwicklungen: subjektive Wahrnehmung des Fortschritts in schulischer Bildung, beruflicher Entwicklung, Alltagsbewältigung und Auseinandersetzung mit Herkunftsfamilie (Böhnisch, u. a. 2002, a.a.O., S. 28).

Diese aus den analysierten Studien herausgefilterten unterschiedlichen Inhalte und angestrebte Wirkungen der Hilfen zur Erziehung sind zum einen als Kennzeichen der jeweiligen Studien und Untersuchungsgegenstände zu betrachten darüber hinaus gilt es jedoch zugleich zu berücksichtigen, dass stets ein Zusammenhang mit dem Grundverständnis der Wirkungsforscher selbst besteht, d. h. beispielsweise psychiatrisch orientierte Studien nehmen – wie sollte es anders sein – psychiatrisch geprägte Wirkungsdimensionen in den Blick und liefern dem zu Folge unter psychiatrischen Gesichtspunkten relevante Ergebnisse, die etwa von den Ergebnissen einer pädagogisch-emanzipatorisch ausgerichteten Forschung deutlich abweichen dürften.

Illustrierend soll dazu ein Zitat aufgenommen werden, welches sich in der Studie von Schrödter/Ziegler (2007) findet. Bezug wird auf die international renommierten Wirkungsforscher Roy Pawson und Nick Tilley genommen, die einschätzen, dass der Gegenstand der Wirkungsforschung für „Experimentalisten immer noch das manipulieren und kontrollieren (ist), Realisten bevorzugen es, über kausale Figuration zu grübeln, Konstruktivisten wählen Empathie und Aushandeln, Auditoren das Kosten-Nutzen-Verhältnis, Post-Moderne räkeln sich spielerisch in linguistischen Ellipsen usw" (a.a.O., S. 17).

Ein aktueller Ansatz hinsichtlich anzustrebender und zu evaluierender Wirkungen findet sich im Evaluationsdesign der Universität Bielefeld im Rahmen der Evaluation des Bundesmodellprogramms Wirkungsorientierte Jugendhilfe wieder. Die Bielefelder Forschungsgruppe geht hier vom Anspruch aus, dass sich die gerechtigkeitsorientierte Profession der Sozialen Arbeit nicht auf pragmatische Problembekämpfungsansprüche beschränken darf. Aus der Perspektive des Capability Approach muss der Anspruch die Ermöglichung der Handlungsfreiheit des Individuums sein. Dies meint durchaus mehr als lediglich die Eröffnung von Möglichkeitsfeldern, sondern vielmehr die Entfaltung von entsprechenden Fähigkeiten und Einstellungen im Kontext individueller, sozialer und struktureller Ressourcen. Dazu werden unter Bezug auf die renommierte amerikanische Juristin und Ethikerin Martha Nussbaum zehn Grundbedingungen für ein selbstständiges, eigenverantwortliches Leben entwickelt (vgl. dazu AGJ 2007, S. 74 ff, insbesondere S. 82-87).

Wirkmächtige Variablen
Nachfolgend werden zunächst die am häufigsten genannten Erkenntnisse zu Wirkfaktoren aus den von Gabriel u. a. (2007) und Wolf (2007) ausgewerteten nationalen Studien dargelegt. Sie beantworten im o.g. Kontext zwar nicht die Frage „*was warum*" wirkt, auch wird nicht der

evidenzbasierte Anspruch eingelöst, *"was für wen unter welchen Bedingungen wirkt"*. Es werden jedoch praxiserprobte empirische Erfahrungen aufgezeigt, die an unterschiedlichen Orten zu unterschiedlichen Zeiten, personalen Bedingungen, institutionellen Settings und mit den jeweiligen Adressatinnen und Adressaten der Hilfen zur Erziehung aus der Sicht von Praktikerinnen und Praktikern und teilweise auch von Adressaten wiederkehrend und zumeist quer über alle 22 Expertisen als Faktoren benannt wurden, die Wirkungen zeitigten.

- *Die Qualität der Hilfeplanung und die Passung des Hilfearrangements beeinflusst den Effekt der Hilfen zur Erziehung übergreifend.*
Als bedeutsam werden in diesem Kontext u. a. benannt: Anschlussfähigkeit des Hilfeangebots an die biografische Vorgeschichte auch durch den Einbezug von Ressourcen des Herkunftsmilieus, partnerschaftlicher Umgang mit jungen Menschen und Eltern, Transparenz der Informationen und Kommunikation und Partizipation an den Entscheidungen. Der Abbau der Diskrepanz zwischen Anspruch und Wirklichkeit der Hilfeplanung (realistische Ziele) besitzt für alle Hilfen zur Erziehung eine wirkungsrelevante Qualität.

- *Die Dauer der Hilfegewährung beeinflusst den Effekt der Hilfen zur Erziehung maßnahmeübergreifend.*
Die längere Maßnahmedauer wirkt sich auf Persönlichkeitsentwicklung, Familiendynamik (SPFH), Legalbewährung, soziale Integration und subjektive Zufriedenheit positiv aus. Es lassen sich mit längerer Dauer der stationären Maßnahmen negative Effekte auf die sozialen Netzwerke und Kontinuitäten in sozialen Bezügen annehmen, wenn die Institution diesen nicht gezielt entgegenwirkt (u.a. durch Elternarbeit/Bezug zum Herkunftsmilieu).
Es gilt zwar nicht die vereinfachende Formel „je länger, desto besser", jedoch findet sich in den von Gabriel u. a. (2007) ausgewerteten Studien zu stationären Hilfeformen der Verweis auf die Bedeutung von Verweildauer auf die Ergebnisqualität, damit überhaupt (nachhaltige) Effekte eintreten können (S. 7, 10, 11, 17, 18).
Der Einfluss der Länge der Maßnahme auf die Effekte verweist auf die Notwendigkeit einer fachlich qualifizierten und begründeten Hilfeplanung, -begleitung und -überprüfung versus einer (letztlich auch) fiska-

lisch kontraproduktiven Deckelung und generellen kurzzeitigen Befristung von bestimmten Hilfen.

- *Die Kontinuität sozialer Bezüge und der Grad der Partizipation der jungen Menschen und der Eltern am Prozess der Hilfe beeinflusst die Effekte maßnahmeübergreifend.*

Zusätzlich zu den bereits ausgeführten Bemerkungen zur Hilfeplanung wird unter dem Nachhaltigkeitsaspekt auf die Rolle der Ursprungsfamilie für die Lebensbiografie aufmerksam gemacht und in diesem Zusammenhang auch auf die (unbeabsichtigten) möglicherweise produzierten soziokulturellen Widersprüche, im Falle von Rollendiffusion der Betreuer (im Verständnis von Familienersatz versus Herkunftsfamilien-Milieu). Mehrfach findet sich dieser positive Wirkfaktor, der verallgemeinert bei Wolf ausgedrückt wird als Respekt vor den bisherigen Lebenserfahrungen und den dort entstandenen Strategien und Deutungsmustern (2007, S. 30-36 sowie Gabriel u.a. 2007, S. 13 u. 28).

Zudem wird insbesondere auch auf die bei Fremdunterbringung leicht übersehene Bedeutung von Gleichaltrigen aus dem Herkunftsmilieu verwiesen, die freilich in nicht jedem Fall zu fördern, aber zumindest in Rechnung zu stellen ist. Hervorgehoben wird die positive Wirkung einer gemeinsamen Geschwisterunterbringung.

- *Die Qualität und Kontinuität der Betreuung/Beziehung besitzt einen Einfluss auf Effekte der stationären Hilfen zur Erziehung, zudem die Öffnung der Einrichtung in das soziale Umfeld.*

Positive Wirkfaktoren werden in mehreren Expertisen im exklusiven personalen dauerhaften Bezug zwischen (möglichst) einem Betreuer und Zu-Erziehenden dann gesehen, wenn eine Balance zwischen professioneller Unterstützung, alltagspraktischer Begleitung und persönlicher Beziehung erreicht wurde (s. Gabriel u.a. 2007, S. 31f., Wolf 2007, S. 29-31, 34, 36-38). Institutionsexterne Netzwerkleistungen ergänzen förderlich die notwendigen individuellen (exklusiven) Beziehungsmuster und tragen zur Selbstwertsteigerung bei, insbesondere, wenn die jungen Menschen bei ihren Bezugspersonen in Konfliktsituationen emotional-sozialen Rückhalt finden.

Vielleicht ist es Ausdruck der bisherigen Haltung der Sozialpädagogik in der Bundesrepublik zur (schulischen und beruflichen) Bildung, dass diese in den Expertisen zwar als ein Wirkfaktor erwähnt wird, aber kaum differenzierte Aussagen dazu getroffen werden. Angesichts der nunmehrigen Neubestimmung des Verhältnisses der Sozialpädagogik/ Jugendhilfe zum Bildungsgedanken und der Favorisierung des Capabilityansatzes dürfte Bildung als Befähigungs-, Kompetenzen- und Verwirklichungschancenfaktor in der künftigen Praxis der Hilfen zur Erziehung eine größere Rolle spielen.

Resümierend müssen die beschriebenen Wirkungseffekte dahingehend kritisiert werden, dass die beschriebenen Effekte nicht als absolute Größe angesehen werden können, da sie kaum mit normalen Sozialisationsverläufen der Alterskohorte in Beziehung gesetzt wurden. Zudem muss darauf hingewiesen werden, dass in den jeweiligen Studien zu wenig unbeabsichtigte Nebenwirkungen (etwa schulische Leistungssteigerungen die mit neuerlichen psychosomatischen Störungen einhergehen) und negative Effekte von Hilfeprozessen (wie etwa Zuschreibungen) erfasst worden sind. Nicht außer Acht gelassen sei zudem, dass die erwarteten Hilfen sowohl an die jeweilige Perspektivstellung der Evaluation als auch an den Zeitpunkt der Erhebung gebunden sind. Langfristige Wirkungen wurden ohnehin kaum erfasst, die ihrerseits wiederum kaum in Beziehung zur nachinstitutionellen Biografie junger Menschen wie glückliche Lebensfügungen, Schicksalsschläge, strukturelle Benachteiligungen usw. gesetzt wurden (vgl. dazu Gabriel u.a. 2007, S. 33). Ihre Aussagekraft büßen diese Studien aber deshalb nicht ein, da Sie wie eingangs ausgeführt als beste vorliegende empirische Expertise in Einklang mit der Expertise der Professionellen und den Präferenzen der AdressatInnen gebracht werden muss.

Der Blick in die ausgewerteten internationalen Programme zeigt über die deutschsprachigen Ergebnisse hinaus, dass das so genannte Responsivitätsprinzip als bedeutsamer Wirkfaktor (jugendhilfenaher Dienstleistungen) hervorgehoben wird (vgl. Schrödter/Ziegler 2007, S. 7 ff). Dieses Prinzip besagt, dass wirksame Interventionen anschlussfähig sein müssen an die Möglichkeiten und Fähigkeiten und wenn möglich auch an die Kooperationsbereitschaften, Interessen und Wünsche der AdressatInnen.

Auch wenn eine stark (demokratisch-)partizipatorische Ausrichtung – wie Beispiele der Devianzprävention zeigen (s. dazu Sherman-Report, AGJ 2007, S. 69 f.) – nicht immer ein Merkmal wirksamer Programme sein muss, sprechen die Forschungen einer altersgerechten, aber weit reichenden Beteiligung von AdressatInnen und vor allem einem Ernstnehmen und aufmerksamen Eingehen auf ihre Interessen, Wünsche und ‚Bedürfnisse' einen beachtlichen Einfluss auf die Wirksamkeit und Nachhaltigkeit der Interventionen zu. Damit in einem gewissen Sinne verbunden ist die Einsicht, dass die ‚Beziehungsebene' zwischen den Professionellen und den direkten AdressatInnen (inklusive wechselseitiger Sympathie) ein zentraler Faktor wirksamer Interventionen ist. Vor allem britische und US-amerikanische Studien weisen darauf hin, dass wesentliche Einflussgrößen auf die Beziehungsebene nicht nur in professionellen und persönlichen Aspekten bestehen, sondern auch demographische Aspekte wie Gender, Alter und ‚Race' (‚Ethnizität') einen messbaren Einfluss haben (vgl. Innes/Macpherson/McCabe 2006, zit. bei Schrödter/Ziegler 2007, S. 15). Neben diesen (i. w. S.) Interventionsprogrammen und der Art ihrer Durchführung geschuldeten Einflüssen auf die Wirkung bzw. Wirksamkeit der Interventionen gibt es jedoch noch eine ganze Reihe gut belegter anderer Einflussgrößen. Fast alle Studien verweisen etwa auf die Wichtigkeit des organisationalen Settings, der ‚Organisationskultur' und der Eingebundenheit der jeweiligen Professionellen in die Organisation. Darüber hinaus werden kompetente, gut ausgebildete' AkteurInnen, die die Programme durchführen – d. h. in der Regel der Grad an Professionalität des ‚Programmpersonals' – häufig als einer der wichtigsten Wirkfaktoren benannt. Wesentlich weniger erfolgreich waren häufig Programme, die sich insofern ‚informalisieren', wie sie (zu) stark auf den Einfluss von Laien bzw. bei Kindern und Jugendlichen auf den von Peers setzen.

Wenn es auch der Evaluation des Bundesmodellprogrammes „Wirkungsorientierte Jugendhilfe" vorbehalten bleibt, nach deren Abschluss zu resümieren, inwieweit sich dort (zumindest) Ansätze einer im hier ausgeführten Sinn evidenzbasierten Praxis finden, können nachfolgende Beispiele in einige Wirkungsziele und Indikatoren aus den verschiedenen

Modellstandorten einen Einblick in den beschrittenen Weg des Modellprogramms geben.

Wirkungsziele bezogen auf den Hilfeprozess sind hier u. a.
- Gemeinsame, möglichst frühe Zieldefinition zwischen Professionellen, Eltern und jungen Menschen
- Genaue, überprüfbare Zielformulierung in Abstimmung mit den (genannten) Beteiligten/Relevanz der Ziele für Adressaten
- „Dienstleistungs"bewertung/Zufriedenheit durch Eltern und Kinder/Jugendliche
- Zufriedenheit mit dem Jugendamt und Leistungserbringer durch Leistungsberechtigten/Kind bzw. Jugendlichen
- Nachhaltigkeit verbessern/Erfassen der Wiederaufnahmequote nach Hilfebeendigung
- Anschlussfähigkeit der Folgehilfe (vgl. dazu Zwischenbericht WOJH 2008, S. 115)

Beispiel Böblingen
Als konkretes Beispiel sollen abschließend einige Aspekte der Umsetzung des Bundesmodellprogramms am Standort Böblingen skizziert werden, da sich hier in der praktischen Ausgestaltung einer wirkungsorientierten Qualifizierung eine Reihe der zuvor empirisch gewonnenen Erkenntnisse wieder erkennen lassen und aus unserer Sicht gemäß der ursprünglichen Vorstellung einer evidenzbasierten Praxis (Medizin) individuelle Expertise mit der besten verfügbaren externen Evidenz aus systematischer Forschung und den Präferenzen und Werten der Adressaten in Einklang gebracht wird.

Was am Beispiel des Modellstandortes Böblingen besonders deutlich wird, ist, dass hier über die Einzelfallarbeit hinaus generell eine Qualitätsoffensive umgesetzt wird. In diese sind sowohl der Leistungsgewährer (Jugendamt) als auch die Leistungserbringer in der Region einbezogen. Diese Qualitätsoffensive begann schon bei der gemeinsamen Überarbeitung der bisherigen Dokumentationsmaterialien einschließlich der dort verwendeten Begrifflichkeiten durch den öffentlichen und die freien Träger.

Der vereinbarte Qualitätsdialog schließt „Qualitätsbegehungen" als dialogisch-partizipatives Verfahren mit ein. Das Ziel der wechselseitigen „Begehungen" von öffentlichem und freien Trägern besteht darin, Transferpotentiale (i. S. des Abgleichs empirischer Erfahrungen) und Entwicklungsaufgaben in einem transparenten Verfahren zu identifizieren. Damit folgt dieses Verfahren den Prinzipien evidenzbasierter lernender Organisationen, indem der Reflektion über Wirkungszusammenhänge in ihrem institutionellem Kontext breiter Raum eingeräumt wird. Dieses nicht hoch genug einzuschätzende Verfahren überinstitutionell-kollegialer Beratung/ Erfahrungsaustausch lässt fachliche Impulse für die qualitative Weiterentwicklung bzw. der Stabilisierung evidenzbasierter Qualitätsstandards erwarten.

Wie in anderen am Modellprogramm beteiligten Standorten wird auch in Böblingen richtigerweise davon ausgegangen, dass die Ergebnisqualität nur dann gut sein kann, wenn sowohl die Struktur- als auch die Prozessqualität überprüft und erforderlichenfalls weiterentwickelt wird.

Als Wirkungsindikator wird in Böblingen der Grad der Zielerreichung betrachtet, der aussagt, inwieweit die intendierte Zustandsänderung bezogen auf die Ausgangssituation unter Einbezug (identifizierbarer) nicht-indentierter Einflussfaktoren erfolgt ist. Damit wird aus sozialpädagogischer Sicht realistischerweise vom Subjekt her gedacht. Nicht (ausschließlich) gesellschaftlich-normative Aspekte sind der Ausgangspunkt, sondern vielmehr lebensweltorientiert-kindzentrierte.

Die lokale Evaluation erfolgt, (auch) mittels eines spezifizierten Hilfeplanverfahrens, über multiperspektivische Einschätzungen (Kind ab 8. Lebensjahr, Eltern, Fachkräfte des Jugendamtes und der Einrichtung) und damit ganz im Sinne der Adressatenbeteiligung. Richtigerweise soll im Rahmen dieser dialogischen Einschätzungen auch Beachtung finden, dass sich im Hilfeverlauf Ziele ändern, reduzieren und erweitern können.
Am Standort Böblingen wurde konsequenterweise ein in sich stimmiges Bonus- und Malussystem entwickelt. Der bonusauslösende Level wird nachvollziehbar (Grad der Zielerreichung/Adressatenbefragung/Qualitätsentwicklungsbegehungen) definiert.

Sozialpädagogisch sinnvoll ist das Bonussystem, welches für die Eltern gefunden wurde:
Beratungsgutscheine nach Hilfeerbringung durch den bisherigen Hilfeerbringer, so dass einerseits die Nachbetreuung ermöglicht wird und ggf. gleichsam weiterer Unterstützungsbedarf rechtzeitig erkannt werden kann (Stichwort: Nachhaltigkeit).

Fazit
Wenn die aus dem Bundesmodellprogramm zu ziehenden evidenzbasierten Erfahrungen dazu beitragen können, dass sich das, *was* gemessen wird, nach wie vor an sozialpädagogischen Prämissen (Verbesserung der der Lebens- und Lernbedingungen und Unterstützungsmöglichkeiten für das Kind bzw. den Jugendlichen und ihre Eltern) festmachen muss, um erfolgreich zu sein, so kann dies nur zu einer Qualitätsentwicklung beitragen.

Dieser wohlfahrtsstaatliche Fokus darf nicht zugunsten einer einseitig fiskalisch orientierten Steuerungspolitik aufgegeben werden, der die komplexe gesellschaftliche Aufgabe der Jugendhilfe i.S. des § 1 SGB VIII missachtend (s. auch Capability-Ansatz) technokratisch auf inhaltlich wertfreie Prämissen unter dem Motto „es zählt, was wirkt" setzt. Daraus folgt, dass es nicht darum gehen kann, vermeintlich universelle Wirkfaktoren zu generieren. Erkenntnisse jedoch, die über den eigenen Erfahrungshorizont hinausreichen, seien sie aus den Erfahrungen der eigenen lernenden Organisation erwachsen oder aus empirischen Erfahrungen, die publiziert wurden, eröffnen den Professionellen die Möglichkeit, sich hinsichtlich ihres Deutungs-, Erklärungs- und Reflektionswissens zu qualifizieren.

Ein solches Verständnis von Wirkungsorientierung ist ein produktiver Beitrag zur weiteren Professionalisierung der Sozialen Arbeit. Evidenzbasierung von Konzepten und des praktischen Handelns kann auf diesem Weg einen Beitrag zur Selbstvergewisserung der Profession leisten und zudem einen Beitrag zur weiteren gesellschaftlichen Legitimierung der Erziehungshilfen.

Literatur

AGJ (Arbeitsgemeinschaft für Kinder- und Jugendhilfe [Hg.] (2007): Zum aktuellen Diskurs um Ergebnisse und Wirkungen im Feld der Sozialpädagogik und Sozialarbeit – Literaturvergleich nationaler und internationaler Diskussion. Expertise von Otto, H.U. u. a. Berlin.

Blüml, H./ Helmig, E./ Schattner, H. (1994): Sozialpädagogische Familienhilfe in Bayern. Abschlussbericht (DJI).

Böhnisch, L./ Stecklina, G./ Marthaler, T./ Köhler, J./ Rohr, P./ Funk, S. (2002): Lebensbewältigung und Bewährung. Dresden.

Bundesministerium für Familie, Senioren, Frauen und Jugend (2002): Effekte erzieherischer Hilfen und ihre Hintergründe. Stuttgart.

DJI (Deutsches Jugendinstitut) Projekt exe [Hg.] (2007): Evidenzbasierte Ansätze in Kinder- und jugendbezogenen Dienstleistungen der USA, Eine Recherche. München.

Dewe, B. /Ferchhoff, W. /Radtke, F.-O. [Hg]. (1992): Erziehen als Profession – Zur Logik professionellen Handelns in pädagogischen Feldern. Opladen.

Engelke, E. (2003): Die Wissenschaft Soziale Arbeit. Werdegang und Grundlagen. Freiburg.

Evidence-Based Medicine Working Group (1992): Evidence-Based Medicine – A New Approach to Teaching Medicine. In: Journal of the American Medical Association, Vol. 268, No. 17, pp. 2420–2425.

Gabriel, T./ Keller, S./ Studer, T. (2007): Wirkungen erzieherischer Hilfen – Metaanalyse ausgewählter Studien. Schriftenreihe des ISA zur Qualifizierung der Hilfen zur Erziehung. Münster, Band 03.

Hamburger, F. (2003): Einführung in die Sozialpädagogik. Stuttgart.

Hansen, G. (1994): Die Persönlichkeitsentwicklung von Kindern in Erziehungsheimen. Ein empirischer Beitrag zur Sozialisation durch Institutionen der öffentlichen Erziehung. Weinheim.

Macsenaere M./ Knab, E. (2004): Evaluationsstudie erzieherische Hilfen (EVAS). Freiburg.

McNeece, C./ Thyer, B. (2004): Evidence-Based Practice and Social Work. In: Journal of Evidence-Based Social Work, 1, S. 7–25. Binghamton, NY.

Nüsken, D. (2008): Wirkungsorientierte Qualifizierung, In: ZKJ 6/2008, S. 232-238

Sackett, David L./ Rosenberg, William M.C./ Gray, J.A. Muir/Haynes, R. Brian/Richardson, W. Scott (1996): Evidence based medicine: what it is and what it isn't. British Medical Journal, Vol. 312, pp. 71–72. Verfügbar unter: http://www.cebm.net/ebm_is_isnt.asp [01.10.2008].

Schrapper, C. (2008): Wirkungsorientierte Steuerung – ein Mythos? Konzepte, Traditionen und Perspektiven der Gestaltung einer wirksamen Kinder- und Jugendhilfe. In: Verein für Kommunalwissenschaften e.V. [Hg.]: Mythos wirkungsorientierte Steuerung, S. 15–29, Berlin.

Schrödter M./ Ziegler H. (2007): Was wirkt in der Kinder- und Jugendhilfe? Internationaler Überblick und Entwurf eines Indikatorensystems von Verwirklichungschancen. Band 02 der Schriftenreihe „Wirkungsorientierte Jugendhilfe des Instituts für soziale Arbeit. Münster.

Schrödter, M./ Ziegler, H. (2008): Mythos bleibt Mythos? Oder zurück zur Realität? Ein perspektivischer Ausblick. In: Verein für Kommunalwissenschaften e.V. [Hg.]: Mythos wirkungsorientierte Steuerung, S. 255–274, Berlin.

Schwandt, T. (1997): Evaluation as Practical Hermeneutics. In: Evaluation, 3, 1, S. 69–83.

Struzyna, K.-H. (2004): Von der Outputorientierung zur Wirkungsorientierung. Vortragsmanuskript, München.
http://www.bundestagung2004.de/Vortraege/Struzyna/Vortrag%20struzina.pdf

Thurau, H./ Völker, U. (1995): Erziehungsstellen: professionelle Erziehung in privaten Haushalten. Frankfurt/M.

Winkler, M. (2006): Ist pädagogisches Denken immer Denken in Wirkungszusammenhängen) ForE fragt Michael Winkler. In: Forum Erziehungshilfen, Heft 5, 2006, S. 282–285. Frankfurt a.M.

Wohlfahrtsverband Baden (2000): Praxisforschungsbericht Erfolg und Mißerfolg in der Heimerziehung – eine katamnestische Befragung ehemaliger Heimbewohner. Karlsruhe.

Wolf, K. (2007): Metaanalyse von Fallstudien erzieherischer Hilfen hinsichtlich von Wirkungen und „wirkmächtigen" Faktoren aus Nutzersicht. Schriftenreihe des ISA zur Qualifizierung der Hilfen zur Erziehung. Münster, Band 04.

Zwischenbericht der Regiestelle und der Evaluation zum Modellprogramm (2008): Schriftenreihe des ISA zur Qualifizierung der Hilfen zur Erziehung Band 06, Münster.

Präventionsmaßnahmen gegen häusliche Gewalt im Bereich Schule – Aktivitäten der Bundesländer[1]

Désirée Frese

Im September 2004 veröffentlichte das Bundesministerium für Familie, Senioren, Frauen und Jugend eine repräsentative Untersuchung zu Gewalt gegen Frauen, in deren Rahmen 10.264 Frauen zwischen 18 und 85 Jahren befragt wurden. Ergebnis war, dass 25% der in Deutschland lebenden Frauen mindestens einmal in ihrem Leben körperliche und/oder sexuelle Gewalt erlebt haben. 60% der Frauen, die durch ihren Partner Gewalt erlebten, gaben an, mit Kindern in dieser Zeit zusammengelebt zu haben. Etwa genau so viele Frauen (57%) berichteten, die Kinder hätten die Gewaltsituationen gehört, und 50%, sie hätten sie gesehen. Knapp 21% antworteten, dass ihre Kinder in die Auseinadersetzungen hineingezogen worden sind (vgl. BMFSFJ 2004, S. 30, 277).

Für diese Kinder hat das Erleben häuslicher Gewalt konkrete Folgen. Sie fürchten sich beispielsweise vor den Gewaltausbrüchen des Vaters und haben Angst um das Leben der Mutter. Oft versuchen sie diese zu schützen und übernehmen dabei Verantwortung für jüngere Geschwister. Verlustängste sind virulent, es wird der Suizid eines Elternteils befürchtet oder dass die Mutter die Familie verlässt. Zudem befinden sich die Kinder häufig in Loyalitätskonflikten und besitzen ambivalente Gefühle gegenüber ihren Elternteilen, in deren Folge das Eltern-Kind-Verhältnis und oft auch die kindliche Entwicklung nachhaltig verunsichert werden. Das kindliche Erleben von Beziehungsgewalt geht folglich mit der Ent-

---

[1] Der Artikel stellt Ansatz und Ergebnisse einer Recherche zu Landesaktivitäten im Bereich schulischer Präventionsmaßnahmen gegen häusliche Gewalt vor, die das Institut für soziale Arbeit e.V. im Auftrag des Bundesministeriums für Familie, Senioren, Frauen und Jugend von November 2007 bis Ende Januar 2008 erstellt hat. Die Länderrecherche kann beim BMFSFJ bestellt werden.

wicklung von Ängsten und einem Risiko der Traumatisierung einher. Kavemann hat u.a. eine Vielzahl von Auffälligkeiten und Störungen bei betroffenen Kindern identifiziert. Zu beobachten sind „Entwicklungsverzögerungen, ein gestörtes Selbstbild, Aggressivität, Konzentrations- und Schlafprobleme, extreme Fixierung auf die Mutter und Schulprobleme" (Kavemann 2007, S. 6). Kindler verweist in diesem Zusammenhang auf zwei Risikopfade, die die Entwicklung von betroffenen Kindern langfristig beeinträchtigen können. Zum einen nimmt die Lern- und Konzentrationsfähigkeit ab, was zu Defiziten in der kognitiven Entwicklung führt und Schulerfolge erschwert. Folgen sind Bildungs- und Chancenbenachteiligungen. Zum anderen kann durch das Modellernen der Kinder die intergenerative Weitergabe von gewalttätigen Konfliktlösungsmustern begünstigt werden und dazu führen, dass sie im Erwachsenenalter eine höhere Bereitschaft zum Einsatz oder zum Erdulden von Gewalt zeigen (vgl. Kindler 2007, 39f.). Diesen Kreisläufen kann nur durch frühzeitige Schutz- und Interventionsmöglichkeiten entgegengewirkt werden, was eine entsprechend frühe Erkennung voraussetzt.

Bisher existieren allerdings einige Hürden, die es Kindern erschweren, in solchen Situationen Hilfe zu finden. Corinna Seith untersuchte dies in ihrer Studie „Häusliche Gewalt aus Sicht von Kindern und Jugendlichen", in deren Rahmen von 2003–2006 1400 Schüler/innen von 9-14 Jahren befragt worden sind (vgl. Seith 2007). Dabei fand sie heraus, dass Kinder oftmals davor zurückscheuen, sich anderen Personen anzuvertrauen, weil sie Angst haben, die Familie in der Öffentlichkeit bloßzustellen oder die Reaktion von Außenstehenden nicht kontrollieren zu können (vgl. ebd.: S. 114f.). Oftmals fehlen auch Informationen über das Unterstützungssystem (Kavemann 2007: S. 6). Vor diesem Hintergrund scheint ein erster wesentlicher Schritt die Installierung schneller und einfach zugänglicher Hilfen nah am kindlichen Lebensraum zu sein.

Die Schule als mögliche Präventions- und Interventionsinstanz

Ein zentraler Lebensraum für Kinder ist die Schule. Sie kann eine „Früherkennungsstelle" für Probleme im Zusammenhang mit häuslicher Gewalt werden und eine erste Instanz in der Reaktionskette zur Intervention darstellen. Sie erreicht auf Grund der Schulpflicht alle Kinder und besitzt den Auftrag sowie die Möglichkeiten, soziales Lernen zu fördern. Weiter kann sie über Hilfsangebote informieren und Kontaktmöglichkeiten zu anderen helfenden Institutionen initiieren.

Allerdings nehmen Kinder die Schule selten als einen Ort wahr, wo sie für ihre Alltagsprobleme ein Gehör finden. Lehrer und Lehrerinnen werden weniger als Vertrauenspersonen, sondern fast ausschließlich in ihrer Funktion der Wissensvermittlung gesehen (Seith 2007: S. 117). Kavemann sieht hier „eine große Aufgabe der Institution Schule, den Lebensproblemen von Schülerinnen und Schülern mehr Raum zu geben und Lehrerinnen und Lehrer kompetent im Umgang damit zu machen, sich nach außen für eine Kooperation mit den Einrichtungen der Jugendhilfe zu öffnen." (Kavemann 2007: S. 6).

Um die Institution „Schule" für den Alltag der Kinder und deren Lebensprobleme anschlussfähiger zu machen, bedarf es daher in Bezug auf das Thema „Häusliche Gewalt" umfassende Konzepte, die mehrere Ebenen zur Implementierung von Maßnahmen berücksichtigen (z. B. Lehrer-Schüler-Beziehung, Unterrichtsgestaltung, Schaffung von Netzwerken und Reaktionsketten, schulrechtlichen Rahmen u. a. m.).

Grundlage zur Entwicklung von Handlungsempfehlungen und Implementierungsmöglichkeiten sollte eine Bestandsaufnahme der bisherigen Aktionen zum Thema „Häusliche Gewalt" auf der konkreten Schulebene und der übergeordneten Steuerungsebene der Bundesländer sein. Die Bund-Länder-Arbeitsgruppe „Häusliche Gewalt" hat eine solche Bestandsaufnahme zu Maßnahmen auf der Schulebene durchgeführt und Akteure und Institutionen aus der lokalen Praxis, (z. B. Frauenberatungs- und Unterstützungseinrichtungen, kommunale Präventionsgremien, Kinder- und Jugendschutzeinrichtungen, Jugendbehörden sowie Schulämter) befragt. Die gesammelten Projekte und Maßnahmen wurden ausgewertet, „best-practice-Beispiele vorgestellt und Empfehlungen ausgearbeitet (vgl. BMFSFJ 2007). Hierzu ergänzend hat das ISA im Auftrag des BMFSFJ eine Bestandaufnahme von Aktivitäten auf Länderebene erstellt, deren Ergebnisse im Folgenden skizziert werden sollen.

Ziel und Aufbau der Bundesländerrecherche

Ziel der Recherche war es, länderspezifischen Initiativen und Maßnahmen zum Thema „Häusliche Gewalt" im schulischen Bereich im Hinblick auf Anknüpfungspunkte für eine umfassendere Implementierung zu sammeln und zu systematisieren. Hierzu wurden folgende Institutionen befragt:
- Die für den Schulbereich zuständigen Ministerien der Bundesländer
- Landesinstitute für Schulen
- Serviceagenturen „Ganztägig Lernen" aller Bundesländer[2]
- Landesjugendämter

Auf Basis der Antworten wurde für jedes Bundesland eine zusammenfassende Übersicht der Aktivitäten und Initiativen erstellt. Diese Übersichten enthalten Ansprechpartner, Angaben zu Schulgesetzen oder Erlassen, die das Thema „Häusliche Gewalt" implizit oder explizit berühren sowie länderspezifische Projekte mit mittelbarem oder unmittelbarem Bezug zur häuslichen Gewalt. Diese Differenzierung ist dem Umstand geschuldet, dass bei der Abfrage die für Schulen zuständigen Ministerien oftmals allgemein gewaltpräventive Projekte angegeben haben. Deren Aufnahme wurde damit begründet, dass sie Möglichkeiten zum Erlernen sozialer Kompetenzen bieten, die den Folgen des Erlebens häuslicher Gewalt entgegenwirken können, auch wenn sie diese nicht direkt thematisieren. Zudem existieren im Rahmen dieser Projekte oft auch schon Kooperationen zwischen Schulen, Jugendhilfe, Polizei und Familiengerichten, die eine Ausgangsbasis zur intensiveren Bearbeitung des Themas „Häusliche Gewalt" darstellen können.

---

2 Mit Ausnahme der Länder Bayern und Baden-Württemberg, in denen es keine Serviceagenturen „Ganztägig Lernen" gibt.

Ergebnisse

Auf Grundlage der Einzelübersichten konnten die Bundesländer im Hinblick auf die Systematik und Intensität der Verankerung des Themas „Häusliche Gewalt" im schulischen Bereich folgendermaßen gruppiert werden:

a) Zunächst gibt es Bundesländer, die bereits präventive Angebote zur häuslichen Gewalt im Bereich Schule in unterschiedlichen Varianten und in einer Vielzahl vorhalten und häusliche Gewalt als eigenes Schwerpunktthema der Gewaltprävention in Schulen betrachten. So nehmen die Bundesländer Thüringen, Sachsen, Niedersachsen, Schleswig-Holstein, Mecklenburg-Vorpommern, Berlin, Sachsen-Anhalt und Bremen den schulischen Bereich bei der Planung von Maßnahmen gegen häusliche Gewalt erkennbar in den Blick. Sie formulieren hierfür Ziele in Landesaktionsplänen, stellen den Schulen Informationen zur Verfügung, besitzen ein entsprechendes Fortbildungsprogramm oder eine zentrale koordinierende Anlauf- und Beratungsstelle. In diesen Ländern wird häusliche Gewalt als eigener Schwerpunkt der Gewaltprävention behandelt, wenngleich die Maßnahmen in den Ländern im unterschiedlichen Umfang etabliert sind oder, wie beispielsweise in Bremen, Aktionen weiter zurückliegen. Als Beispiel werden hier die Aktionen des Landes Schleswig-Holstein vorgestellt.

Beispiel: Schleswig-Holstein

Rechtliche Ebene
In Schleswig-Holstein trat zum 01.04.08 ein Kinderschutzgesetz in Kraft, das Schulen als Partner von Kooperationskreisen zu Kinder- und Jugendschutzangelegenheiten neben anderen Akteuren (Jugendhilfe, Gesundheitsämter, Polizei, Familiengerichte etc.) vorsieht[3]. Die Kooperationskreise sollen für den Aufbau und Erhalt von Rahmenbedingungen, die eine schnelle und effektive Zusammenarbeit ermöglichen, Sorge tra-

---

3   Hierzu ausführlicher: Münder, Johannes (2007): Gesetzesentwurf zum Schutz von Kindern und Jugendlichen in Schleswig-Holstein. In: Jugendhilfe, 45, (5). S. 257-263.

gen und sich hierzu mindestens einmal im Jahr treffen (vgl. KischuGesSH § 12). Der Aufbau solcher Kooperationskreise liegt zunächst in der Verantwortung des örtlichen Jugendamts. Weiter werden auch explizit Schulen verpflichtet, Anhaltspunkten von Kindeswohlgefährdung nachzugehen und ggf. das Jugendamt zu informieren (vgl. KischuGesSH § 13). Mit diesen Regelungen wird eine rechtliche Verbindlichkeit hergestellt, die hilft, häuslicher Gewalt im schulischen Kontext zu begegnen.

Unmittelbare Projekte

Kooperationen
In Schleswig-Holstein existiert das Kooperations- und Interventionskonzept gegen häusliche Gewalt (KIK), das von der Landesregierung gefördert wird. Hier wird die Arbeit der Institutionen, die mit der Bekämpfung häuslicher Gewalt und dem Opferschutz befasst sind, verknüpft. Es wird von regionalen Koordinator/inn/en getragen, die in allen Kreisen und kreisfreien Städten Schleswig-Holsteins tätig sind. Ihr Auftrag besteht darin, das Zusammenwirken von Behörden und Einrichtungen zu fördern und auf diese Weise ein ineinander greifendes System des Opferschutzes und der Gewaltprävention zu etablieren.

Aus- und Fortbildung
Im Rahmen von KIK und in Zusammenarbeit mit dem Institut für Qualitätsentwicklung an Schulen Schleswig-Holstein (IQSH) wird die Konzept- und Zielplanung für den Themenbereich „Häusliche Gewalt und Schule" für die Schuljahre entwickelt und schwerpunktmäßig in der Lehrer/innenaus- und Fortbildung umgesetzt. Ziele gewaltpräventiver Arbeit in Schule sind in Bezug auf die Lehrerinnen und Lehrer, deren Diagnosefähigkeit zu stärken und sie über das örtliche Hilfesystem zu informieren, damit sie den Kontakt zu passenden Hilfeeinrichtungen initiieren können. Schülerinnen und Schüler sollen ermutigt werden, pädagogische Kräfte bei entsprechenden Problemen anzusprechen sowie Hilfs- und Beratungseinrichtungen zu nutzen.

Dazu werden in der ersten Phase der Lehrer/innenausbildung an der Universität die Lehramtsstudent/inn/en innerhalb bestimmter Seminare zur Gewaltprävention (z. B. Konfliktkultur an der Schule) für das Thema durch Kurzinformationen sensibilisiert. In der zweiten Phase der Lehrer/innenausbildung setzen sich die Referendar/inn/e mit dem Thema innerhalb des Moduls „Verhaltensveränderungen bei Schülerinnen und Schülern durch das Erleben häuslicher Gewalt" intensiver auseinander und erhalten Hinweise für vernetzende Schularbeit. (Die Leitung hiefür liegt bei den KIK-Koordinator/inn/en). In der dritten Phase der Lehrer/innenfortbildung an Schulen werden folgende Angebote zum Thema gemacht:

- Fortbildungen für das Gesamtkollegium können zum Thema häusliche Gewalt beim IQSH abgerufen werden (pädagogische Konferenzen). Die Fortbildungen werden mit den KIK-Koordinator/inn/en vor Ort gestaltet.
- In den regionalen Fortbildungen des PIT-Konzeptes[4] (Prävention im Team) erhalten die anwesenden Lehrkräfte kurze Informationen zum Thema durch die regionalen KIK-Berater/innen. Vernetzungsangebote werden dargestellt.(Die Organisation erfolgt durch das IQSH)
- In die Fortbildung zum/r Beratungslehrer/in durch den Beratungslehrerverband (BLV) ist in Schleswig-Holstein eine Sequenz über das Thema der häuslichen Gewalt aufgenommen worden. Beratungslehrkräfte arbeiten an den meisten Schulen des Landes und beraten Schüler/innen wie auch Lehrkräfte in Konfliktfällen.
- Die Landesfachberater für Erziehungshilfe haben eine Einführung ins Thema erhalten. Sie beraten Lehrkräfte bei schulischen Konflikt- und Erziehungshilfemaßnahmen vor Ort.
- Auf Nachfrage gehen Fachleute (z. B. KIK-Koordinator/inn/en) im Team mit der Lehrkraft in Klassen und sensibilisieren und informieren.

Ausstellungen

Die Berliner Interventionszentrale bei häuslicher Gewalt (BIG) konzipierte in Kooperation mit dem Kieler Präventionsbüro PETZE eine Wanderausstellung mit dem Titel „Echt fair", die ab dem Schuljahr 2008 bundesweit in den Klassen 5 bis 7 eingesetzt werden soll. Diese Ausstellung

---

4 PIT – Prävention im Team – ist ein schulisches Projektprogramm zur Gewaltprävention, das in mehreren Bundesländern an Schulen mit teilweise unterschiedlichen Schwerpunkten durchgeführt wird. Ziele sind allgemein die Erhöhung der sozialen Kompetenz, Wertebewusstsein und konstruktive Konfliktlösungsstrategien.

ist als animierender Mitmach-Parcours gestaltet und bietet Schülerinnen und Schülern Möglichkeiten, sich spielerisch mit Präventionsprinzipien wie der Stärkung des Selbstwertes oder der Lösung des Geheimhaltungsdrucks auseinanderzusetzen. Begleitet wird dieses Vorhaben durch die Fortbildung von Lehrkräften, Elternabende und Informationsmaterial für die beteiligten Zielgruppen.

Schleswig-Holstein ist ein Beispiel, wie das Thema „Häusliche Gewalt" auf verschiedenen Ebenen in den schulischen Kontext implementiert werden kann. Von der Initiierung konkreter schulischer Projekt über die themenspezifische Qualifizierung der Lehrkräfte bis hin zur Vorgabe rechtlicher Verbindlichkeiten wurden Rahmenbedingungen geschaffen, die eine Öffnung des schulischen Bereichs für das Thema ermöglicht und betroffenen Kindern Formen der Auseinandersetzung und vor allem Zugänge zu Hilfen zur Verfügung stellen.

b) Eine andere Gruppe von Bundesländern bezieht nach den vorliegenden Informationen den schulischen Bereich rechtlich und/oder fachlich bei der Erkennung von und Reaktion auf Kindeswohlgefährdungen ein und sichert in dieser impliziten Weise eine Reaktion auf das Erleben häuslicher Gewalt (im Sinne eines Indikators für eine Kindeswohlgefährdung). Nach dem vorliegenden Stand der Informationen werden jedoch keine spezielleren Angebote zum Thema „Häusliche Gewalt" im Bereich Schule gemacht. So haben die Länder Nordrhein-Westfalen, Brandenburg und Baden-Württemberg das Thema Kindeswohlgefährdung in das Schulgesetz aufgenommen. In Hamburg existieren zwar keine rechtlichen Bestimmungen zur Berücksichtigung von Kindeswohlgefährdung in Schulen, aber Einrichtungen[5], die als zentrale Anlaufstellen für die Schulen fungieren, bieten im Zusammenhang mit Kindeswohlgefährdung Beratung und Arbeitshilfen an, in denen auch Probleme mit häuslicher Gewalt thematisiert werden. In Nordrhein-Westfalen werden Fachtage und Fortbildungen zu Kindeswohlgefährdung für Lehrkräfte von der Serviceagentur „Ganztägig Lernen" angeboten. In Brandenburg wird

---

5 Regionale Beratungs- und Unterstützungsstellen der Behörde für Bildung und Sport in Hamburg

Kindeswohlgefährdung innerhalb des gewaltpräventiven Projekts „PIT" berücksichtigt.

c) Als dritte Gruppe lassen sich schließlich jene Länder betrachten, die nach den erhobenen Informationen keine präventiven Maßnahmen zur häuslichen Gewalt in Schulen anbieten. So existieren in den Ländern Hessen, Rheinland-Pfalz, Saarland und Bayern zwar zentrale Anlaufstellen und allgemeine Maßnahmen zur Gewaltprävention an Schulen, aber es gibt nach den im Januar 2008 gemachten Angaben der Ministerien noch relativ wenig bis gar keine Angebote speziell zur Thematisierung häuslicher Gewalt im schulischen Bereich oder rechtliche Bestimmungen zum schulischen Umgang mit Kindeswohlgefährdungen.

Anknüpfungspunkte für ein Implementierungskonzept: Steuerungsinstrumente und Maßnahmen

Aus den länderübergreifenden Vergleichen konnten Anknüpfungspunkte herauskristallisiert werden, die für eine Implementierung des Themas „Häusliche Gewalt" im Schulkontext berücksichtigt werden sollten. Es handelt sich dabei um zentrale Steuerungsinstrumente und Maßnahmen, die mittels dieser umgesetzt werden können. Folgende *schulische Steuerungsinstrumente* sind dabei zu nennen:
- Schulgesetze sind sowohl „Ausdruck bildungspolitischer Leitideen und Akzentsetzungen als auch Richtschnur für das jeweilige aktuelle bildungspolitische Handeln bei der Ausgestaltung des Schulwesens" (Münch 2002: S. 51) und sollten aus diesem Grund nicht bei der Frage der Implementierung des Themas „Häusliche Gewalt" im schulischen Kontext unberücksichtigt bleiben. Nach Informationslage der durchgeführten Länderrecherche werden bisher Wahrnehmung von und die Reaktion auf häusliche Gewalt in keinem Schulgesetz der Bundesländer geregelt.[6] Indirekt wird auf häusliche Gewalt über die schulrechtlichen Bestimmungen zur Reaktion auf Kindeswohlgefährdung eingegangen, wie sie in manchen Bundesländern bereits bestehen. Die rechtliche Verankerung des Themas Kindeswohlgefährdung

---

6 Über das Schulgesetz von Thüringen lagen keine Informationen vor.

in den Schulgesetzen aller Bundesländer und/oder die Ergänzung um den Aspekt des Erlebens häuslicher Gewalt als eine Form der Misshandlung könnten zu mehr Verbindlichkeit und zur stärkeren Beachtung der Problematik führen.
- Lehrpläne, die die Inhalte und Ziele des Unterrichts festlegen, sind das tägliche ‚Arbeitsmaterial' der Lehrenden und stellen damit ein entscheidendes Steuerungsinstrument von Lernprozessen dar (vgl. Bellers 2001: S. 65f.). Sie werden von den für die Schulen zuständigen Ministerien entwickelt und erlassen. Um das Thema „Häusliche Gewalt" in den Unterricht zu implementieren, müsste in den Lehrplänen auf dieses verwiesen und evtl. Hinweise zur näheren Ausgestaltung gegeben werden.
- Bezirkspräsidien und Schulämter übernehmen u.a. die Beratung und Information zu neuen Lehrplänen und sind für die Organisation der Weiterbildung der Lehrerinnen und Lehrer zuständig. In dieser Weise besitzen sie eine wichtige Multiplikatorenfunktion und wären in die Implementierung des Themas „Häusliche Gewalt" einzubeziehen.
- In Schulprogrammen, als eine inhaltliche Gestaltungsmöglichkeit von Schulen, die der Profilbildung und Qualitätsentwicklung einer Schule dienen, könnte je nach Lage und Interesse der Schule das Thema „Häusliche Gewalt" aufgenommen werden.

Die genannten schulischen Steuerungsinstrumente könnten einbezogen werden, um folgende *Maßnahmen* in Angriff zu nehmen:
- *Information:* Um ein stärkeres Problembewusstsein bei Lehrkräften für das Thema „Häusliche Gewalt" und dessen Folgen im schulischen Alltag zu schaffen, sollten Informationsveranstaltungen und Fachtage veranstaltet sowie Materialien für Schulen erstellt werden. Diese könnten von den Ministerien, den Landesinstituten für Schulen, den Serviceagenturen „Ganztägig Lernen" oder den Bezirksregierungen und Schulämtern angeboten und verteilt werden. Den Serviceagenturen kommt im Zusammenhang mit der Entwicklung von Ganztagsschulen eine Kernfunktion zu. Sie beraten und unterstützen beim Aufbau von Ganztagsschulen in Form von Fortbildungen (z.B. von Multiplikatoren), Publikationen, Fachtagungen und in ihrer Servicefunktion beim Aufbau von Netzwerken zwischen Schulen und Jugendhilfe. Sie begleiten darüber hinaus Praxisprojekte und bera-

ten bei der Qualitätsentwicklung von Schulen. Zur allgemeinen Information über die Auswirkungen und Hilfemaßnahmen beim Erleben häuslicher Gewalt von Schüler/inne/n könnten Leitfäden, landesspezifische Maßnahmekataloge zu Projekten und Anlaufstellen sowie Sammlungen wichtiger Adressen in den Regionen erstellt werden. In diesem Zusammenhang sollte das Thema häusliche Gewalt als eigener Schwerpunkt auf den landesspezifischen Internet-Themenportalen zur Gewaltprävention an Schulen aufgenommen werden. Ministerien können entsprechende Informationen an die Schulämter und Bezirksregierungen weiterleiten. Über E-Mail-Verteiler einschlägiger Institutionen (Serviceagenturen „Ganztägig-Lernen", Ministerien, Landesinstitute) können Schulen direkt informiert werden.
- *Projekte:* Insgesamt wurden von den für Schulfragen zuständigen Ministerien nur wenige Schulprojekte genannt, die den Umgang mit dem Erleben häuslicher Gewalt thematisieren. Es wäre ein Ziel, die Ministerien als Initiatoren und Träger solcher Projekte zu gewinnen. Es werden allgemein gewaltpräventive Projekte an Schulen in vielen Bundesländern umfassend angeboten und durchgeführt, was weiter auszubauen und zu entwickeln wäre.[7]
- *Kooperationen:* In einer Vielzahl von Ländern existieren bereits Netzwerke zur Gewalt an Schulen und Bestimmungen zur Zusammenarbeit zwischen Schulen und der örtlichen Jugendhilfe. Darüber hinaus bauen einige Länder Frühwarnsysteme auf, in denen Schulen als Kooperationspartner entweder schon einen Platz haben oder noch finden sollen. Diese bereits bestehenden Kooperationen könnten auch für präventive Maßnahmen gegen häusliche Gewalt genutzt werden.
- *Ausbildung der Lehrkräfte:* Wie in Schleswig-Holstein können thematische Seminare oder Module in die Ausbildung der Lehramtsstudent/inn/en und Referendar/inn/e/n integriert werden. Ansprechpartner wären die Bezirksregierungen und Universitäten.
- *Fortbildung der Lehrkräfte:* Zur Sensibilisierung und Befähigung im Umgang mit dem Erleben häuslicher Gewalt bei Schüler/inne/n sollten entsprechende Fortbildungen für Lehrer/innen, Schulsozial-

---

7 Allgemein gewaltpräventive Projekte, die in mehreren Bundesländern durchgeführt werden, sind z. B. PIT (Prävention im Team), Faustlos oder Lions Quest. Eine besondere Variante von PIT hat Brandenburg entwickelt, da es ein Modul zum Thema „Kindeswohlgefährdung" enthält.

arbeiter/innen, Beratungslehrer/innen, Schulpsycholog/inn/en und OGS-Fachkräfte[8] angeboten werden. Die Thüringer Arbeitsgruppe „Aus- und Fortbildung" empfiehlt z.B. als Themen solcher Fortbildungen (vgl. AG „Aus- und Fortbildung 2004: S. 45):

- Sensibilisierung im Erkennen von Signalen für häusliche Gewalt, insbesondere als Ursache für Lern- und Verhaltensprobleme bei Schüler/inne/n
- Gesprächsführung und gesetzliche Grundlagen für Handlungssicherheit im Umgang mit Schüler/inne/n und Eltern
- Möglichkeiten von Intervention und regionalen Hilfsangeboten
- Anbieter solcher Fortbildungen können folgende Institutionen allein oder in Kooperation fungieren:
  - Schulämter/Bezirksregierungen
  - Landesinstitute für Schulen
  - Serviceagenturen „Ganztägig lernen"[9]
  - Interventionsstellen gegen häusliche Gewalt
  - Koordinierungseinrichtungen zur Gewaltprävention (z.B. CORA in Mecklenburg-Vorpommern, KIK in Schleswig-Holstein)
  - Weiterbildungseinrichtungen
  - Beratungslehrerverbände

Fazit

Durch die Bundesländerrecherche konnte zum einen eine Übersicht zum Stand der Berücksichtigung und der Verankerung des Themas „Häusliche Gewalt" im schulischen Bereich auf Länderebene gegeben werden. Zentrales Ergebnis in dieser Hinsicht ist, dass die Bundesländer unterschiedlich stark das Thema als eigenen Schwerpunkt der Gewaltprävention behandeln. Während einige Bundesländer die schulische Reaktion auf das Erleben häuslicher Gewalt bei Schülerinnen und Schülern systematisch auf mehreren Ebenen (Recht, Aus- und Fortbildung der Lehrkräfte, schulische Projekte, Kooperationen) verankert haben, berücksichtigen andere Länder häusliche Gewalt eher nur im Zusam-

8   Offene Ganztagsgrundschulkräfte
9   In welchem Umfang dies die Service-Agenturen anbieten können, hängt von der Größe des Bundeslandes ab. Bei großen Bundesländern könnten die Service-Agenturen z.B. eher Multiplikatoren schulen.

menhang mit der rechtlich festgesetzten Reaktion von Schulen bei Fällen von Kindeswohlgefährdung, bieten darüber hinaus aber keine weiteren themenspezifischen Programme für Schulen an. Eine andere Gruppe von Bundesländern nimmt häusliche Gewalt weder erkennbar als eigenes Schwerpunktthema der Gewaltprävention an Schulen wahr, noch besitzen sie schulrechtliche Verbindlichkeiten zur Reaktion auf einen Fall von Kindeswohlgefährdung.

Neben der verschiedenartigen Berücksichtigung des Themas auf Länderebene konnten zum anderen Anknüpfungspunkte herausgearbeitet werden, die für ein Implementierungskonzept zur Reaktion auf häusliche Gewalt im Schulkontext von Bedeutung sind. Hier wurden zentrale Steuerungsinstrumente wie das landesspezifische Schulgesetz, die Lehrpläne oder die Bezirkspräsidien und Schulämter als zentrale Institutionen benannt. Diese Steuerungsorgane und -instrumente können in die Entwicklung und Etablierung von Präventions- und Interventionsmaßnahmen einbezogen werden. Als solche sind Möglichkeiten zur Bereitstellung von Informationen und Durchführung von Projekten genannt worden. Weiter wären der Auf- und Ausbau von Kooperationen und die Berücksichtigung des Themas in der Aus- und Fortbildung der Lehrkräfte von Bedeutung. Die Länderrecherche gibt damit sowohl einen Überblick über den Status Quo der länderspezifischen Maßnahmen als auch Hinweise zur Erweiterung dieser, um passgenauere Hilfen und Implementierungsmöglichkeiten zu entwickeln.

Literatur

AG Aus- und Fortbildung (2004): Abschlussbericht AG Aus- und Fortbildung – Wege aus der häuslichen Gewalt. Download unter: http://www.thueringen.de/imperia/md/content/kostg/schwerpunktbereiche/wegeausderhaeuslichengewalt/6_abschlussbericht_ag_aus_und_fortbildung.pdf [abgerufen 15.07.08, 12:21 Uhr].
Bellers, Jürgen (2001): Bildungspolitik: Strategien, Verwaltung, Recht und Ökonomie. Ein Kompendium für Lehramtskandidaten, Lehrer, Hochschulen und Weiterbildungseinrichtungen. Münster.
Bundesministerium für Familie, Senioren, Frauen und Jugend (2004): Lebenssituation, Sicherheit und Gesundheit von Frauen. Eine repräsentative Untersuchung zur Gewalt gegen Frauen in Deutschland. Bonn. Download unter: http://www.

bmfsfj.de/Kategorien/Forschungsnetz/forschungsberichte,did=20560.html [abgerufen am 15.07.08, 12.33 Uhr).

Bundesministerium für Familie, Senioren, Frauen und Jugend (2007): Prävention von häuslicher Gewalt im schulischen Bereich. Empfehlungen der Bund-Länder-Arbeitsgruppe „Häusliche Gewalt". Berlin.

[KischuGesSH] Ministerium für Soziales, Gesundheit, Familie, Jugend und Senioren (Hrsg.) (2008): Gesetz zur Weiterentwicklung und Verbesserung des Schutzes von Kindern und Jugendlichen in Schleswig-Holstein. – Kinderschutzgesetz. Download unter: http://www.schleswig-holstein.de/MSGF/DE/Service/Broschueren/PDF/kinderschutzgesetz,templateId=raw,property=publicationFile.pdf [Zugriff am 15.07.08, 12.01 Uhr].

Kavemann, Barbara (2007): Kinder und Häusliche Gewalt – Auswirkungen von Gewalt in der Partnerschaft der Eltern und Kinder und Jugendliche. In: gesine – netzwerk gesundheit.EN (Hrsg.) Häusliche Gewalt macht krank! Anforderungen an medizinische und psychosoziale Versorgung von Mädchen und Jungen. Dokumentation zum 3. Fachtag. Witten. S. 3–9.

Kindler, Heinz (2007): Partnergewalt und Beinträchtigungen kindlicher Entwicklung: Ein Forschungsüberblick. In: Kavemann, Barbara und Kreyssig, Ulrike (Hrsg.): Handbuch Kinder und Häusliche Gewalt. 2., durchges. Auflage. Wiesbaden. S. 36 52.

Münch, Joachim (2002): Bildungspolitik: Grundlagen, Entwicklungen. Baltmannsweiler.

Seith, Corinna (2007): „Weil sie dann vielleicht etwas Falsches tun" – Zur Rolle von Schule und Verwandten für von häuslicher Gewalt betroffene Kinder aus Sicht von 9- bis 17-Jährigen. In: Kavemann, Barbara und Kreyssig, Ulrike (Hrsg.): Handbuch Kinder und Häusliche Gewalt. 2., durchges. Auflage. Wiesbaden. S. 103–124.

Die „insoweit erfahrene Fachkraft": Anlass, Hintergrund und Gestaltung einer Fachberatung im Sinne des § 8a SGB VIII

Katharina Groß

Die Einführung des § 8a SGB VIII im Rahmen des Kinder- und Jugendhilfe-Weiterentwicklungsgesetzes (KICK) hat in den letzten Jahren eine intensivierte Beschäftigung der Kinder- und Jugendhilfe mit den Fragen eines effektiven Kinderschutzes ausgelöst. Entsprechend der Vereinbarungen nach § 8a SGB VIII, die zwischen freien und öffentlichen Trägern der Jugendhilfe abzuschließen sind, geht die institutionelle Verankerung des Kinderschutzes über die Jugendämter hinaus und nimmt Kindertageseinrichtungen, Beratungsstellen, stationäre und ambulante Jugendhilfemaßnahmen (i. S. des §27 ff SGB VIII) etc. freier Träger in die verstärkte Verantwortung, um einen wirksamen Schutz für Kinder und Jugendliche in unserer Gesellschaft zu ermöglichen.

Der Gesetzgeber formuliert dies in § 8a SGB VIII Abs. 2 so: „In Vereinbarungen mit den Trägern von Einrichtungen und Diensten, die Leistungen nach diesem Buch erbringen, ist sicherzustellen, dass deren Fachkräfte den Schutzauftrag nach Abs. 1 in entsprechender Weise wahrnehmen **und bei der Abschätzung des Gefährdungsrisikos eine insoweit erfahrene Fachkraft hinzuzuziehen ist**". Im Zuge eines konkretisierten Schutzauftrages für die Einrichtungen und Dienste freier Träger, wird hier die juristische Figur der „insoweit erfahrenen Fachkraft" geschaffen. Aufgabe der Jugendhilfe ist es, diese neue Figur in der Praxis auszugestalten. Drei Jahre nach Inkrafttreten des § 8a SGB VIII und trotz zahlreicher Veröffentlichungen und Fachtagen zum Kinderschutz, sind noch viele Aspekte der Aufgaben und der Rolle der „insoweit erfahrenen Fachkraft" ungeklärt. Der folgende Beitrag greift häufig gestellte Fragen aus Fortbildungsveranstaltungen auf und nimmt verschiedene Lösungsmöglichkeiten in den Blick.

1. Zu Anlass und Hintergrund der Regelung

Mit den Bestimmungen des § 8a Abs. 2 SGB VIII legt der Gesetzgeber ein Verfahren fest, nach dem die Fachkräfte von Einrichtungen und Diensten freier Träger in entsprechender Weise wie die der öffentlichen Jugendhilfe auf das Vorliegen „gewichtiger Anhaltspunkte" für eine Kindeswohlgefährdung reagieren sollen.

Dies beinhaltet insbesondere das Zusammenwirken mehrer Fachkräfte bei der Einschätzung des Gefährdungsrisikos, den Einbezug der Personensorgeberechtigten in die Problemkonstruktion sowie das eigenständige Angebot von Hilfen, die geeignet sind, um eine Gefährdung abzuwenden. Reichen die „Bordmittel" des freien Trägers zur Gefährdungsabwendung nicht aus und besteht eine Gefährdung fort, so ist die öffentliche Jugendhilfe (möglichst mit Beteiligung der Personensorgeberechtigten) zu informieren und einzubeziehen.

Soweit gleicht das Verfahren der öffentlichen Jugendhilfe dem Prozedere freier Träger. § 8a Abs. 2 Satz 1 SGB VIII schreibt jedoch für Fachkräfte eines freien Trägers bei Vorliegen „gewichtiger Anhaltspunkte" zwingend vor (keine Ermessensentscheidung), nicht nur eine individuelle Beurteilung vorzunehmen und ihr Team (sowie ggf. Leitung) fachkundig bei der Abschätzung des Risikos mit einzubeziehen, sondern auch eine „insoweit erfahrene Fachkraft" hinzuzuziehen.

Diese Aufforderung fußt auf der Annahme, dass Fachkräfte bei freien Trägern und Einrichtungen nicht immer über das notwendige „Knowhow" verfügen können, das zur Bearbeitung eines Schutzauftrages erforderlich ist (Jordan 2007, S. 35).

Zwar kann die umgekehrte Annahme eines stets fachlich fundierten Umgangs mit Fällen von Kindeswohlgefährdung bei Fachkräften der Öffentlichen Jugendhilfe nicht allgemein unterstellt werden, da die

Ausübung des staatlichen Wächteramtes als besondere Aufgabe der öffentlichen Jugendhilfe die Einschätzung des Gefährdungsrisikos kontinuierlich im Berufsalltag erfordert. Vielmehr kann davon ausgegangen werden, dass mindestens „eine gewisse Übung" bei der Bewertung von Fällen mit Kindeswohlgefährdung vorliegt und somit die Einordnung des Einzelfalls in einen Gesamtzusammenhang begründbar gelingt (Schone 2006, S. 23).

Die Fachkräfte freier Träger leisten ihre Arbeit in unterschiedlicher Weise und mit unterschiedlichen Graden an Professionalität. Berufliche Ausbildung und Erfahrung allein qualifizieren Fachkräfte daher nicht zwangsläufig, Kindeswohlgefährdung zu erkennen, nachvollziehbar einzuschätzen und wirksame Hilfen im Gespräch mit den Betroffenen anzubieten. Um das Hilfepotential der in der freien Kinder- und Jugendhilfe tätigen Fachkräfte entfalten zu können, bedürfen sie einer fachkundiger Beratung, so Münder u. a., die durch eine „insoweit erfahrene Fachkraft" gewährleistet werden soll (Münder u. a. 2006, S. 173).

2. Zur Ausgestaltung in der Praxis

Nach § 8a Abs. 2 SGB VIII soll die „insoweit erfahrene Fachkraft" zur Abschätzung des Gefährdungsrisikos hinzugezogen werden. Weitere Hinweise zur Ausgestaltung dieser Fachberatung in der Kinder- und Jugendhilfe – etwa die Frage nach ihrem Aufgabenspektrum, ihrer jeweiligen Rolle, ihrer fachlichen Qualifikation – liefert der Gesetzestext nicht. Auch der aktuell diskutierte Referentenentwurf zur Reform des § 8a SGB VIII nimmt eine Konkretisierung der juristischen Konstruktion einer „insoweit erfahrenen Fachkraft" nicht in den Blick.[1]

Welche Ansätze und erste fachliche Standards in der Jugendhilfepraxis in den letzten Jahren im Zusammenhang mit der Fachberatung i. S. des § 8a SGB VIII entwickelt wurden und wie diese bewertet werden können, thematisieren nachfolgende Ausführungen.

---

1   Dies bestätigte auch Prof. Dr. R. Wiesner am 6. Mai 2008 im Rahmen eines Vortrages zu den aktuellen Entwicklungen des Kinderschutzes im Zertifikatskurs zur „Kinderschutzfachkraft" in Dortmund.

2.1 Zum Aufgabenspektrum der „insoweit erfahrenen Fachkraft"

Welchen Aufgaben muss sich „eine insoweit erfahrene Fachkraft" stellen? Was beinhaltet eine solche Fachberatung und an welcher Stelle endet sie? Diesen Fragen können pauschale Forderungen nach einer guten Fachlichkeit nicht gerecht werden, da die Anforderungen an eine Fachberatung entsprechend des Leistungsspektrums der unterschiedlichen Träger mehr oder weniger stark variieren.

Folgende Aufgabenschwerpunkte einer „insoweit erfahrenen Fachkraft" treffen jedoch auf alle freien Träger zu:

Die „insoweit erfahrene Fachkraft" berät die fallverantwortliche Fachkraft[2]
- bei der Prüfung von „gewichtigen Anhaltspunkten"
- bei der Abschätzung des Gefährdungsrisikos
- hinsichtlich der Frage, ob die derzeitige oder angestrebte Hilfe zur Sicherung des Kindeswohls ausreichend beitragen kann
- über Strategien der Gesprächsführung sowie Möglichkeiten zur Motivierung der Eltern und ggf. über die Notwendigkeit der Hinzuziehung des Jugendamtes (Erstellung eines Schutzplanes), (vgl. Slüter 2007, S. 520 ff).

Die „insoweit erfahrene Fachkraft" leistet somit keine konkrete Fallarbeit, sondern bietet vielmehr eine unterstützende Beratung, um so mögliche Unsicherheiten sowie Überforderungen und daraus resultierende Fehleinschätzungen der fallzuständigen Fachkraft bzw. des Fachteams reduzieren zu können. Dies beinhaltet eine Reflexion der Wahrnehmung und Beobachtungen sowie des spezifischen Vorgehens mit dem gefährdeten Kind und seinen Eltern.

Folgende Phasen können den Beratungsprozess sinnvoll strukturieren, unabhängig von der zu beratenden Einrichtung:

---

2 Die fallverantwortliche Fachkraft ist diejenige Fachkraft des freien Trägers, die im Regelfall die „gewichtigen Anhaltspunkte" für eine Kindeswohlgefährdung wahrgenommen und sodann das Verfahren im Sinne des § 8a SGB VIII eingeleitet hat. Sie ist die für den freien Träger fallverantwortliche Fachkraft.

1) Zu Beginn steht die **Auftragsklärung**. Folgende Anliegen der fallverantwortlichen Fachkraft sind hierbei denkbar:
   - Gewichtung der wahrgenommenen Anhaltspunkte
   - Vorbereitung bei der Einbeziehung der Eltern zur Gefährdungseinschätzung
   - Entwicklung von Perspektiven in der Arbeit mit der betroffenen Familie
   - Erstellung eines Schutzplanes
   - Erlangung eigener Handlungssicherheit
   - Reflexion der Rolle der fallverantwortlichen Fachkraft
   - Vorbereitung einer Überleitung an das Jugendamt etc.
2) Folgende (ggf. zu anonymisierende)[3] **Informationen** werden durch die „insoweit erfahrene Fachkraft" gesammelt:
   - Problemsicht der fallverantwortlichen Fachkraft
   - alle Anhaltspunkte, die auf eine Gefährdung hindeuten können in Bezug auf Äußerung/Verhalten des Kindes, auf Risiko- und Schutzfaktoren, auf die Beziehung zwischen Eltern und Kind, bisherige Hilfeverläufe, Problemakzeptanz, Problemkongruenz, Hilfeakzeptanz und Veränderungsfähigkeit der Eltern.
3) Die „insoweit erfahrene Fachkraft" unterstützt die fallverantwortliche Fachkraft bei der **Bewertung der Gefährdung**. Zentral ist dabei die Fragestellung, ob eine erhebliche Schädigung mit ziemlicher Sicherheit vorhersagbar ist (Münchener Kommentar zum Bürgerlichen Gesetzbuch 2002, Rn. 49). Hier können unterschiedliche Methoden und Instrumente (Kollegiale Beratung, Instrumente zur Ersteinschätzung) hinzugezogen werden.
4) Folgende **Ergebnisse** hinsichtlich einer Gefährdungsbewertung sind denkbar:
   - Eine Kindeswohlgefährdung liegt nicht vor. Die Fachberatung kann beendet werden.
   - Eine Nichtgewährleistung des Kindeswohls liegt vor. Die „insoweit erfahrene Fachkraft" berät ggf. die fallverantwortliche Fachkraft über mögliche Hilfen (in der Regel nach § 27 ff SGB VIII), die geeignet sein könnten, um die Gefährdung abzuwenden und plant mit ihr das weitere Vorgehen (in der Regel: Gespräch mit den Per-

---

3   § 64 Abs. 2a SGB VIII: *„Vor einer Übermittlung an eine Fachkraft, die der verantwortlichen Stelle nicht angehört, sind die Sozialdaten zu anonymisieren oder zu pseudonymisieren, soweit die Aufgabenerfüllung dies zulässt."*

sonensorgeberechtigten). Die Fachberatung ist beendet, kann aber erneut notwendig werden, wenn nach dem Einbezug der Personensorgeberechtigten neue Informationen vorliegen, die eine erneute Risikoeinschätzung und die Einleitung weiterer Handlungsschritte erforderlich machen.

- Eine Kindeswohlgefährdung liegt vor. Die „insoweit erfahrene Fachkraft" berät die fallverantwortliche Fachkraft über einzuleitende Hilfen (oder die Ausweitung von Hilfen) oder über die Information des Jugendamtes. Die Fachberatung ist beendet, kann aber erneut notwendig werden, wenn die Einrichtung weiterhin Kontakt zum gefährdeten Kind hat und die Gefährdungslage weiterhin andauert/sich noch zuspitzt (unabhängig davon, ob das Jugendamt informiert wurde).
- Eine akute Kindeswohlgefährdung liegt vor. Die „insoweit erfahrene Fachkraft" informiert die fallverantwortliche Fachkraft über den sofortigen Handlungsbedarf (Information des Jugendamtes, Mitteilung an die Eltern, Inobhutnahme). Die Fachberatung ist beendet.

5) Die „insoweit erfahrene Fachkraft" fertigt eine von der fallverantwortlichen Fachkraft unabhängige Dokumentation des Beratungsprozesses an, in der das Ergebnis der Beratung und die Handlungsempfehlung festgehalten werden. (Das Protokoll kann ggf. von den an der Fachberatung Beteiligten unterzeichnet werden).

6) Sollten im Beratungsprozess unterschiedliche Auffassungen über das Ausmaß der Gefährdung des Kindes und/oder des weiteren Handlungsbedarfes zwischen der fallverantwortlichen Fachkraft und der „insoweit erfahrenen Fachkraft" bestehen, so ist die Leitung der fallverantwortlichen Einrichtung mit einzubeziehen. Die Fallverantwortung für den Hilfeprozess und die weitere Vorgehensweise liegt in den Händen der Fall führenden Fachkraft bzw. der Jugendhilfeeinrichtung.[4]

Durchaus strittig wird die Begrenzung der Fachberatung auf festgelegte Aufgaben diskutiert (vgl. Kohaupt 2006 und Berliner Senatsverwaltung für Bildung, Wissenschaft und Forschung, Berlin 2006). Die Berliner Senatsverwaltung räumt zumindest ihren „insoweit erfahrenen Fachkräf-

---

4 Zu den Phasen des Beratungsprozesses siehe auch Slüter 2007.

ten" die Möglichkeit ein – soweit es sinnvoll und erforderlich erscheint – in die Beratungsgespräche mit den Eltern über die Abwendung der Gefährdung und Inanspruchnahme weiterer Hilfen einbezogen zu werden (Senatsverwaltung für Bildung, Wissenschaft und Forschung, Berlin 2006, S. 3). Ob die weitreichende Beteiligung der Fachberatung in den Hilfeprozess die vom Gesetzgeber intendierte qualifizierte Unterstützung, die sich deutlich auf die Gefährdungseinschätzung beschränkt, überschreitet, muss sorgfältig beobachtet werden. Gegen eine solche Beteiligung spricht meines Erachtens jedoch:

- Die klare Trennung von Fallverantwortung und Fachberatung, die durch eine Beteiligung der „insoweit erfahrenen Fachkraft" in Gesprächen mit Betroffenen (Kinder, Eltern) häufig nur schwer zu praktizieren ist.
- Die Erweiterung des Helferkreises aus Sicht der Betroffenen könnte die ggf. bestehende Vertrauensbeziehungen zur Einrichtung/zur fallverantwortlichen Fachkraft des freien Trägers erschweren, die für einen gelingenden Kinderschutz jedoch konstitutive Voraussetzung ist (Münder 2006, S. 170).
- Nicht zuletzt sprechen datenschutzrechtlichen Bestimmungen gegen eine solche Beteiligung. Nach § 64 Abs. 2a SGB VIII sind Daten bei Hinzuziehung einer „insoweit erfahrenen Fachkraft", die nicht der eigenen Einrichtung angehört, zu anonymisieren oder pseudonymisieren, soweit die Aufgabenerfüllung dies zulässt. Kontakte zwischen den betroffenen Personensorgeberechtigten und/oder Kindern würden jedoch die Aufhebung jeglicher Anonymität bedeuten (ISA 2006, S. 57).

Für eine umfassende Beratung durch „insoweit erfahrene Fachkräfte" sprechen zudem Erfahrungsberichte aus der Praxis. Insbesondere im Bereich der freien Träger, die keine Träger der Erziehungshilfe sind, wie z.B. Kindertageseinrichtungen, existierten bislang keine gültigen Verfahren und Prozesse, in die die Anforderungen einer Risikoabschätzung eingebettet werden konnten. *„Es handelt sich für diese Träger um eine in dieser Art völlig neuartige Verpflichtung, wobei der § 8a Abs. 2 SGB VIII das Einstiegskriterium für das Tätigwerden der freien Träger mit dem Begriff der „Kindeswohlgefährdung" sehr hoch anlegt."* (Schone 2006, S. 22).

Der vergleichsweise seltene Umgang mit Kinderschutzfällen führt teilweise zu einer hoch emotional geprägten, oft mit sehr viel Engagement getragenen, aber auch von großen Unsicherheiten begleiteten Kinderschutzpraxis dieser Fachkräfte, da die einzelfallbezogene Wahrnehmung von Kindeswohlgefährdung aufgrund der mangelnden Fallzahlen kaum in einen Gesamtzusammenhang gebracht werden kann.[5] Die Anforderungen an eine Fachberatung werden in solchen Fällen daher anderer, umfassenderer Natur sein als bei einer Einrichtung, die Hilfen zur Erziehung nach § 27 ff SGB VIII anbietet und der Sache nach immer schon mit Kindern und Jugendlichen zu tun hat, die mindestens von einer Nichtgewährleistungen ihres Wohls betroffen sind. Die Arbeit an der Schwelle zwischen Nichtgewährleistung und Gefährdung des Wohls ist hier integraler Bestandteil der täglichen Arbeit, wohingegen Fachkräfte z. B. aus Kindertageseinrichtungen oder Familienbildungsstätten etc. nur gelegentlich – in Abhängigkeit vom Einzugsgebiet der Einrichtung – mit gefährdeten Kindern und ihren Eltern zu tun haben dürften. Eine Fachberatung in einer solchen Einrichtung könnte deshalb z. B. eine Anleitung und Begleitung bei der Risikoabschätzung (z. B. Einführung in die Methode der kollegialen Beratung), die Einführung und Erläuterung von Instrumenten zur Risikoabschätzung, Beratungen in Bezug auf die konkrete Durchführung (konfrontativer) Elterngespräche etc. beinhalten.

Eine noch umfassendere Fachberatung, vielmehr eine gesamte Begleitung des Prozesses meint Kohaupt, wenn er insbesondere für alle Einrichtungen, die nicht alltäglich mit Kinderschutz zu tun haben (wie z. B. Kindertageseinrichtungen), für eine – soweit fachlich geboten – Begleitung der fallverantwortlichen Fachkraft bei den Elterngesprächen plädiert (Kohaupt 2006, S. 1 ff). Aus seiner Sicht ist es von zentraler Bedeutung, *„dass die ‚insoweit erfahrene Fachkraft‘ die Erzieher nicht*

---

5   *„Je weniger eine Person mit einem Problemkomplex konfrontiert ist, desto weniger kann sie ihre einzelfallbezogenen Wahrnehmungen in einen Gesamtzusammenhang einordnen und dadurch zu einem konturierten Bild zusammenfügen. So muss jeder Fall immer wieder neu interpretiert und bewertet werden, was zu Unsicherheiten in der Bewertung von Wahrnehmungen führt. Dieses Problem, mit dem grundsätzlich auch jeder ASD-Mitarbeiter konfrontiert ist, zeigt sich bei Mitarbeitern aus Jugendhilfeeinrichtungen außerhalb der Erziehungshilfe noch deutlicher, weil bei ihrem Umgang mit Kindern und Jugendlichen die Vermutung einer Kindeswohlgefährdung im Vergleich zum ASD weitaus seltener vorkommt und daher bei solchen Mitarbeitern das Bild von „Kindeswohlgefährdung" nur sehr ungenaue Konturen erhalten kann."*, so Schone erläuternd. (Schone 2006, S. 23)

nur bei der Gefährdungseinschätzung, sondern auch beim Kontakt zu den Eltern unterstützt" (Kohaupt 2006, S. 13), weil die Erfahrungen der Kinderschutz-Zentren immer wieder zeigten, dass Erzieherinnen Anleitung und Unterstützung brauchen und mit der Durchführung von Elterngesprächen in Kinderschutzkontexten überfordert seien.

Dies lässt jedoch die hohe Akzeptanz von Erzieherinnen bei Personensorgeberechtigten[6], ihre häufig unbelastete und vertrauenswürdige Beziehung zu den von ihnen betreuten Familien und nicht zuletzt die enorme Qualifizierungswelle mit der die dort Tätigen erfasst werden und von der sie sich mit großem Engagement tragen lassen, unberücksichtigt. Meiner Auffassung nach sollten diese Überlegungen bei der Beurteilung der Eignung von Erzieherinnen als Fachberaterinnen bedacht werden.

2.2 Zur Rolle der „insoweit erfahrenen Fachkraft"

Die „insoweit erfahrene Fachkraft" stellt im Verfahren der Risikoabschätzung eine eigene Organisationseinheit dar, die unabhängig von der fallverantwortlichen Fachkraft existiert. (DIJuF-Rechtsgutachten JAmt 2007, S. 298). Da die Abschätzung des Gefährdungsrisikos oftmals kein singuläres Ereignis darstellt, sondern sich vielmehr als Prozess entwickelt, ist die Tätigkeit der „insoweit erfahrenen Fachkraft" eher als prozesshafte Begleitung angelegt (Slüter 2007, S. 515 f).

Grundsätzlich sind zwei Modelle bei der Hinzuziehung der „insoweit erfahrenen Fachkraft" denkbar:
1. Die „insoweit erfahrene Fachkraft" ist beim freien Träger, der verschiedene Einrichtungen und Dienste tragen kann, angestellt und wird intern für ihre Kolleginnen tätig.
Vorteile einer internen Fachberatung sind:
    - Kenntnis der eigenen Organisation, ihrer Hierarchien und Strukturen sowie Schwächen

---

[6] Erzieherinnen und Lehrerinnen werden mit 39,8 % am häufigsten unter den professionellen Anlaufstellen (neben Jugendamt mit 5,3 % oder Beratungsstellen mit 15,9 %) von Eltern in Erziehungsfragen konsultiert. (Smolka 2003, S. 31)

- Bekanntheit bei den Mitarbeiterinnen der eigenen Einrichtung/des Dienstes, was möglicher Weise Hemmungen in der Zusammenarbeit reduziert und verlässliche Kooperationen erleichtert.

Nachteile einer internen Fachberatung sind:
- Das Modell setzt eine gewisse Größe des Trägers voraus.
- Die Perspektive von „außen" fehlt.

2. Die Fachkraft eines anderen freien Trägers (z.B. einer Erziehungsberatungsstelle) wird zur Fachberatung hinzugezogen.

Vorteil einer externen Fachberatung ist:
- die unbeeinträchtigte Perspektive von „außen" lässt blinde Flecken des Fachteams, der Organisation möglicher Weise sichtbar werden.
- notwendiges Fachwissen, das nicht jeder Träger vorhalten kann, kann durch externe Fachkräfte hinzugezogen werden (Jordan 2007, S. 31).

Nachteile einer externen Fachberatung sind:
- Unkenntnis in Bezug auf die fremden Organisationsstrukturen
- das Vertrauen im Fachteam muss erst hergestellt werden.[7] (ISA 2006, S. 43).

Ein drittes Modell, das in der Praxis immer wieder Anwendung findet, ist die Ansiedlung der „insoweit erfahrenen Fachkraft" beim öffentlichen Träger der Jugendhilfe (z.B. beim Allgemeinen Sozialen Dienst). Kunkel weist jedoch darauf hin, dass eine solche „insoweit erfahrene Fachkraft" nur subsidiär hinzuzuziehen ist, da mit ihrer Hinzuziehung eine Datenübermittlung verbunden sei, die nur zulässig ist, falls sie erforderlich für den Schutzauftrag sei. (Kunkel 2007, S. 150 f). Durch eine anonymisierte Fachberatung könnte dieser Umstand vermieden werden. Doch erste Erfahrungen aus der Praxis zeigen, dass ein weiteres Argument gegen die Ansiedlung der „insoweit erfahrenen Fachkraft" beim ASD spricht: die eigentliche Idee einer trägerinternen Gefährdungsabschätzung, vor dem Bekanntwerden des „Falles" bei der öffentlichen Jugendhilfe, um zunächst eigene Maßnahmen im Rahmen einer vertrauensvollen Bezie-

---

7   Eine gewisse Regelmäßigkeit der Fachberatung ist von Vorteil, damit sich Kooperationen und Vertrauen einspielen können und die hinzugezogene „insoweit erfahrene Fachkraft" einen Einblick in das Funktionieren der Einrichtung bekommen kann. (ISA 2006, S. 43)

hung zu den Beteiligten wirksam anbieten zu können, wird unwirksam.[8] Ganz deutlich gegen eine Fachberatung durch die Öffentliche Jugendhilfe stellen sich Münder u. a.:
„Zur Sicherung der Vertraulichkeit i .S. d. Abs. 2 Satz 2, der eine Information des JA (ohne Einwilligung der Betroffenen) nur bei Vorliegen einer Kindeswohlgefährdung und nicht ausreichender Inanspruchnahme von Hilfen vorsieht, ist die Fachberatung eher jugendamts- oder zumindest ASD-extern anzusiedeln, etwa bei einer Beratungsstelle." (Münder 2006, S. 174).

Die allgemeine anonymisierte Beratung einer fallverantwortlichen Fachkraft beim freien Träger durch den Allgemeinen Sozialen Dienst der öffentlichen Jugendhilfe im Sinne einer guten Kooperationsbeziehung bleibt meiner Auffassung nach davon unberührt. Das Instrument der „insoweit erfahrenen Fachkraft" ist hiervon jedoch klar abzugrenzen.

2.3 Zur fachlichen Verantwortung der „insoweit erfahrenen Fachkraft"

Bei der Sicherstellung der notwendigen Fachberatung durch „insoweit erfahrene Fachkräfte" kommt dem Jugendamt im Rahmen seiner Planungs- und Gewährleistungsverantwortung eine Koordinierungsfunktion zu. Aufgabe der öffentlichen Jugendhilfe ist es, über die Vereinbarungen nach § 8a SGB VIII Sorge dafür zu tragen, dass die Fachkräfte bei freien Trägern entsprechende Personen hinzuziehen können, die für die Sofortberatung und den fachlichen Austausch im Einzelfall verlässlich zur Verfügung steht. Die Inanspruchnahme von fachlicher Beratung soll dabei nicht zur Abgabe des Falls sowie der damit zusammenhängenden Verantwortung führen (ISA 2006, S. 42).

Die fachliche Verantwortung bleibt über den gesamten Hilfeprozess hinweg bei der fallverantwortlichen Fachkraft des freien Trägers bzw.

---

8 Ebenso beurteilen Wiesner und Büttner die Praxis der Ansiedlung der Fachberatung beim Allgemeinen Sozialen Dienst: *„Diese Praxis ist nach allgemeiner Auffassung rechtswidrig und würde dem Sinn und der Philosophie des Gesetzes zuwider laufen, weil auf diese Art und Weise das Jugendamt von Beginn der Gefährdungseinschätzung an „mit am Tisch" sitzt."* (Wiesner und Büttner 2008, S. 296)

hinsichtlich der Meldung an das Jugendamt ggf. bei der Leitung des Trägers.

Die Berliner Senatsverwaltung schreibt den trägerintern tätigen „insoweit erfahrenen Fachkräften" eine fachliche „Mitverantwortung" für den weiteren Verlauf des Falles zu, da sie gerade wegen ihres spezifischen Fachwissens hinzugezogen werden. Letztendlich wird die entscheidende Verantwortung immer bei der Leitung der Trägers liegen, die noch vor der Hinzuziehung der „insoweit erfahrenen Fachkraft" informiert und zu Rate gezogen werden sollte.

Die Zusammenarbeit zwischen „insoweit erfahrener Fachkraft" und dem/der Mitarbeiter/in des Trägers sollte unbedingt dokumentiert werden, damit eine Nachvollziehbarkeit und Absicherung aller am Beratungsprozess Beteiligten (auch der „insoweit erfahrenen Fachkraft) sichergestellt ist (Senatsverwaltung für Bildung, Wissenschaft und Forschung, Berlin 2006, S. 4). So kann die „insoweit erfahrene Fachkraft" einen Nachweis erbringen, dass sie nach den „Regeln der Kunst" ihrer fachlichen Verantwortung im Rahmen der Beratung i. S. des § 8a SGB VIII nachgekommen ist. Was die „Regeln der Kunst" im Einzelfall sind, sollte an den entsprechenden Vereinbarungen möglichst konkret abzulesen sein in Form einer Festlegung des Aufgabenbereichs der „insoweit erfahrenen Fachkraft".

Wenn in der Einschätzung des Gefährdungsrisikos zwischen der fallverantwortlichen Fachkraft und der „insoweit erfahrenen Fachkraft" Diskrepanzen entstehen, verbleibt die Zuständigkeit und die Verantwortung beim Leistungserbringer, sprich der fallverantwortlichen Fachkraft, beziehungsweise bei einer verantwortlichen Entscheidung der Leitung des Leistungserbringers (Büttner 2007, S. 187).

Bei der Frage nach der fachlichen Verantwortung der „insoweit erfahrenen Fachkraft" schwingt immer auch die Sorge und Unsicherheit in Bezug auf eine strafrechtliche Verantwortung mit. Wie ist es strafrechtlich zu bewerten, wenn die Abschätzung des Gefährdungsrisikos durch die „insoweit erfahrene Fachkraft" unzutreffend in Bezug auf die später eingetretene Lebensrealität des Kindes erfolgt? *„Wird die gebotene Sorgfalt bei der Abschätzung des Gefährdungsrisikos unter Einschluss der* *gefährdungsabwendenden Maßnahmen beachtet, kann auf den Umstand, dass sich das gefundene Prognoseergebnis in der Lebenswirklichkeit des Kindes als falsch erweist, ein Fahrlässigkeitsvorwurf nicht begründet werden."* (Bringewat 2006, S. 242). Eine strafrechtliche Verantwortung lässt sich somit für die „insoweit erfahrene Fachkraft" nicht begründen, solange sie unter Berücksichtigung ihrer Qualifikation zu einer fachlich nachvollziehbaren Einschätzung gelangt und dies der fallzuständigen Fachkraft transparent macht.[9] Eine selbstständig geführte Dokumentation der „insoweit erfahrenen Fachkraft" kann dies z.B. auch bei einer unterschiedlichen Einschätzung von Fachberatung und fallverantwortlicher Fachkraft belegen.

Da die fachliche Verantwortung der Fachberaterin immer auch in Abhängigkeit zu ihrer Qualifikation steht, schließen sich nachfolgende Ausführung zu Fragen der Qualifikation der „insoweit erfahrenen Fachkraft" an.

2.4 Zur Qualifikation der „insoweit erfahrenen Fachkraft"

Die notwendige Qualifizierung der „insoweit erfahrenen Fachkräfte" ist eine bislang ungeklärte Frage. Jedoch sind verschiedentlich Vorschläge zur Qualifizierung zu Mindeststandards gemacht worden.[10] (Fegert 2008, S. 136) Auf dem Markt der Fort- und Weiterbildung haben sich drei Jahre nach Inkrafttreten des § 8a SGB VIII unterschiedliche Fortbildungsmodelle etabliert, die im Kinderschutz tätige Fachkräfte qualifizieren.[11]

Grundsätzlich bindet der Gesetzgeber die Tätigkeit als „insoweit erfahrene Fachkraft" nicht an eine bestimmte Profession, sondern primär

---

9   Ausführlicher dazu: Meysen, Thomas: Kooperation beim Schutzauftrag: Datenschutz und strafrechtliche Verantwortung – alles rechtens? Im Internet aufgerufen am 29.08.08 unter: „http://www.kindesschutz.de/Expertisen/Expertise%20Thomas%20Meysen.pdf"
10 Gerade angesichts die Umstellung der entsprechenden Studiengänge zur Sozialen Arbeit im Zusammenhang mit der Bologna Reform könne, so Fegert, zum Anlass genommen werden, ergänzende Masterstudiengänge anzubieten, die die verantwortliche Aufgabe der Fachberatung attraktiv entlohnbar werden lassen könnte. (Fegert 2008, S. 136)
11 So z.B. der Zertifikatskurs zur „Kinderschutzfachkraft" des Instituts für soziale Arbeit und des Deutschen Kinderschutzbundes Landesverband NRW e.V.: www.kindesschutz. de

an die Voraussetzungen der Fachkraft im Sinne des SGB VIII. Gemäß § 72 Abs. 1 SGB VIII richtet sich der Schutzauftrag der freien Kinder- und Jugendhilfe deshalb nur an Fachkräfte, *„die sich für diese Aufgabe nach ihrer Persönlichkeit eignen und eine dieser Aufgabe entsprechende Ausbildung erhalten haben"* (vgl. § 72 Abs. 1 SGB VIII) (Jordan 2007, S 27). Gemeint sind in diesem Zusammenhang in der Regel Erzieherinnen, Sozialpädagoginnen, Sozialarbeiterinnen, Psychologinnen, Pädagoginnen etc., nicht aber Kinderpflegerinnen, Familienpflegerinnen oder Hebammen etc. (Münder 2006, S. 845).

Weiter geht es nur um solche Fachkräfte, die bei Einrichtungen und Diensten der Jugendhilfe tätig sind. Ob dies nur für Fachkräfte in einer Festanstellung oder auch für solche Fachkräfte, die auf Honorarbasis oder im Rahmen eines Ehrenamtes beschäftigt sind, wird kritisch diskutiert (Sauter 2008). Nicht erfasst sind hingegen diejenigen Fachkräfte, die Leistungen der Eingliederungshilfe erbringen, sowie Lehrer in Schulen.[12] (Kunkel 2007, S. 4). Nicht in der Jugendhilfe tätige Personen bleiben somit als Durchführende einer Fachberatung ausgeschlossen.

Eine „insoweit erfahrene Fachkraft" ist nach Meysen eine entsprechend fachkompetente Person. Neben Fachkompetenz und beruflicher Erfahrung muss die „insoweit erfahrene Fachkraft" deshalb auch eine persönliche Eignung nachweisen, also *„persönlich insoweit erfahren sein"* (Meysen 2008, S. 26). Berufsanfänger, Fachkräfte, die sich ganz neu mit dem Thema Kinderschutz beschäftigen oder sich seit längerer Zeit nicht mehr entsprechend fortgebildet haben, scheiden hier unter dem Gesichtspunkt einer fachkompetenten Beratung aus.

Nicht jede Fachkraft ist gleichermaßen geeignet für das Erkennen von Gefährdungslagen z. B. im Säuglingsalter, im Jugendalter, für die Arbeit in Familien mit Migrationshintergrund, für Fälle mit sexuellem Missbrauchsverdacht etc. Daher schlägt Meysen vor, zur Gefährdungseinschätzung eine entsprechend spezialisierte Fachkraft aus der eigenen Organisation oder auch externe Experten zu dem jeweiligen Thema

---

12 Allerdings haben einige Schulgesetze der Länder einen eigenen Schutzauftrag für die Schule formuliert. So z.B. das Land Nordrhein-Westfalen. Siehe dazu: Bathke, Sigrid & Reichel, Norbert: Kinderschutz macht Schule. Der GanzTag in NRW – Beiträge zur Qualitätsentwicklung. 3 Jg., Heft 5, Münster 2007

hinzuzuziehen. Dies kann in begründeten Fällen auch über die eigenen Professionskreise hinausgehen und in spezifischen Problemlagen die fachliche Expertise einer Ärztin, Psychologin, Drogenberaterin oder Lehrerin notwendig erscheinen lassen (Meysen 2008, S. 25 ff).

In der Regel sollte der beratenden Tätigkeit der „insoweit erfahrenen Fachkraft" eine Ausbildung in Sozialarbeit/Sozialpädagogik oder Psychologie zugrunde liegen, schlägt die Berliner Senatsverwaltung vor (Senatsverwaltung für Bildung, Wissenschaft und Forschung, Berlin 2006, S. 4).

Ob Erzieherinnen über die erforderliche Fachkompetenz verfügen, wird kritisch diskutiert. Während die Berliner Senatsverwaltung eine entsprechende Qualifizierung der Erzieherinnen durch Fortbildungen zum Kinderschutz unterstellt (Senatsverwaltung für Bildung, Wissenschaft und Forschung, Berlin 2006, S. 4), lehnt Kohaupt ihre Eignung als Fachberaterinnen i. S. des § 8a SGB VIII ab. Neben einer inneren Haltung und Lebenserfahrung, so Kohaupt, brauche die „insoweit erfahrene Fachkraft" Kenntnisse über die Dynamik von Gewalt, Kenntnisse über Elterngespräche in Konfliktkontexten und schließlich auch die Fähigkeit, mit den eigenen Gefühlen fachlich angemessen umzugehen. In diesen Bereichen seien Erzieherinnen nicht oder nicht in ausreichendem Maße ausgebildet. Deshalb eigneten sie sich nicht, um als Fachberaterinnen i. S. des § 8a tätig zu werden. Zur Begründung führt Kohaupt die differenzierte langjährige und immer noch andauernde Auseinandersetzung der Jugendhilfe mit der Praxis eines wirksamen Kinderschutzes an. Es sei sinnvoll, dass Erzieherinnen sich in der Kinderschutzarbeit qualifizieren, sie können aber nicht die „insoweit erfahrenen Fachkräfte" ersetzen, sondern vielmehr mit diesen ein gutes „Kinderschutzteam" bilden. (Kohaupt 2006, S. 11ff)

Welche Kenntnisse und Erfahrungen im Hinblick auf eine Fachberatung notwendig sind, versuchen unterschiedliche Kompetenzkataloge mit ihrer je ganz eigenen Schwerpunktlegung zu erfassen (z.B.: Senatsverwaltung für Bildung, Wissenschaft und Forschung, Berlin 2006, Kohaupt 2006, ISA 2006 etc.).

Zusammenfassend sind folgende Kenntnisse und Erfahrungen meines Erachtens mindestens erforderlich, um als „insoweit erfahrene Fachkraft" im Sinne des § 8a SGB VIII wirksam tätig werden zu können:
- Kenntnisse über Indikatoren einer Kindeswohlgefährdung, Risiko- und Schutzfaktoren gefährdeter Kinder und ihrer Familien, Dynamiken konflikthafter Beziehungen, Entwicklungsbeeinträchtigungen von Kindern
- Kenntnisse über und Erfahrungen mit kooperierenden Institutionen des Kinderschutzes im Sozialraum (Jugendamt, Familiengericht, relevante Institutionen wie Schule, Polizei, Gesundheitsdienst, Kliniken etc.)
- Kenntnisse über die rechtlichen Rahmenbedingungen des Kinderschutzes (inkl. Datenschutz)
- Kenntnisse über und Erfahrungen in der Praxisberatung.

Kohaupt ergänzt dies um die Anforderungen an ein professionelles Selbstverständnis, zu dem seiner Auffassung nach gehören (Kohaupt 2006, S. 11ff):
- Umgang mit Gegenübertragung bei Gewalt in Familien
- Umgang mit Abwehr und Widerstand von Familien
- Fähigkeit, Schwieriges wirksam zur Sprache zu bringen
- Kompetenz im konfrontierenden Elterngespräch.

Ein Blick auf die Praxis der bereits tätigen „insoweit erfahrenen Fachkräfte" zeigt entsprechend der von Münder untersuchten Vereinbarungen nach § 8a SGB VIII folgendes Bild: In Knapp der Hälfte (29 von 60) der untersuchten Vereinbarungen finden sich keine näheren Bestimmungen, was beide Vertragsparteien unter dem Begriff der „insoweit erfahrenen Fachkraft" verstehen wollen. Dort wo Regelungen existieren, orientieren sich die Hinweise an den bereits oben genannten Empfehlungen (insbesondere den Empfehlungen des Bayrischen Landesjugendamtes und des ISA) oder an der Nennung bestimmter Berufsgruppen, die als besonders geeignet zur Abschätzung einer Kindeswohlgefährdung gesehen werden. Sehr häufig werden dabei (sozial)pädagogische und psychologische Berufe, in Einzelfällen aber auch allgemein „Ärztinnen" oder „Mitarbeiterinnen des ASD" benannt (Münder 2007, S. 34). Insgesamt stellt Münder fest, dass sich aus den Vereinbarungen kein einheitlicher Maßstab erkennen lässt im Hinblick auf die Anforderungen an die Qualifikation einer „insoweit erfahrenen Fachkraft".

2.5 Zur Frage der Kostentragung der Fachberatung

Ein Ernstnehmen des Schutzauftrages erfordert schließlich auch, für das Prozedere der Fachberatung durch (externe) Fachkräfte die notwendigen zeitlichen und finanziellen Ressourcen bereitzustellen. Der Gesetzgeber selbst hat allerdings keine Regelung zur Kostentragung getroffen (DIJuF-Rechtsgutachten 2007).

Auch in nahezu allen Empfehlungen zur Ausgestaltung des Schutzauftrages fehlen Vorschläge, wie die Kostentragung der Fachberatung zu regeln ist. Lediglich in den Empfehlungen des ISA (ISA 2006, S. 25ff) und des Deutschen Paritätischen Wohlfahrtsverbandes (DPWV 2006, S. 2ff) wird vorgeschlagen, dem freien Träger entstandene Kosten durch den örtlichen Träger nach Rechnungslegung zu erstatten. Münder weist darauf hin, dass bei nicht klarer Regelung in der Praxis Konflikte über die Kosten der Fachberatung beim freien Träger mit dem Jugendamt zu erwarten sein dürften. Diese Konflikte könnten sich auch darüber ergeben, dass einige Jugendämter – wohl vornehmlich aus Kostengründen – auf den Fachkräfte-Listen ihre eigenen ASD-Mitarbeiter aufführen (Münder 2007, S.18).

In den von Münder untersuchten bereits abgeschlossenen Vereinbarungen nach § 8a SGB VIII ist die Frage der Übernahme der Kosten für eine externe erfahrene Fachkraft nur selten geregelt. In der überwiegenden Zahl der Fälle finden sich überhaupt keine Regelung, in wenigen Vereinbarungen wird diesbezüglich auf eine später zu treffende Einigung verwiesen. In drei von 60 analysierten Vereinbarungen wird klargestellt, dass der Träger der Einrichtung und Dienste, in vier Vereinbarungen das Jugendamt nach Rechnungslage die Kosten zu tragen hat. Als Begründung wird darauf verwiesen, dass der Bedarf an Fachberatung durch ausreichend zur Verfügung stehende „insoweit erfahrene Fachkräfte" des ASDs oder laufend finanzierter Beratungsstellen gedeckt und somit keine gesonderte Finanzierung erforderlich sei (Münder 2007, S. 38).

Das DIJuF-Rechtsgutachten zur Frage der Kostenübernahmeverpflichtung schlägt nachvollziehbar vor, die Kostenfrage regelmäßig zum Bestandteil von Vereinbarungen nach § 8a SGB VIII zu machen. Allerdings nicht mit einem generellen Lösungsvorschlag, sondern mit einer differenzierten Antwort entsprechend jedem Vertragsverhältnis. *„Für Einrichtungen und Dienste, bei denen die Fachberatung zur gemeinsamen Risikoabschätzung auch bislang schon zum Arbeitsalltag gehörte, dürfte sich im Vergleich zu den bisherigen ausgehandelten Leistungsvereinbarungen kaum zusätzliche Kostenfragen ergeben. Bei Kindertageseinrichtungen kann hingegen schwerlich davon ausgegangen werden, dass mit den bisher abgeschlossenen Leistungsvereinbarungen dieser zusätzliche Bedarf an Qualifizierung bzw. Rückgriff auf externe Fachkräfte abgedeckt werden könnte."* (DIJuF-Rechtsgutachten 2007, S. 421f). In jedem Fall obliegt es dem öffentlichen Jugendhilfeträger im Rahmen seiner Gesamtverantwortung, in den Vereinbarungen nach § 8a SGB VIII mit den freien Trägern Bestimmungen aufzunehmen, die die Kostenübernahme der Fachberatung regeln.

Zwei unterschiedliche Finanzierungsmodelle sind nach Kohaupt hierbei denkbar:
1. Die Fachberatung wird als Fachleistung nach SGB VIII beim zuständigen Jugendamt geltend gemacht. Dazu braucht die „insoweit erfahrene Fachkraft" des freien Trägers eine Anerkennung als Fachkraft durch das Jugendamt sowie eine Leistungsvereinbarung und ein vereinbartes Entgelt. Das Jugendamt muss anerkennen, dass lediglich anonymisierte Daten zur Beratung zur Verfügung gestellt werden können.
2. In die Leistungsvereinbarung mit dem jeweiligen Anbieter wird ein Teil „Schutzauftrag bei Kindeswohlgefährdung" aufgenommen, der auch die Arbeit der hinzuzuziehenden Fachkraft umfasst. Problematisch ist hier, dass der Bedarf einrichtungsspezifisch stark variieren kann. (Kohaupt 2006, S. 16)

4. Fazit: Empfehlungen für die Praxis

Nachdem der Gesetzgeber selbst keine weiteren Hinweise zu einer einheitlichen Definition der „insoweit erfahrenen Fachkraft", liefert, erfolgt die Ausgestaltung dieser neuen juristischen Figur durch die Jugendhilfepraxis. Drei Jahre nach Inkrafttreten des § 8a SGB VIII stellt sich die nähere Ausformung der hier angesprochenen Aspekte in der Praxis höchst unterschiedlich dar und dies wird sich, so vermuten Büttner und Wiesner, erst im Laufe der nächsten Jahre einpendeln (Wiesner/Büttner 2008, S. 296).

Für eine gelingende Praxis der Fachberatung im Sinne eines wirksamen Kinderschutzes sollten dabei folgende Überlegungen Berücksichtigung finden:

Pauschale Anforderungen an „insoweit erfahrene Fachkräfte" können den unterschiedlichen Erfordernissen in einer pluralisierten Trägerstruktur der Jugendhilfe nicht gerecht werden. Vielmehr erscheint es empfehlenswert, die Vereinbarungen nach § 8a SGB VIII bezogen auf den Einsatz von „insoweit erfahrenen Fachkräften" trägerspezifisch bzw. hilfeformspezifisch zu gestalten.

In der Vereinbarung selbst oder in einem speziellen Anhang sollten konkrete Verabredungen getroffen werden hinsichtlich der Fragen:
- Wer steht als „insoweit erfahrene Fachkraft" zur Verfügung (Kontaktdaten, Erreichbarkeiten, Vertretungsregelungen, institutioneller Hintergrund)?
- Was umfasst eine Fachberatung im Sinne des § 8a SGB VIII (Reichweite der Beratung, Benennung des Aufgabenspektrums)?
- Welche Rolle nimmt die „insoweit erfahrene Fachkraft" im Beratungsprozess ein (Welche fachliche Verantwortung trägt sie)?
- Wer trägt die Kosten für die Fachberatung?

Da je nach Art der Gefährdung ganz unterschiedliche Kenntnisse und Erfahrungen für eine qualifizierte Fachberatung benötigt werden, ist es neben einer konkreten Festlegung sinnvoll, in den Vereinbarungen den Spielraum zur Auswahl "insoweit erfahrener Fachkräfte" nicht zu sehr einzuengen, sondern eine Möglichkeit zu schaffen, die es im begründeten Einzelfall erlaubt, eine andere als die benannte „insoweit erfahrene Fachkraft" hinzuzuziehen. Dies erscheint immer dann einem effektiven Kinderschutz zuträglich, wenn diese Fachkraft besonders erfahren ist im Hinblick auf die Problemlage des Einzelfalls (z.B. Expertin zum Thema Sexueller Missbrauch, Sucht, Migration etc. ist).[13]

Für ihre verantwortliche Arbeit benötigen „insoweit erfahrene Fachkräfte" einen fachlichen Austausch miteinander sowie ggf. regelmäßige Fallbesprechungen mit Supervision. Erste „Runde Tische" und Arbeitsgemeinschaften existieren bereits. Hier sind die Verantwortlichen aufgerufen, entsprechende Strukturen und Ressourcen zur Verfügung zu stellen, die es den in der Fachberatung Tätigen ermöglicht, in einen kontinuierlichen sozialraumbezogenen Prozess miteinander zu treten.

Nicht zuletzt sollte der gemäß der Vereinbarungen verabredete Einsatz „insoweit erfahrenen Fachkräfte" regelmäßig einer kritischen Prüfung unterzogen werden. Fortzuschreibende Erhebungen können Aufschluss über Häufigkeit, Inhalt und Ergebnis von Fachberatungen geben und somit wegweisend für eine Jugendhilfepraxis sein, die den Schutz von Kindern in unserer Gesellschaft kontinuierlich weiterentwickelt.

Literatur

Bathke, Sigrid & Reichel, Norbert: Kinderschutz macht Schule. Der GanzTag in NRW – Beiträge zur Qualitätsentwicklung. 3 Jg., Heft 5, Münster 2007.
Bringewat, Peter: Schutzauftrag bei Kindeswohlgefährdung (§ 8a SGB VIII) und strafrechtliche Garantenhaftung in der Kinder- und Jugendhilfe. In: Zeitschrift für Kindschaftsrecht und Jugendhilfe. Heft 5, 2006.
Büttner, Peter: Schutzauftrag bei Kindeswohlgefährdung aus Sicht eines Trägers von Hilfen zur Erziehung. In.: Jordan, Erwin (Hrsg.): Kindeswohlgefährdung. Rechtliche Neuregelungen und Konsequenzen für den Schutzauftrag der Kinder- und Jugendhilfe. 2. Aufl. 2007, Weinheim und München.
Deutscher Paritätischer Wohlfahrtsverband: Hinweise zur Umsetzung des Schutzauftrages bei Kindeswohlgefährdungen nach § 8a SGB VIII und zum Abschluss entsprechender Vereinbarungen – Empfehlungen des Paritätischen Gesamtverbandes, Berlin 2006.

---

13 Vgl. dazu auch DPWV 2006

DIJuF-Rechtsgutachten: In: Das Jugendamt. Zeitschrift für Jugendhilfe und Familienrecht. Heft 6, 2007.
DIJuF-Rechtsgutachten vom 01.08.2007 – J 6.100 Oh: Kostenübernahmeverpflichtung des öffentlichen Jugendhilfeträgers für die Sicherstellung der „insoweit erfahrenen Fachkraft" durch freie Träger? In: Das Jugendamt, 80. Jg, Heft 9, 2007.
Fegert, Jörg M.: Kinderschutz aus kinder- und jugendpsychiatrischer und psychotherapeutischer Sicht. In: Kindschaftsrecht und Jugendhilfe Heft 4, 2008.
Institut für Sozialarbeit und Sozialpädagogik e.V. (Hrsg.): Vernachlässigte Kinder besser schützen. Sozialpädagogisches Handeln bei Kindeswohlgefährdung. München 2008.
Institut für soziale Arbeit e.V. (Hrsg.): Der Schutzauftrag bei Kindeswohlgefährdung – Arbeitshilfe zur Kooperation zwischen Jugendamt und Trägern der freien Kinder- und Jugendhilfe. Münster 2006.
Jordan, Erwin (Hrsg.): Kindeswohlgefährdung. Rechtliche Neuregelungen und Konsequenzen für den Schutzauftrag der Kinder- und Jugendhilfe. 2. Aufl., Weinheim und München 2007.
Kohaupt, Georg: Expertise zum Schutzauftrag bei Kindeswohlgefährdung aus der Sicht eines Mitarbeiters der Kinderschutz-Zentren. Aufgerufen am 22.08.08 unter folgender Internetadresse: http://www.kindesschutz.de/Expertisen/Expertise%20Georg%20Kohaupt.pdf.
Kunkel, Peter-Christian: Risikoabschätzung durch Fachkräfte außerhalb des Jugendamtes. § 8a Abs. 2 SGB VIII. In: Zeitschrift für Kindschaftsrecht und Jugendhilfe 2007.
Meysen, Thomas: Kooperation beim Schutzauftrag: Datenschutz und strafrechtliche Verantwortung – alles rechtens? Im Internet aufgerufen am 29.08.08 unter: http://www.kindesschutz.de/Expertisen/Expertise%20Thomas%20Meysen.pdf.
Münchener Kommentar zum Bürgerlichen Gesetzbuch: Band 8: Familienrecht II, SGB VIII. 4. Aufl., München 2002.
Münder, Johannes u.a.: Frankfurter Kommentar zum SGB VIII: Kinder- und Jugendhilfe. 5. Aufl. 2006, Gesetzesstand 1.4.2006, Weinheim und München.
Münder, Johannes: Untersuchung zu den Vereinbarungen zwischen den Jugendämtern und den Trägern von Einrichtungen und Diensten nach § 8a Abs. 2 SGB VIII. Bundesministerium für Familie, Senioren, Frauen und Jugend. Berlin 2007.
Meysen, Thomas: Das Recht zum Schutz von Kindern. In: Institut für Sozialarbeit und Sozialpädagogik e.V. (Hrsg.): Vernachlässigte Kinder besser schützen. Sozialpädagogisches Handeln bei Kindeswohlgefährdung. München 2008.
Sauter, R.: Vereinbarungen nach § 8a Abs. 2 SGB VIII mit Mütterzentren mit ausschließlich ehrenamtlichen Mitarbeiter/inne/n. In: Das Jugendamt. Heft 7/8, 2008.

Schone, Reinhold: Probleme und Hürden bei der Umsetzung des § 8a SGB VIII. In: Informationszentrum Kindesmisshandlung/Kindesvernachlässigung (Hrsg.): § 8a SGB VIII – Herausforderungen bei der Umsetzung. München 2006.

Senatsverwaltung für Bildung, Wissenschaft und Forschung, Berlin: Jugend-Rundschreiben Nr. 71/2006. Zur Umsetzung des Schutzauftrages nach § 8a SGB VIII bei Kindeswohlgefährdung. Berlin 2006.

Slüter, Ralf: Die „insoweit erfahrene Fachkraft". Überlegungen zu Standards der Fachberatung nach § 8a SGB VIII. In: Das Jugendamt. Zeitschrift für Jugendhilfe und Familienrecht. Heft 11/ 2007.

Smolka, Adelheid: Beratungsbedarf und Informationsstrategien im Erziehungsalltag. Ergebnisse einer Elternbefragung zum Thema Familienbildung. Staatsinstitut für Familienforschung an der Universität Bamberg. Bamberg 2003.

Wiesner, Reinhard und Büttner, Peter: Zur Umsetzung des Schutzauftrages nach § 8a SGB VIII in der Praxis. Erfahrungen aus der praktischen Arbeit und der Fortbildung. In: Zeitschrift für Kindschaftsrecht und Jugendhilfe. Heft 7/8, 2008.

Kinderschutz in Nordrhein-Westfalen
Erwin Jordan, Dirk Nüsken

Der vorliegende Beitrag beruht auf der Stellungnahme des Instituts für soziale Arbeit e. V. – Münster zur öffentlichen Anhörung des Ausschusses für Generationen, Familie und Integration des Landes Nordrhein-Westfalen am 21. August 2008.[1] Die Stellungnahme bezog sich auf die vorgelegten Fragen zu Ausmaß und Ursachen der Vernachlässigung von Kindern, zu den Rechtsgrundlagen und zum Datenschutz bei der Wahrnehmung des Kinderschutzes, zu möglichen Maßnahmen wie Sozialen Frühwarnsystemen sowie zu familienunterstützenden Systemen, Vernetzungen und zum Allgemeinen Sozialdienst. Die Systematik der Fragenkomplexe wurde für diesen Beitrag beibehalten.

1. Ausmaß und Ursachen des Problems

Unstrittig ist, dass in den zurückliegenden Jahren die öffentliche, politische und fachliche Wahrnehmung des Problems der Vernachlässigung von Kindern (Kindeswohlgefährdung) deutlich zugenommen und entsprechende Aktivitäten ausgelöst hat (im Bereich der Gesetzgebung, der Maßnahmen und Programme, der fachlichen Bearbeitung dieses Themas, der Problemakzeptanz auch in der Bevölkerung). Ob dieses als Reflex anzusehen ist auf eine gravierende Problemverschärfung oder eher einem gewandelten Bewusstsein (Sicherung der Kinderrechte) geschuldet ist, lässt sich nicht einfach und eindeutig beantworten.

Dass Kinder in unserer Gesellschaft in ihrer Entwicklung gefährdet sind, durch Vernachlässigung, Misshandlung, sexuellen Missbrauch und/oder

---

[1] Die ISA-Stellungnahme und weitere Beiträge der Anhörung sind unter http://www.landtag.nrw.de/portal/WWW/Webmaster/GB_I/I.1/aktuelle_drucksachen/aktuelle_Dokumente.jsp?docTyp=ST&wp=14&dokNum=Kinderschutz zu finden

psychische Gewalt (ausgehend von Eltern, anderen Bezugspersonen, dritten Personen) Schaden nehmen, ist bedauerlicherweise kein neues Phänomen (vgl. hierzu auch de Mause 1980).

Andererseits ist natürlich nicht zu verkennen, dass das Risiko eines Kindes, zu einem vernachlässigten, misshandelten oder sexuell missbrauchten Kind zu werden, in dem Maße zunimmt, wie die für seine Erziehung verantwortlichen Personen in ihren Handlungs- und Problemlösungsressourcen beeinträchtigt sind. Und hier können durchaus Tendenzen wahrgenommen werden, dass gesellschaftliche Belastungs- und Stressfaktoren, bezogen auf spezifische Familiensituationen, zunehmen. Neben der gegenwärtig zu Recht intensiv diskutierten Kinder- bzw. Familienarmut könnten hier noch benannt werden: familiäre Instabilitäten (Desorganisationsprozesse), Trennung und Scheidung, Partnerwechsel etc., Verunsicherungen durch Kultur- und Traditionsbrüche (Wertirritationen etc.). Mütter und Väter sind heute in ihren Erziehungsaufgaben vielfach deutlicher auf sich selbst gestellt. Unterstützungssysteme wie Herkunftsfamilie, also die Großeltern oder Verwandte, die im Haushalt oder in der unmittelbaren Nähe wohnen oder nachbarschaftliche Gemeinschaften, die bei der Bewältigung von Krisen helfen können, erfüllen diese Funktion häufig nicht mehr. Das aus einem afrikanischen Sprichwort vielzitierte Dorf, das es braucht, um ein Kind großzuziehen, hat sich insbesondere in großstädtischen Umgebungen des Aufwachsens verflüchtigt.

Schließlich kann auch darauf verwiesen werden, dass – dies zeigen die öffentlich diskutierten und dramatisch endenden Fälle von Kindeswohlgefährdung – soziale Isolation und die daraus resultierenden Überforderungen von Eltern (allein erziehende Mütter, psychisch kranke Eltern, Eltern mit Suchtproblematiken, Gewalterfahrungen, etc.) das Risiko einer Kindeswohlgefährdung zunehmen lassen. Die zuletzt durch die Medien bekannt gewordenen Fälle entstammten deshalb nicht zufällig solchen Kontexten. Dies lässt sich auch empirisch bestätigen: Beispielsweise ereigneten sich nach einer groß angelegten amerikanischen Längsschnittstudie in der Gruppe der Familien mit drei oder mehr Risikofaktoren etwas mehr als 50 Prozent aller bekannt gewordenen Gefährdungsereignisse in den ersten drei Lebensjahren der einbezogenen Kinder. Dies wird noch deutlicher, beachtet man, dass diese Gruppe nur 13 Prozent der Untersuchungsmenge ausmachte (vgl. Wu et al. 2004).

In dem Maße also, wie externe Belastungen für Familien zunehmen, eigene Problemlösungskompetenzen fehlen bzw. unterentwickelt sind und zugleich entlastende Ressourcen in sozialen Netzwerken nicht verfügbar sind, kann sicherlich auch ein faktischer Anstieg von Kindeswohl gefährdenden Situationen vermutet werden. Die Einbindung in entlastende soziale Netzwerke, die natürlich immer auch ein Moment der sozialen Kontrolle sind, kann hingegen als protektiver Faktor zur Sicherung des Kindeswohls benannt werden.

In Anbetracht der breiten medialen Berichterstattung und der zahlreichen politischen Initiativen bleibt die Frage danach, ob Kindesvernachlässigungen in Deutschland tatsächlich zunehmen, jedoch weiter offen. Dies ist der Tatsache geschuldet, dass die Bundesrepublik eines der wenigen entwickelten Industrieländer ist, das keine nationalen Statistiken zur Häufigkeit von Vernachlässigungen und anderen Formen der Kindeswohlgefährdung erhebt.

Erste Hinweise darauf, ob es in den zurückliegenden Jahren tatsächlich eine Zunahme der Fälle von Kindeswohlgefährdungen gegeben hat, gibt jedoch die polizeiliche Kriminalstatistik (Quelle: Rauschenbach 2008, KomDAT Heft Nr. 3/07). Nach der polizeilichen Kriminalstatistik nimmt die Zahl der zur Anzeige gebrachten Körperverletzungen und (darunter) Kindesmisshandlungen zu. Insgesamt ist danach die Zahl der zur Anzeige gebrachten Körperverletzungen an Kindern unter 6 Jahren zwischen 2000 und 2006 von 10 auf 13,4 pro 1000 der jeweiligen Altersgruppe gestiegen. Maßgebliche strafrechtliche Grundlage für Gewalt gegen Kinder im familiären Raum sind dabei die sogenannten „Misshandlungen von Schutzbefohlenen" gemäß § 225 StGB. Bei den unter 6-Jährigen hat die Zahl dieser Form der Körperverletzung im gleichen Zeitraum pro 1000 der genannten Altersgruppe von 1,9 auf 3,6 zugenommen.

Allerdings wird über das hier dokumentierte Anzeigeverhalten noch nichts darüber ausgesagt, ob die Kindeswohlgefährdungen insgesamt tatsächlich zugenommen haben. Zunächst können diese Veränderungen als eine erhöhte Sensibilität gegenüber Kindeswohlgefährdungen interpretiert werden. Diese Einschränkung liegt nahe mit Blick auf die tatsächlichen Veränderungen in den Gefährdungslagen von Kindern, soweit sie der polizeilichen Kriminalstatistik entnommen werden können. Hier weist die Statistik bei „Mord – Totschlag – und Tötungsopfer" bei den unter 6-Jährigen für das Jahr 2006 182 Opfer aus. Das ist im Vergleich zu 1996 eine Abnahme von fast 27 Prozent und gegenüber 2000 von nicht ganz 10 Prozent. Seit Anfang dieses Jahrzehnts ist die Quote von 0,5 auf 0,4 (bezogen auf 10.000 der altersentsprechenden Bevölkerung) zurückgegangen. Die Zahl entspricht damit in etwa der im Straßenverkehr zu Tode gekommenen Kinder (2005: 159, Quelle: http://www.innovations-report.de/html/berichte/statistiken/bericht-67675.html) und liegt leicht über der der bei Haushaltsunfällen umgekommenen Kinder (121 in 2005 – Quelle: http://www.destatis.de).

Betrachtet man in diesem Kontext die Reaktionen der Hilfesysteme, so zeigt sich, dass in den letzten Jahren die Fallzahlen im Bereich der Hilfen zur Erziehung, der Inobhutnahmen und der familiengerichtlichen Entscheidungen (Sorgerechtsentzug) zugenommen haben.

Für das Jahr 2006 weist die amtliche Jugendhilfestatistik eine deutliche Steigerung der Zahl der begonnenen Hilfen zur Erziehung aus (Vergleiche dazu KOMDAT Heft Nr. 2/07 – November 2007). Danach haben sich die neuen Hilfen zwischen 2002 und 2006 um knapp 6000 erhöht (+7 Prozent). Dabei gibt es eine überproportionale Zunahme der Leistungen für unter 6-jährige Kinder.

Gleiches gilt für die Inobhutnahmen, die insgesamt gestiegen sind und hier wieder überproportional für die Gruppe der unter 6-jährigen Kinder. 2007 wurden rund 28.200 Minderjährige und damit 8,4 Prozent mehr als 2006 in Obhut genommen. Die Zahl der gegen den Willen der Personensorgeberechtigten in Obhut genommenen Kinder verdreifachte sich dabei von 151 auf 435 Fälle (vgl. Frankfurter Rundschau v. 16.07.2008).

Die vorliegenden Daten weisen darauf hin, dass die Konkretisierung des Schutzauftrages (Vergleiche Einführung des § 8a SGB VIII im Jahr

2005) offensichtlich konkrete Auswirkungen auf die Problemsicht und die Arbeitsweise in den Jugendämtern hat. Hilfen zur Erziehung werden häufiger gewährt, ebenso werden häufiger Schutzmaßnahmen (Inobhutnahmen) ergriffen.

Auch bezüglich der familiengerichtlichen Maßnahmen zeigen sich deutliche Veränderungen. So entziehen nach den aktuellen Angaben des statistischen Bundesamtes die Familiengerichte Eltern zunehmend häufiger das Sorgerecht für ihre Kinder. So ordneten die Gerichte 2006 in rund 9600 Fällen den Entzug des elterlichen Sorgerechts an. Das sind 10,2 Prozent mehr als im Vorjahr und sogar 19 Prozent mehr als 2004. Hintergrund hierfür ist, dass die Jugendämter 2006 deutlich mehr Anträge auf Sorgerechtsentzüge stellten (+10,7 Prozent).

Auch wenn jeder einzelne Fall von Kindesvernachlässigung und Kindesmisshandlung Handlungsbedarf in Sachen Kinderschutz signalisiert, so sprechen zumindest die genannten Daten gegen eine Zunahme von Kindstötungen und damit auch gegen ein prinzipielles Versagen des staatlichen Wächteramtes und gegen ein umfassendes Versagen der mit dem Kinderschutz befassten Systeme, Kinder- und Jugendhilfe und Gesundheitswesen.

2. Rechtsgrundlagen und Datenschutz

Bezüglich der einschlägigen Rechtsgrundlagen hat es gerade in jüngster Zeit erfreuliche und positive Veränderungen im Interesse einer Stärkung des Kinderschutzes gegeben. Erwähnt werden sollten hier nur:
- die Einführung des Paragraphen 8a in das SGB VIII (Oktober 2005),
- das Gesetz zur Erleichterung familiengerichtlicher Maßnahmen bei Gefährdung des Kindeswohls (verabschiedet vom Deutschen Bundestag am 24. April 2008),
- der § 42 Absatz 6 des Schulgesetzes von Nordrhein-Westfalen („Die Sorge für das Wohl der Schülerinnen und Schüler erfordert es, jedem Anschein von Vernachlässigung oder Misshandlung nachzugehen. Die

Schule entscheidet rechtzeitig über die Einbeziehung des Jugendamtes oder anderer Stellen.") und
- der Beschluss des gemeinsamen Bundesausschusses (G-BA), des höchsten Gremiums der gemeinsamen Verwaltung im Gesundheitswesen, über eine Änderung der Kinder-Richtlinien bei Verdacht auf Kindesmisshandlungen („Bei erkennbaren Anzeichen einer Kindesvernachlässigung oder -misshandlung hat der untersuchende Arzt die notwendigen Schritte einzuleiten." – Bundesanzeiger Nr. 57, S. 1344 vom 15.04.2008).

Des Weiteren sind als Ergebnis der Konferenz der Bundeskanzlerin mit den Ministerpräsidenten der Länder vom Dezember 2007 („Kinderschutzgipfel") weitere Veränderungen geplant bzw. auch schon umgesetzt worden (vgl. dazu Mitteilung des BMFSFJ vom 16.07.2008).
- Bereits umgesetzt worden ist eine zusätzliche Vorsorgeuntersuchung für 3-jährige Kinder ab 1. Juli 2008 (die sogen. U7a).

In Planung sind folgende Änderungen:
- Verdeutlichung und Konkretisierung des Kinderschutzauftrages des Jugendamtes (im Rahmen einer Novellierung des § 8a SGB VIII) durch die Einführung der Verpflichtung des Jugendamtes, bei Vorliegen gewichtiger Anhaltspunkte einer Kindeswohlgefährdung das gefährdete Kind und in der Regel auch dessen persönliches Umfeld in Augenschein zu nehmen, um sich somit einen unmittelbaren Eindruck von Kind und Eltern zu verschaffen
- Verbesserung der Information zwischen den Jugendämtern bei Zuständigkeitswechsel (z. B. durch Umzug der Eltern)
- Schaffung einer bundeseinheitlichen Rechtslage (gesetzliche Befugnisnorm außerhalb des Strafrechts) zur Erhöhung der Rechts- und Handlungssicherheit von Berufsgeheimnisträger/inne/n bei der Abwägung der Schweigepflicht im Kontext des Kinderschutzes
- Änderung des Bundeszentralregisters mit dem Ziel, ein spezifisches (erweitertes) Führungszeugnis für kinder- und jugendnah Beschäftigte einzuführen.

Nach unserer Einschätzung sind die genannten, bereits vollzogenen bzw. für die nächste Zukunft geplanten rechtlichen Änderungen bzw. Weiterentwicklungen ausreichend, um den Kinderschutz sowohl innerhalb der Kinder- und Jugendhilfe als auch im Verbund mit anderen relevanten Akteuren (hier zum Beispiel Schule und Gesundheitswesen) zu verstärken. Tatsächlich sehen wir mit Blick auf die Praxis eher ein **Vollzugsdefizit**, weniger ein Regelungsdefizit, auch wenn die neuen Rahmenbedingungen natürlich einen nachhaltigen Impuls geben, der in der Praxis sicherlich mittelfristig zu veränderten Sichtweisen, Handlungsstrategien und auch zu einschlägigen Qualifizierungen führen wird.

Dies gilt auch für den Bereich des Datenschutzes. Neben gesetzlichen Klarstellungen ist hier vor allem fundierte Aufklärung erforderlich, damit die an der Basis agierenden Fachkräfte (in der Kinder- und Jugendhilfe, in der Schule, in Institutionen des Gesundheitswesens) mehr Sicherheit in der Auslegung und Anwendung der hier gegebenen Handlungsmöglichkeiten erlangen. Hier werden praxisnahe, nachvollziehbare und verständliche Handlungsanleitungen gebraucht.

So erfahren wir nicht selten aus Gesprächen mit Ärztinnen und Ärzten, dass auch hier Unsicherheiten darüber bestehen, wann hinreichende Indikatoren für eine Kindeswohlgefährdung vorliegen. Insbesondere Hausärzt/inn/e/n und Gynäkolog/inn/en, soweit sie nur die Eltern sehen, können nur indirekt Rückschlüsse auf eine Kindeswohlgefährdung ziehen. Hieraus lässt sich auch für den medizinischen Bereich ein Bedarf an praktikablen Handlungsleitlinien und Informationen ableiten.

In diesem Zusammenhang könnte es denn auch sinnvoll sein, die ärztlichen Offenbarungsbefugnisse (gemäß § 203 Absatz 1 Nr. 1 StGB und § 34 StGB – Rechtfertigender Notstand) innerhalb der Standesorganisationen und in Kooperation mit anderen Institutionen (Kinder- und Jugendhilfe) zu konkretisieren (siehe oben – Regelungsvorschlag des Bundes). Insbesondere könnte hier exemplarisch veranschaulicht werden, wo Grenzen der Strafbarkeit liegen bzw. wann es erforderlich ist, das höhere Rechtsgut (Kindeswohl) zu schützen, d. h. wann gewichtige Inhaltspunkte für eine Beeinträchtigung des Kindeswohls – gerade bei kleinen Kindern – vorliegen, die ein eindeutiges Handeln des Arztes bzw. der Ärztin zu Gunsten des Kindes – einschließlich auch der Information des Jugendamtes – erforderlich machen und rechtfertigen.

> *Hinweis: Eine konkrete gesetzliche Regelung zur Grenze der ärztlichen Schweigepflicht bei Kindeswohlgefährdung existiert allerdings bereits in Österreich. In dem dortigen Ärztegesetz von 1998 wird im Einzelnen ausgeführt, in welchen Fällen der Arzt nicht an seine Verschwiegenheitspflicht gebunden ist. Gemäß § 54 Absatz 5 österreichisches Ärztegesetz ist der Arzt bei Verdacht, dass ein Minderjähriger misshandelt, gequält, vernachlässigt oder sexuell missbraucht worden ist, sogar verpflichtet, Anzeige an die Sicherheitsbehörde zu erstatten. Zu erwägen wäre, ob eine Befugnisnorm gemäß der Struktur des genannten § 54 Absatz 5 österreichisches Ärztegesetz den Ärztinnen und Ärzten rechtlich mehr Handlungssicherheit geben und deren Handlungsspielräume erweitern könnte.*

In Zusammenhang mit der Diskussion um die datenschutzrechtliche Legitimation einer ärztlichen Informationsdatei über Risikokinder (RISKID) sollte geprüft werden, ob es mit den Grundsätzen des Datenschutzes vereinbar ist, wenn eine solche Datei bei einer landesweit angelegten „Meldestelle" (z.B. einem Institut für Rechtsmedizin an einer Universität in Nordrhein-Westfalen) geführt wird (Vergleiche dazu die Analogie zur zentralen Meldestelle in Zusammenhang mit der Wahrnehmung der Früherkennungsuntersuchungen). Eine solche zentrale Stelle hätte auch den Vorteil, dass Informationen auch bei „Wanderungen" über lokale und kommunale Zusammenhänge hinaus nicht verloren gehen würden. Eine materielle Legitimation einer solchen Meldestelle könnte aus der bereits zitierten Änderung der Kinder-Richtlinie vom 21. Februar 2008 abgeleitet werden.

Erfahrungen mit dem § 8a SGB VIII in der Praxis

Die Einführung des § 8a SGB VIII im Kontext des KICK (Kinder- und Jugendhilfeweiterentwicklungsgesetz) vom Oktober 2005 hat einen – über die Erwartungen des Gesetzgebers vermutlich deutlich hinausgehenden – Veränderungsschub in der Kinder- und Jugendhilfe ausgelöst. Bedeutsam ist dabei wohl insbesondere auch die Einbeziehung der freien Träger der Kinder- und Jugendhilfe in den Schutzauftrag.

Nach unserer Einschätzung reichen die Regelungen und Vorgaben des § 8a SGB VIII aus, um einen wirksameren Kindesschutz gewährleisten zu können. (Diskussionsbedarf besteht u.e. bezüglich der Sinnhaftigkeit und Erforderlichkeit der geplanten Änderung des § 8a SGB VIII bezüglich der geplanten Einführung einer Verpflichtung des Jugendamtes, bei Vorliegen gewichtiger Anhaltspunkte einer Kindeswohlgefährdung das gefährdete Kind und in der Regel auch dessen persönliches Umfeld in Augenschein zu nehmen.)

Auch im Zusammenhang mit den Bestimmungen des § 8a SGB VIII (geltende Fassung) besteht unseres Erachtens gegenwärtig weniger ein Regelungs- als ein Vollzugsdefizit. So finden sich einerseits Jugendämter und freie Träger, die mit großem Engagement die Handlungsaufforderungen zu einem verbesserten Kinderschutz aufgreifen und dies durch vielfältige Aktivitäten (z. B. Öffentlichkeitsarbeit, Notruftelefone, Qualifizierungen der Mitarbeiter/innen, Aufklärungen, Dienstanweisungen, Verfahrensregelungen etc.) offensiv umsetzen. Andererseits finden sich aber immer wieder Hinweise darauf, dass dieser Innovationsimpuls in Nordrhein-Westfalen noch nicht landesweit und flächendeckend mit der gleichen Intensität und Qualität und der Umsetzung aufgegriffen worden ist.

Ein Indiz hierfür mag sein, dass gegenwärtig – fast 3 Jahre nach Inkrafttreten des § 8a SGBVIII – die nach Ziffer 2 verpflichtend vorgeschriebenen Vereinbarungen zwischen dem öffentlichen Träger und dem freien Träger der Kinder- und Jugendliche noch nicht überall umgesetzt sind. Das heißt, es gibt gegenwärtig immer noch Jugendamtsbereiche, in denen keine Regelungen in Kraft gesetzt worden sind, die den Anforderungen des § 8a SGB VIII entsprechen. Hier sehen wir eine Aufgabe und Verpflichtung des Landes (gemäß § 82 Absatz 2 SGB VIII) auf eine landesweite Durchsetzung der gesetzlich verlangten Standards der Kinderschutzarbeit hinzuwirken und die Jugendämter und Landesjugendämter insofern bei der Erfüllung dieser Aufgabe zu unterstützen (und gegebenenfalls etwas nachhaltiger auf die Einlösung dieser Verpflichtung hinzuwirken).

3. Notwendige Maßnahmen und Aufgaben

Ein wirkungsvoller Kinderschutz ist ohne einen nachhaltigen Ausbau präventiver und familienunterstützender Hilfen nicht zu haben. Das staatliche Wächteramt greift schließlich erst dann, wenn „eine gegenwärtige in einem solchen Maße vorhandene Gefahr (gegeben ist), dass sich bei der weiteren Entwicklung eine erhebliche Schädigung mit ziemlicher Sicherheit voraussehen lässt" (BGH FamRZ 1956, Seite 350). Dann sind aber in aller Regel wichtige Zeiten und Möglichkeiten der Gefährdungsreduzierung schon zurückgelegt worden.

Die Aufgabe des Landes kann hier im Wesentlichen darin gesehen werden, durch gesetzgeberische Aktivitäten (Landesausführungsgesetz zum SGB VIII), durch spezifische Förderprogramme und weitere politische Aktivitäten den Ausbau dieser präventiven und familienunterstützenden Leistungen zu befördern und auf einen gleichmäßigen Ausbau dieser Hilfen im Land Nordrhein-Westfalen zu drängen. Das Handlungskonzept der Landesregierung für einen besseren und wirksameren Kinderschutz in Nordrhein-Westfalen vom Januar 2007 zeigt hierzu Perspektiven und Handlungsoptionen auf.

Neben Präventionskonzepten, die alle Familien ansprechen und erreichen wollen, werden gegenwärtig in Nordrhein-Westfalen unter dem Label „Soziale Frühwarnsysteme" Ansätze erprobt, bei denen es darum geht, gezielt auf Eltern zuzugehen, die sich in belasteten Lebenslagen befinden, die bisweilen die vorhandenen Angebote nicht kennen, dazu keinen Zugang haben und die darauf angewiesen sind, dass sie zur Annahme solcher Angebote ermutigt werden, dass auf sie zugegangen wird. Das Land Nordrhein-Westfalen hat 2001 – als erstes Bundesland – begonnen, dieses Konzept modellhaft zu erproben und vor dem Hintergrund der positiven Erfahrungen (vgl. dazu Böttcher u.a. 2008) 2007 und 2008 landesweit Impulse zur flächendeckenden Einführung dieses Arbeitsansatzes gegeben (vgl. dazu Schreiben des MGFFI an die Vorsitzende des Ausschusses für Generationen, Familie und Integration vom 11.01.2008).

Im Rahmen **Sozialer Frühwarnsysteme** sollen Fachkräfte (z.B. Ärzt/inne/n, Hebammen, Erzieher/innen/Lehrer/innen), mit denen Mütter, Väter frühzeitig zu tun haben, aber auch engagierte Einzelpersonen (z.B. aus dem Kinderschutzbund o.ä.) befähigt werden, Kindeswohlgefährdungen (besser) zu erkennen, Eltern frühzeitig auf geeignete Angebote hinzuweisen und Kontakt zu den unterstützenden Organisationen (Jugendämtern, Wohlfahrtsverbänden, Jugendverbänden usw.) herzustellen. Diese Organisationen müssen kurzfristig und verlässlich Kontakt aufnehmen und Unterstützungsangebote, die den spezifischen Lebenslagen und Bedürfnissen der Eltern gerecht werden, organisieren.

Soziale Frühwarnsysteme sind ein verbindliches und integriertes Konzept eines präventiven Kinderschutzes, vornehmlich für die frühe Kinderphase. Durch das Soziale Frühwarnsystem werden die Maßnahmen der Gesundheitshilfe, der Jugendhilfe und der Behindertenhilfe eng verknüpft. Wichtige Schaltstellen für das Soziale Frühwarnsystem sind die in diesen Feldern tätigen Personen, die in der Regel einen unkomplizierten Zugang zu sozial belasteten Familien haben. Durch sie kann Beratung, Unterstützung und Hilfe unmittelbar im Lebensumfeld der Betroffenen eröffnet werden.

Ausgehend von den seit 2001 in Nordrhein-Westfalen erprobten Ansätzen sind diese flächendeckend weiterzuentwickeln, zielgruppenbezogen zu verbessern und die Unmittelbarkeit der Reaktion der zuständigen Behörden (Jugendämter, Gesundheitswesen) durch eine „Gehstruktur" zu erhöhen. Dieses Konzept hätte schwerpunktmäßig folgende Aspekte zu umfassen:

Früher wahrnehmen: Befähigung zur Früherkennung von Kindeswohlproblemen
Personen aus dem medizinischen Bereich (Gynäkolog/inn/en, Kinderärzt/inne/n, Hebammen) und aus dem allgemeinen, pädagogischen Bereich (Schule, Kindergarten, außerschulische Jugendarbeit) kommen auch in Kontakt mit Eltern, die in schwierigen Situationen leben. Hier besteht die Chance, frühzeitig Kindeswohlprobleme erkennen zu können. Da die fachliche Ausbildung und Qualifikation dieser Personen schwerpunkt-

mäßig nicht auf diese Aufgabe ausgerichtet ist, sind durch die Bereitstellung entsprechender Materialien und geeigneter Fortbildungsangebote Personen, die in diesem allgemein-medizinischen und allgemein-pädagogischen Bereich tätig sind, zu befähigen, **Anzeichen von Vernachlässigung, Misshandlung, Missbrauch** von Kindern **besser und früher erkennen** und Gefährdungsrisiken für Kinder und Jugendliche gezielter einschätzen zu können.

Zügig handeln: schnell erreichbare, verlässliche Hilfeangebote
Wenn durch die Ärztinnen und Ärzte, Hebammen, Erzieher/innen, Lehrkräfte usw. der niederschwellige Kontakt zu den Fachkräften vornehmlich in der Jugendhilfe, aber auch bei der Gesundheits- oder Behindertenhilfe, hergestellt wurde, muss sichergestellt werden, dass es zu einer unmittelbaren und verbindlichen Reaktion dieser Institutionen kommt.

Mit zunehmendem Alter sind Kinder und Jugendliche selbst diejenigen, die Probleme und Schwierigkeiten benennen. Sie müssen die Möglichkeit haben, kurzfristig, unkompliziert und schnell Anlaufstellen für Beratung, Unterstützung und Hilfe zu finden. Diese Angebote müssen so gestaltet werden, dass gerade in den Situationen, in denen Probleme mit den Eltern, Erziehungspersonen von Bedeutung sind, der Schutz von Kindern und Jugendlichen gewährleistet ist.

Besser kooperieren: verlässliche und belastbare Netze knüpfen
Die Wirksamkeit des Sozialen Frühwarnsystems hängt entscheidend davon ab, dass die verschiedenen Akteur/inne/n kontinuierlich, vertrauensvoll und verlässlich wechselseitig miteinander kooperieren. Durch eine verbindliche und kontinuierliche Kooperation sollen mögliche Schwachstellen erkannt und beseitigt und die zügige Realisierung notwendiger Hilfe gesichert werden.

Auch wenn präventive Angebote und Soziale Frühwarnsysteme verfügbar sind, wird es immer wieder Situationen geben, in denen mit diesen Maßnahmen allein das Kindeswohl nicht gewährleistet werden kann. Hier bedarf es zur Sicherung des Rechts von Kindern und Jugendlichen auf Leben, auf körperliche Unversehrtheit und Entfaltung ihrer Persönlichkeit der staatlichen Intervention.

Mit Frühen Hilfen im Allgemeinen und Frühwarnsystemen im Besonderen ist die Hoffnung verbunden, dass auf diese Art und Weise Kinder besser vor Vernachlässigung und Misshandlung und den z.t. schwerwiegenden Folgen geschützt werden können. Trotz aller Initiativen wird es jedoch keine 100-prozentige Sicherheit geben. Letzten Endes sind tragische Entwicklungen nicht immer vorhersehbar und abwendbar. Die öffentliche Debatte nach den Vernachlässigungen mit Todesfolge war zuletzt auch gekennzeichnet durch starke Emotionen und heftige Schuldzuweisungen an die Helfersysteme. Mit diesen Reaktionen müssen nun vor allem die Fachkräfte, die mit belasteten Familien arbeiten, umgehen. Sie stehen sozusagen an der Front des Kinderschutzes und sind darauf angewiesen, das Vertrauen der Familien zu gewinnen, mit denen sie arbeiten, um geeignete Hilfeleistungen im Rahmen ihrer Möglichkeiten erbringen zu können. Bei der weiteren Entwicklung Früher Hilfen spielt dementsprechend auch eine sensible Risikoeinschätzung und eine sorgsame Abwägung der Handlungsoptionen eine wichtige Rolle.

Ein verbesserter Kinderschutz auf kommunaler Ebene setzt immer auch eine Überprüfung und Weiterentwicklung der **strukturellen Rahmenbedingungen** der pädagogischen Arbeit voraus. Und hier zeigen die Entwicklungen der jüngsten Zeit, dass vielerorts tatsächlich und zu Recht Handlungsbedarf gesehen wird. Dieser besteht insbesondere in folgenden Bereichen:

Risiken frühzeitig erkennen
Eltern wollen in aller Regel gute Eltern sein. An dieser Bereitschaft müssen Hilfen ansetzen. Deshalb müssen Familien, die durch besondere Risiken belastet sind, früh erkannt und erreicht werden. Sie brauchen passgenaue, verlässliche und kontinuierliche Unterstützung, Begleitung und Hilfen – am besten schon während der Schwangerschaft. So kann erreicht werden, dass aus den Anforderungen, ein Kind zu versorgen, keine Überforderung wird. Hierfür brauchen wir auch ein flächendeckendes System aufsuchender Hilfen. Die Risiken für Kinder in hoch belasteten Familien müssen früher und zuverlässiger erkannt werden. Einen wichtigen Beitrag hierzu haben die in Nordrhein-Westfalen schon seit dem Jahre 2001 erprobten und inzwischen in vielen Kommunen eingeführten „Sozialen Frühwarnsysteme" geleistet. Die gesetz-

liche Verankerung verbindlicher „Einladungen", mit denen alle Eltern dazu angehalten werden, die ärztlichen Früherkennungsuntersuchungen wahrzunehmen (U1 – U9), ist ein weiterer Baustein in einem Netzwerk präventiver Früherkennung.

Starke inderdisziplinäre Netze für Kinder und Eltern aufspannen
Häufig mangelt es nicht an Hilfs- und Unterstützungsangeboten, aber die verfügbaren Hilfen sind nicht ausreichend und nicht verbindlich miteinander vernetzt und erreichen oft nicht die Familien in riskanten Lebenssituationen. Erforderlich ist daher eine engere und verbindlich vereinbarte Zusammenarbeit zwischen den Fachleuten im Gesundheitswesen, in der Kinder- und Jugendhilfe, den Sozialämtern, der Justiz (Familiengerichte) und der Polizei. Eine verlässliche und berechenbare Zusammenarbeit aller, die für das gesunde Aufwachsen unserer Kinder Verantwortung tragen, muss personenunabhängig sichergestellt werden.

Hierin steckt noch einige Arbeit, da im konkreten Vollzug sichtbar wird, dass es hier Sprach-, Wahrnehmungs- und Deutungsprobleme gibt, die einem integrierten und fein abgestimmten kooperativen Handeln der Jugendhilfe mit dem Gesundheitswesen – aber auch mit Schule, Polizei und Gericht noch entgegenstehen.

Leistungen zur Förderung der Erziehungsfähigkeit von Familien bedarfsgerecht ausbauen
Das Kinder- und Jugendhilfegesetz nennt schon heute eine Vielzahl von familienfördernden Leistungen (Beratung, Familienbildung, Familienfreizeiten und Familienerholung, Entlastung bei Betreuung und Versorgung des Kindes in Notsituationen etc.). Zu Unrecht führen jedoch diese Hilfen heute im Gesamtspektrum der Kinder- und Jugendhilfe eher ein „Schattendasein". Nur ein verschwindend geringer Teil der rd. 20 Milliarden Ausgaben für die Kinder- und Jugendhilfe in Deutschland kommen diesen wichtigen präventiven Leistungen zugute.

Ein ausreichendes und bedarfsgerechtes Angebot der Bildung und Betreuung bereitstellen

Kindertageseinrichtungen sind die erste Bildungsinstitution der Kinder. Sie bieten Raum und Zeit, um Kinder früh und individuell zu fördern und elternhausbedingte Nachteile auszugleichen. Gerade auch für überforderte Eltern sind sie eine dringend benötigte Entlastung und Unterstützung.

Dies bedeutet vor allem, das Angebot an Ganztagsplätzen deutlich auszubauen – und diese nicht nur dann zur Verfügung zu stellen, wenn dies aufgrund der Berufstätigkeit der Eltern zwingend erforderlich ist. Hierzu gehört es auch, Kindertageseinrichtungen im Regelfall so auszustatten, dass sie den umfänglichen und anspruchsvollen Auftrag eines „Familienzentrums" auch wirklich wahrnehmen können.

Ganztagsschulangebote ausbauen

Im Zusammenwirken mit der Jugendhilfe muss die Schule den Auftrag von Prävention und Schutz der Kinder vor Vernachlässigung und Gewalt wahrnehmen. Durch eine stärkere Präsenz der Jugendhilfe v.a. an den Grundschulen und durch die Qualifizierung der Lehrkräfte wird die Verantwortungsgemeinschaft aus Schule und Jugendhilfe zum Wohl der Kinder gestärkt. Hierzu sind verbindliche Vereinbarungen erforderlich. Präventiver Schutz von Kindern wird zudem auch durch den Ausbau des Ganztagsschulangebotes und die Sicherstellung einer preiswerten Übermittagverpflegung verbessert.

Jugendliche nicht aus dem Blick verlieren

Auch wenn sich die Initiativen zur Verbesserung des Kinderschutzes aus guten Gründen insbesondere kleinen Kindern – oftmals besonders den 0–3 oder 3–6-Jährigen – widmen, so dürfen dabei Jugendliche und junge Volljährige nicht aus dem Blick geraten. Schutzaspekte sehen hier vielfach anders aus (z.B. Schutz vor Selbstverletzung, Obdachlosigkeit, vor Gewalt, krimineller oder sexueller Ausbeutung), nichtsdestotrotz finden auch hier Vernachlässigung und Missbrauch statt. Angesichts der Fallzahlenentwicklung und Mittelkürzungen etwa für Maßnahmen der offenen Jugendarbeit oder für Hilfen für junge Volljährige steht zu befürchten, dass es hier aktuell zu „Verschiebemechanismen" kommt, d.h. dass die erhöhte Aufmerksamkeit und der erhöhte Mitteleinsatz für Frühe Hilfen für kleine Kinder zulasten der Jugendlichen und jungen Volljährigen gehen, nicht zuletzt weil deren Kindeswohlgefährdung weit weniger öffentliches Aufsehen erregt.

4. Familienunterstützende Systeme, Vernetzungen, Allgemeiner Sozialdienst

Es ist deutlich zu erkennen, dass vielfältige Aktivitäten zur Verbesserung des Kinderschutzes in der kommunalen Praxis diskutiert (z.B. Jugendhilfeausschuss) wurden und werden und in vielen Regionen auch schon in der Umsetzung befindlich sind (z.B. Umsetzung von Vereinbarungen nach § 8a SGB VIII, Qualifizierung von Fachkräften, Personalverstärkung im Allgemeinen/ Kommunalen Sozialdienst, bei Fachdiensten und freien Trägern, Ausbau präventiver Angebote – z.B. Familienbesuchsprogramme – und weiterer familienunterstützender Angebote – z.B. Ausbau der Kindertagesbetreuung und der offenen Ganztagsgrundschule etc.).

Umsetzungsprobleme bzw. Umsetzungsgrenzen können natürlich daraus resultieren, dass die kommunalen Haushalte nicht in jedem Fall einen wünschenswerten und nachhaltigen Ausbau der präventiven, unterstützenden und intervenierenden Leistungen kurzfristig zulassen und zum anderen natürlich auch in der Praxis der „Neue Kinderschutz" nur dann greift, wenn dies auch im Können und Wollen der hier jeweils handlungsverpflichteten Fachkräfte sicher verankert ist (Professionsentwicklung, Handlungsphilosophie etc.).

Eine wichtige Voraussetzung ist, dass die Jugendämter – als zentrale Agenturen und Motoren für einen guten Kinderschutz auf kommunaler Ebene – gut ausgestattet und damit handlungsfähig sind. Jugendämter brauchen fachliche Kompetenz und eine angemessene personelle Ausstattung, damit sie frühzeitig und präventiv handeln, aber auch das staatliche Wächteramt im Interesse der Kinder wahrnehmen können.

In den fachlichen und medialen Erörterungen prekärer Fälle (Kindeswohlgefährdung) wird häufig nach dem individuellen Fehlverhalten gesucht, aber in einem noch viel zu geringen Maße die Frage eines möglichen „Organisationsversagens" geprüft. Auch die Organisationsstrukturen in unseren Jugendämtern müssen auf den Prüfstand, weil hier möglicherweise Barrieren und Einschränkungen verankert sind, die einer sachgerechten Wahrnehmung des Schutzauftrages zuwiderlaufen (blinde Flecken, Aufbau eines Risikomanagements).

In der Vergangenheit ist an nicht wenigen Orten der ASD (der Allgemeine Soziale bzw. Kommunale Sozialdienst), der Dienst also, der im Wesentlichen als Außendienst des Jugendamtes bei Gefährdung des Kindeswohls und zur Sicherung und zum Schutz von Kindern tätig zu werden hat, personell ausgedünnt worden bzw. war von jeher unterbesetzt und mit einer großen Fallzahl belastet, obschon der ASD der „Schlüsseldienst" der Kinder- und Jugendhilfe ist: Er leitet Prozesse ein, bietet Hilfen an und begleitet Kinder, Jugendliche und Familien. Die hier verfügbare und vorfindbare Eingangsqualität entscheidet nicht selten über den gelingenden Verlauf von Unterstützungen und Hilfeprozessen.

Durch die in vielen Kommunen gegenwärtig diskutierten bzw. auch schon vollzogenen Personalaufstockungen können und müssen bessere Voraussetzungen geschaffen werden, damit die Mitarbeiterinnen und Mitarbeiter im ASD der anspruchsvoller gewordenen Kinderschutzaufgabe gerecht werden können – auch als Partner für die Fachkräfte und die Träger der freien Kinder- und Jugendhilfe.

In diesen Zusammenhang gehört auch, dass – um die anspruchsvolle, schwierige und auch persönlich herausfordernde Tätigkeit der Mitarbeiterinnen und Mitarbeiter in diesem Dienst zu würdigen – die Wertschätzung für den Allgemeinen Sozialen Dienst wachsen muss. Dies gilt auch mit Blick auf Eingruppierung und Bezahlung der hier tätigen Fachkräfte.

Bei alledem gilt es jedoch zu beachten, dass sich ein guter Kinderschutz immer in einer Balance von Dienstleistung (Förderung) und Schutzauftrag (bei Kindeswohlgefährdung) realisiert. Eine Verkürzung des Arbeitsauftrages des ASD auf Intervention und Eingriff wäre nicht nur fachpolitisch ein Rückschritt gegenüber dem bisher Erreichten, es würde auch die Bereitschaft von hilfsbedürftigen Eltern beeinträchtigen, sich frühzeitig an die Kinder- und Jugendhilfe zu wenden, weil die Angst vor dem Eingriff und dem Verlust der elterlichen Autonomie hier überwiegen könnte.

Familienzentren
In dem Landesprojekt „Familienzentrum NRW" sehen wir einen guten Ansatzpunkt, um einen verbesserten Kinderschutz in einem umfänglichen Sinne (Prävention, Unterstützung, Wahrnehmung von Kindeswohlgefährdungen) in der Praxis von Kindertageseinrichtungen zu verankern. Ein besonderer Vorteil ist dabei, dass Kindertageseinrichtungen (Familienzentren) im Kontext der Kinder- und Jugendhilfe die einzigen flächendeckenden Angebote (Infrastruktur) sind, die nahezu alle Kinder ab dem 3./4. Lebensjahr erreichen und zukünftig durch den Ausbau der Angebote für die unter 3-Jährigen auch noch früher in entscheidenden Entwicklungsphasen von Kindern als pädagogische Institution konkrete Leistungen anbieten und dabei zugleich auch in enger Rückkopplung und Abstimmung mit den Eltern Verbesserungen der Lebenssituationen von Kindern bewirken können.

Zudem können die Familienzentren mit ihrer vernetzen Struktur (Einbeziehung von Familienbildung, Erziehungsberatung, Gesundheitsdiensten etc.) ein gutes Beispiel dafür geben, wie den Familien handlungsfeldübergreifende und abgestimmte Hilfen angeboten werden können.

Das Konzept der Familienzentren hat durchaus das Potenzial, über die vorerst (in der Endausbaustufe) beabsichtigten 3000 Einrichtungen hinaus, auf alle Kindertageseinrichtungen in Nordrhein-Westfallen auszustrahlen und damit profilbildend zu wirken.

Der Allgemeine Soziale Dienst
Dem Allgemeinen/Kommunalen Sozialdienst bei den Jugendämtern und den Fachkräften bei den freien Trägern der Kinder- und Jugendhilfe kommt eine besondere und herausgehobene Bedeutung bei der Sicherung des Kinderschutzes (Abwendung von Kindeswohlgefährdung) zu. Dies wird auch im § 8a SGB VIII sehr deutlich zum Ausdruck gebracht.

Vor diesem Hintergrund (Handlungsauftrag, Garantenstellung etc.) wird in der Öffentlichkeit immer wieder die Frage diskutiert, warum Kindeswohlgefährdungen – im Extrem auch mit tödlichem Ausgang – nicht abgewendet werden konnten, obschon die Familien den Allgemeinen/ Kommunalen Sozialdiensten zumeist bekannt waren.

Die in den letzten Jahren am intensivsten diskutierten (und am besten dokumentierten) Fälle – Kevin in Bremen und Lea-Sophie in Schwerin – haben hierbei durchaus erkennen lassen, dass die (in den genannten Fällen für die Kinder tödlichen) Folgen von Misshandlung und Vernachlässigung hätten abgewendet werden können, wenn die verantwortlichen Mitarbeiterinnen und Mitarbeiter in den jeweiligen Dienststellen angemessen und professionell („richtig") gehandelt hätten. Vor diesem Hintergrund ist es dringend erforderlich, Handlungsweisen, Abläufe und Sichtweisen in den Institutionen auf den Prüfstand zu stellen. Im Zusammenhang mit der Betreuung eines Kindes oder einer Familie treten immer wieder „kritische Zeitpunkte" auf, die – wenn sie nicht beachtet werden und nicht entsprechend darauf reagiert wird – das Risiko einer Kindeswohlgefährdung erhöhen. Solche Zeitpunkte könnten z. B. sein: Wechsel der fallvertrauten Fachkraft im Jugendamt, Wechsel der Zuständigkeit von einem Jugendamt zum anderen, Wechsel der primären Betreuungszuständigkeit vom öffentlichen Träger auf einen freien Träger (oder umgekehrt), Mitarbeiter/innenwechsel aufgrund von Krankheit, Urlaub oder Personalfluktuation, Friktionen und Missverständnisse in der institutionenübergreifenden Zusammenarbeit (z. B. Drogenberatung und Jugendamt, Kinderklinik und Jugendamt, Familiengericht und Jugendamt).

Vor diesem Hintergrund ist es richtig, dass das Land Nordrhein-Westfalen die Landesjugendämter beauftragt hat, Arbeitsmaterialien und Empfehlungen zur Verbesserung des „Risikomanagements" in den Institutionen zu erarbeiten.

Schließlich sollten bei einer Diskussion über Wege und Möglichkeiten für einen verbesserten Schutz von Kindern vor Vernachlässigung, Gewalt, Misshandlung, sexuellem Missbrauch – neben den strukturellen und organisationsbezogenen Aspekten – auch die **professionellen Orientierungen** in den Blick genommen werden.

Unter dieser Perspektive ist die Profession (sind die sozialpädagogischen Fachkräfte) zunächst selbst gefordert, ihre eigenen Praxen, Routinen und Verfahrensweisen auf den Prüfstand zu stellen. In diesem Zusammenhang gilt es, insbesondere eine Organisationskultur zu entwickeln, die Handeln in diesem schwierigen und prekären Feld auch als ständig sich fortentwickelnde Suchbewegung möglich sein lässt. Anstelle eines formalisierten Abarbeitens von Dienstanweisungen, Vorgaben und Checklisten sind Reflexivität und Offenheit gefragt.

Dazu gehört auch die Schärfung des sozialpädagogischen Blicks, d. h. die Ausbildung einer expliziten und dezidiert „kindbezogenen" Perspektive. Wir haben hier gelegentlich den Eindruck, dass insbesondere auch durch die Durchsetzung und allgemeine Verbreitung eines „systemischen Ansatzes" die spezifische und besondere Situation des Kindes nicht immer herausgehoben wahrgenommen und der Handlungsauftrag nicht immer aus den Bedürfnissen und Deprivationen des Kindes heraus abgeleitet wird.

Zu der Weiterentwicklung der professionellen Handlungsbedingungen gehört es auch, mehr Handlungssicherheit zu gewinnen in den schwierigen Situationen, in denen einerseits die Wahrnehmungen der Bedürfnisse und der Situation des Kindes nicht negiert, andererseits aber die Kommunikation mit den sorgeverpflichteten Personen nicht in eine konfrontierende und streitende Auseinandersetzung abgleitet (mehr Sicherheit durch Methodentrainings).

Und letztlich gehört in den Bereich der professionellen Qualifizierung auch ein offenerer Umgang mit „Kinderschutzfehlern". Müssen solche Fehler – die nie ganz vermieden werden können – geleugnet, vertuscht und überspielt werden, so kann sich daraus kein Entwicklungsprozess („aus Fehlern lernen") ergeben.

Dies ist natürlich ein schwieriges Unterfangen, da in der Außenwahrnehmung (Politik, Medien) von den Institutionen und den in ihnen tätigen

Fachkräften fehlerfreies und zielführendes Handeln erwartet wird. Zumal wenn disziplinarische oder sogar strafrechtliche Konsequenzen drohen, ist dies keine gute Voraussetzung und Basis für einen offenen Umfang mit Fehlern. Dennoch bleibt richtig, dass sozialpädagogisches Handeln im Problemfeld Kinderschutz immer auch eine „gefahrengeneigte" Tätigkeit ist, bei der – aus welchen Gründen auch immer – nicht immer das Richtige zum richtigen Zeitpunkt getan wird (bzw. getan werden kann). Nicht die vergebliche Fiktion von Perfektion und Unfehlbarkeit hilft hier weiter, sondern der produktive Umgang mit dem eigenen Versagen, verbunden mit dem Versprechen, besser werden zu wollen. Dass dies ein gelingender Weg sein kann, zeigt auch die Parallele der gegenwärtig im medizinischen Bereich offen geführten Diskussion über „ärztliche Kunstfehler" und über die richtigen und geeigneten Wege, diese zu minimieren. Gleiches gilt für Unternehmen und Organisationen, die mit einem Höchstmaß an Zuverlässigkeit arbeiten müssen (wie zum Beispiel Fluggesellschaften), die im Rahmen ihres organisationsinternen vorbeugenden Fehlermanagements ständig Ausschau halten nach Warnsignalen, um riskanten Situationen zu begegnen (vgl. Weick/ Sutcliffe 2003).

Gleichzeitig sollte in diesem Zusammenhang aber auch hervorgehoben werden, dass im Kontext eines Eltern unterstützenden und aktivierenden Ansatzes das Risiko von (auch tödlichen) Kindeswohlgefährdungen nicht in jedem Fall „auf Null" reduziert werden kann. In aller Regel gibt es zunächst nur erste Hinweise darauf, dass das Kindeswohl nicht gesichert ist (§ 27 Absatz 1 SGB VIII), was das Jugendamt zwar zu aktivem Handeln verpflichtet (Angebot von Hilfen an die Eltern), aber noch keine Rechtfertigung für Interventionen (gegen den Willen der Eltern) gibt. Es kann im Zeitablauf durchaus Schwankungen zwischen partiellen Verbesserungen, positiven Veränderungen und auch immer wieder (nicht immer vorhersehbaren) Rückschlägen geben. Gerade bei Säuglingen und Kleinkindern ist es ein sehr kleines „Zeitfenster", in dem eine Mangelversorgung (Wohl des Kindes nicht gesichert) in eine „Kindeswohlgefährdung" (Schädigung von nachhaltiger und dauerhafter Wirkung) umschlägt.

Diese Spannung von „zu früh" oder „zu spät", von „Fordern und Fördern" können durch das Jugendamt nicht wirklich durch eine Vorverlagerung der Interventionsschwelle aufgelöst werden.

Personalbemessung im ASD
Die Frage einer auskömmlichen und bedarfsgerechten Ausstattung des Sozialen Dienstes mit einschlägig qualifizierten Fachkräften beschäftigt die kommunalen Gremien und die kommunale Kinder- und Jugendhilfe seit jeher. In der Vergangenheit ist seitens der Kommunalen Gemeinschaftsstelle für Verwaltungsvereinfachung (KGSt) der Versuch unternommen worden, durch Personalrichtwerte Handlungsorientierungen zu geben. Dieser Versuch ist zwischenzeitlich (auch seitens der KGSt) aufgegeben worden, da er zu schematisch ist und den jeweiligen Besonderheiten des Tätigkeitsprofils (des Aufgabenbereiches) in den einzelnen Jugendämtern, den unterschiedlichen Sozialräumen und auch den Möglichkeiten und Potentialen der jugendhilfespezifischen Infrastruktur insgesamt nicht Rechnung trägt.

Von daher werden gegenwärtig Modelle erprobt, die eine angemessene Personalausstattung über die Definition von Qualitätsstandards, Einschätzung und Bewertung fallspezifischer Bearbeitungszeiten und die Berücksichtigung von Entlastungspotentialen (durch Umorganisation und Verlagerung auf freie Träger) ermitteln und die spezifischen Anforderungen der einzelnen Sozialräume auch in das Personaltableau einbeziehen. Dieser – quantitative wie qualitative – Personalentwicklungsprozess gestaltet sich in enger Zusammenarbeit zwischen Mitarbeiterinnen und Mitarbeitern, Leitungsebenen und anderen kommunalen Instanzen (z.B. Personalamt).

Netzwerke
Angesichts der Vielzahl von Institutionen, die unterschiedliche, zum Teil sich überschneidende und sich ergänzende Aufgaben mit Bezug zu gefährdeten Kindern wahrnehmen, ist eine Vernetzung dieser Akteure sehr sinnvoll. Dieses Vernetzungskonzept wird ja auch im Kontext der „Sozialen Frühwarnsysteme" angestrebt und bereits erprobt.

Gerade bei sehr jungen Kindern ist eine Vernetzung mit Akteuren aus dem Gesundheitssystem vordringlich anzustreben. Denn bevor die Kinder- und Jugendhilfe Kontakt zu diesen Familien und Kindern bekommt (im Regelfall über die Kindertagesbetreuung), haben Schwangerschaftsberatungsstellen, Gynäkolog/inn/en, Geburtsklinik, Hebammen, Kinderärzt/inne/n Kontakt zu Frauen und Müttern und nehmen in diesem Zusammenhang auch Hinweise auf riskante Lebenssituationen und hieraus resultierende Forderungs- und Handlungsbedarfe wahr.

Eine Zusammenarbeit – insbesondere der Kinder- und Jugendhilfe mit dem Gesundheitswesen – sollte hier explizit das Thema Kindeswohlgefährdung in den Mittelpunkt stellen. Im Kontext einer solchen Kooperation können dann
- relevante Informationen über allgemeine Risikolagen vom Jugendamt vermittelt werden und an dieses zurückfließen,
- Wissen über die jeweiligen Aktivitäten und Ansprechpartner/innen vermittelt,
- fachliche Problemfälle (ggf. anonymisiert) diskutiert und möglichst geklärt werden sowie
- gegenseitiges Vertrauen (unter anderem durch generelles Feedback über weitergegebene Informationen) der relevanten Akteur/inne/n geschaffen und verstärkt werden.

Für Ärztinnen und Ärzte sind darüber hinaus die aufgrund des SGB V aufgebauten Qualitätszirkel ein weiterer Ansatzpunkt für eine intensivierte Netzwerkbildung. In die entsprechenden Zirkel sollten, abhängig vom Bedarf, andere Fachleute, etwa andere Heilberufe und Mitarbeiterinnen und Mitarbeiter des Jugendamtes eingebunden werden.

Um diese Netzwerke strukturell zu verfestigen und zu gewährleisten, dass dauerhaft verlässliche Informationen über mögliche Kindeswohlgefährdungen dem Jugendamt weitergegeben werden, schlagen wir vor (so auch als wichtiges Kriterium im Rahmen der Sozialen Frühwarnsysteme), Kontrakte zwischen dem Jugendamt einerseits und den nichtstaatlichen Einrichtungen sowie Ärzt/inn/en andererseits zu vereinbaren. Inhalt solcher Kontrakte kann unter anderem sein:
- regelmäßige gegenseitige Information über die jeweiligen Aufgaben, Tätigkeiten und Dienste
- gemeinsame Fortbildungen
- regelmäßige Teilnahme an Netzwerken

- Festlegung von Kriterien für die Weitergabe von Informationen über mögliche Kindeswohlgefährdungen an das Jugendamt, insbesondere dann, wenn ein dringender Handlungsbedarf gesehen wird
- Rückkopplung über den Erfolg von Informationsweitergaben
- Evaluation der Vereinbarung und der Kooperationspraxis.

In diesem Zusammenhang können auch die – in Nordrhein-Westfalen flächendeckend bestehenden – kommunalen Gesundheitskonferenzen eine wichtige initiierende, stabilisierende und begleitende Rolle einnehmen.

Fortbildungsbedarfe
Festgestellt werden kann, dass nach Verabschiedung des KICK (§ 8a SGB VIII) im Oktober 2005 der Bedarf nach Informationen und Qualifizierungen im Feld des Kinderschutzes enorm angestiegen ist.

Diesem Informations- und Qualifizierungsbedürfnis hat unter anderem auch das ISA durch zahlreiche Materialien und Informationen (vgl. dazu unter anderem die Internetseite www.kindesschutz.de) Rechnung getragen. Durch eine Vielzahl von Informationsveranstaltungen – Institut für soziale Arbeit e. V., Deutscher Kinderschutzbund – Landesverband Nordrhein-Westfalen e. V., Landesjugendamt Rheinland, Landesjugendamt Westfalen – haben wir ab 2006 versucht, diesem großen Informationsbedürfnis Rechnung zu tragen.

Parallel dazu sind – insbesondere auch von den eben genannten Akteuren – in Nordrhein-Westfalen spezielle und intensive Qualifizierungen angeboten worden („Zertifikatskurs Kinderschutzfachkraft"), die nach wie vor auf eine enorme Resonanz stoßen und regelmäßig dazu führen, dass trotz des großen Angebots nicht alle Interessent/inn/en zeitnah berücksichtigt werden können. Bis Ende diesen Jahres werden alleine in Nordrhein-Westfalen im Rahmen dieser intensiven Zertifizierungsmaßnahmen ca. 600 Fachkräfte eine entsprechende Fortbildung erfahren haben (vgl. dazu auch Brief des MGFFI an die Vorsitzende des Ausschusses für Generationen, Familie und Integration des Landtags Nordrhein-Westfalen vom 31.03.2008, S. 2 ff.).

Obschon also die Bereitschaft der Fachkräfte in der Kinder- und Jugendhilfe, sich hier neues und spezifisches Wissen anzueignen, enorm ist, gleichzeitig auch die Jugendämter und die freien Träger der Kinder- und Jugendhilfe dieses Qualifizierungsinteresse durchweg unterstützen (durch Inhouse-Veranstaltungen, Freistellungen und Finanzierungen) bleibt festzuhalten, dass von einer Bedarfsdeckung noch nicht die Rede sein kann.

Insbesondere gilt es hier, die Qualifizierung der Leitungskräfte und Erzieherinnen und Erzieher in Familienzentren und Kindertageseinrichtungen ebenso wie die der Tagespflegepersonen auf breiter Basis zu befördern. Dies stellt enorme Anforderungen an Quantität und Qualität einer solchen (dringend gebotenen) Fortbildungsinitiative.

Insgesamt gesehen wird also im Feld des Kinderschutzes auch in den nächsten Jahren noch ein breites Angebot von Qualifizierungen erforderlich sein, auch um insbesondere die Zielgruppen zu erreichen, die bislang mit dem „klassischen Kinderschutz" nicht unmittelbar be- und vertraut waren.

Literatur

Böttcher, W. u. a.: Soziale Frühwarnsysteme. Evaluation des Modellprojekts in Nordrhein-Westfalen, Münster 2008

de Mause, Lloyd (Hrsg.): Hört Ihr die Kinder weinen, Frankfurt am Main 1980

Weick, K.E./ Sutcliffe, K.M.: Das Unerwartete managen. Stuttgart 2003

Wu, S.S. et al.: Risk factors for infant maltreatment. A population based study. Child Abuse and Neglect 2004, Volume 28, Issue 12, pp. 1253–1264

Rauschenbach, T. (Hrsg.): KomDAT Jugendhilfe, 10. Jahrgang, Heft Nr. 3/07. Dortmund 2008

Zur Relevanz des Gesetzes zur Weiterentwicklung und Verbesserung des Schutzes von Kindern und Jugendlichen in Schleswig-Holstein[1]

Johannes Münder und
Angela Smessaert

Schleswig-Holstein gehört zu den ersten von mittlerweile insgesamt neun Bundesländern, in denen Kinderschutzgesetze mit zum großen Teil ähnlichen Regelungen erlassen wurden. Es ist zu erwarten, dass in den noch ausstehenden Bundesländern solche Gesetze folgen werden.
Am Beispiel des Schleswig-Holsteinischen Gesetzes soll gezeigt werden, welche Regelungen in ein solches Gesetz aufgenommen werden können.

Das in Schleswig-Holstein verabschiedete Gesetz zur Weiterentwicklung und Verbesserung des Schutzes von Kindern und Jugendlichen ist eine von mehreren Gesetzesinitiativen in den Bundesländern, durch die auf die seit einigen Monaten besonders intensiv verlaufende Diskussion zum Schutz von Kindern und Jugendlichen reagiert wird. Es wurde am 18.12.2007 vom Schleswig-Holsteinischen Landtag in der vom Sozialausschuss empfohlenen Fassung (Drucksache 16/1705, einsehbar unter http://www.sh-landtag.de/infothek/wahl16/drucks/1700/drucksache-16-1705.pdf) verabschiedet und trat am 1. April 2008 in Kraft.

Die beschlossenen Regelungen

Das Schleswig-Holsteinische Gesetz zur Weiterentwicklung und Verbesserung des Schutzes von Kindern und Jugendlichen ist in zwei Artikel

---

1   Dieser Beitrag erschien zuerst in der Zeitschrift Jugendhilfe 45. Jg., Heft 5 2007

untergliedert. In einem *ersten Artikel* ist das eigentliche Gesetz zur Weiterentwicklung und Verbesserung des Schutzes von Kindern und Jugendlichen (im Folgenden: Kinderschutzgesetz – KiSchG) festgelegt, das sich wiederum aus fünf Teilen zusammensetzt. Im Verlauf des Gesetzgebungsvorgangs wurde entschieden, die – in der öffentlichen Diskussion mit am meisten Aufmerksamkeit bedachten – Regelungen zu den Früherkennungsuntersuchungen auszugliedern (vgl. Fassung des eingebrachten Gesetzentwurfs vom 11.06.2007, Drucksache 16/1439). Diese werden in einem *zweiten Artikel* in dem bestehenden Gesetz über den Öffentlichen Gesundheitsdienst (GDG) eingefügt.

Grundlagen des Kinderschutzgesetzes

Der erste Teil des KiSchG (§§1 bis 3) bildet mit der Benennung der Ziele, der Aufgaben und der Grundsätze des Kinderschutzes die Ausgangsbasis des Gesetzes. So stellt §1 (Ziele und Aufgaben) ganz bewusst an die Spitze des Kinderschutzgesetzes das Recht jedes jungen Menschen auf Leben, körperliche Unversehrtheit, auf freie Entfaltung seiner Persönlichkeit, auf Förderung seiner Entwicklung und Erziehung. Insofern lehnt sich die Formulierung an die grundgesetzlichen Vorgaben der Art. 2 und 6 GG an, betont vor diesem Hintergrund das vorrangige Recht der Eltern zur Pflege der Erziehung. Zugleich wird im Sinne der Rechtsprechung des Bundesverfassungsgerichts (z.B. BVerfGE 24, 144ff; BVerfGE 56, 363ff) deutlich, dass es sich hierbei um ein pflichtgebundenes, fremdnütziges Recht handelt, das den Eltern nicht in ihrem Eigeninteresse, sondern im Interesse der Kinder zukommt. Zwar ist diese Vorstellung des Grundgesetzgebers in der ganz überwiegenden Zahl der Eltern-Kind-Verhältnisse ohnehin Realität. Es darf aber nicht übersehen werden, dass es Einzelfälle gibt, in denen diese Vorstellung nicht greift. Dem folgend wird dann in §1 Abs. 2 KiSchG das staatliche Wächteramt dahingehend konkretisiert, dass es Aufgabe des Staates ist, im Rahmen dieses seines Wächteramts junge Menschen in ihrer individuellen und sozialen Entwicklung zu fördern und vor Gefahren für ihr Wohl zu schützen. Schließlich werden in §1 Abs. 3 KiSchG die Schwerpunkte des Kinderschutzkonzeptes in Schleswig-Holstein genannt, die dann in den Teilen zwei bis vier ausformuliert werden.

§2 KiSchG benennt Grundsätze des Kinderschutzes. Ausgehend von der Erkenntnis, dass Kindesschutz nicht nur als eine fachliche Aufgabe an die dafür zuständigen Fachkräfte delegiert werden kann, wird klargestellt, dass die Sicherung des Rechts von Kindern und Jugendlichen eine gesamtgesellschaftliche Aufgabe ist. Aufgrund dieses Ansatzes wird zivilgesellschaftliches Engagement zum Schutze von Kindern und Jugendlichen entsprechend unterstützt. §2 KiSchG macht aber zugleich deutlich, dass es – natürlich – in besonderer Weise eine Aufgabe der Jugendhilfe, der Gesundheitshilfe und bei Menschen mit Behinderung auch der Behindertenhilfe ist, auf diesem Gebiet tätig zu werden. In diesem Zusammenhang werden dann auch (insbesondere in §3 KiSchG) die Aufgaben der örtlichen Träger der öffentlichen Jugendhilfe präzisiert: Das Jugendamt ist die zentrale Stelle bei Kindeswohlgefährdungen. Es stellt sicher, dass unmittelbares, unverzügliches Handeln bei Kindeswohlgefährdung erfolgt, und gewährleistet, dass geeignete Angebote zur Verfügung stehen und dass durch geeignete Maßnahmen der Schutz von Kindern und Jugendlichen erreicht wird.

Schwerpunkte des Kinderschutzgesetzes

Im zweiten bis vierten Teil KiSchG folgen die drei wesentlichen inhaltlichen Schwerpunke des Gesetzes, die jeweils unterschiedliche Stoßrichtungen haben, nämlich die Information, Aufklärung, Förderung, die Leistungen und Hilfen, sowie die Maßnahmen bei Kindeswohlgefährdung.

Teil 2: Information, Aufklärung, Förderung
§4 KiSchG stellt die Bildung, Beratung und Unterstützung von Familien in den Vordergrund, da in ganz überwiegender Zahl Erziehung in den Familien (im weiteren Sinne) stattfindet und gelingt, selbst wenn aufgrund sozialer Veränderungen die Belastungen für Familien gestiegen sind. Es werden konzeptionell wichtige Aspekte (Angebote im konkreten Lebensumfeld, auf besondere Belastungssituationen abgestellt, Selbsthilfe fördernd, bürgerschaftliches Engagement unterstützend, generationsübergreifend), aber auch strukturelle Aspekte (wie Vernetzung mit Gesundheitshilfe, Familienförderung, Kindertagesbetreuung, Familienbil-

dungsstätten) benannt. Die besondere Bedeutung überregional tätiger Träger des Kinder- und Jugendschutzes wird in §5 KiSchG betont, da auf diese Weise über die Arbeit auf lokaler Ebene hinaus Erkenntnisse und Erfahrungen transportiert und weitergegeben werden können. Ein Schwerpunkt (§6 KiSchG) liegt auf der Fortbildung und Qualifizierung von haupt- und ehrenamtlichen Mitarbeiter/innen zum Thema Kindesschutz. Gefördert werden insbesondere Veranstaltungen, die zu einer verbesserten Zusammenarbeit der bisweilen sektoral getrennten Bereiche der Jugend-, Gesundheits- und Behindertenhilfe und der Zusammenarbeit mit den Unterstützungseinrichtungen für Frauen sowie mit Polizei und Justiz dienen. Hierdurch wird anerkannt, dass gerade die Gewaltproblematik in Familien, Frauen und Kinder gleichermaßen betrifft[2] (vgl. Rabe/Kavemann 2007, 242ff). Um die (dann im dritten Teil angesprochenen) frühen Hilfen wirksam zur Entfaltung kommen zu lassen, sind auch spezielle Fortbildungsveranstaltungen für Hebammen vorgesehen, damit sie für ihre familienbezogene Tätigkeit (als Familienhebammen) die erforderlichen Kenntnisse und Fähigkeiten erlangen können.

Grundsätzlich handelt es sich bei all diesen Förderungsangeboten nicht um völlig neue Instrumente, sondern um an vielen Stellen bereits vorhandene, oft durch bestehende Förderungsprogramme des Landes finanzierte Angebote. Diese Angebote hängen somit von der jeweiligen haushaltsrechtlichen Entscheidung des Landesparlaments ab. Das wird sich auch grundsätzlich nicht ändern (vgl. §15 KiSchG), aber mit den in §§4 bis 6 KiSchG nunmehr in der Qualität eines Gesetzes aufgenommenen Angeboten ergibt sich eine höhere regelhafte Absicherung – und damit auch ein höheres Maß an Stabilität und Planbarkeit in diesem präventiven Feld des Schutzes von Kindern und Jugendlichen.

Teil 3: Hilfen und Leistungen

Die im dritten Teil des KiSchG angesprochenen Hilfen und Leistungen (§§7 bis 10) sind Leistungen, die über die im zweiten Teil genannten Angebote (§§4 bis 6) hinausgehen. Nun existieren gerade im Bereich der Kinder- und Jugendhilfe vielfältige Leistungen individueller Hilfen, insbesondere nach §§27 ff SGB VIII, die auch mit Rechtsansprüchen aus-

---

2 Vgl. in diesem Band: Désirée Frese: Präventionsmaßnahmen gegen häusliche Gewalt im Bereich Schule Aktivitäten der Bundesländer.

gestattet sind. Diese bundesgesetzlichen Regelungen werden im Landeskinderschutzgesetz nicht einfach nur wiederholt. Vielmehr geht es darum, inhaltliche Schwerpunkte festzulegen sowie Rahmenfaktoren zu regeln, die für effektive Hilfen und Leistungen im Kontext des Kinderschutzes von Bedeutung sind.

Zum ersten wichtigen inhaltlichen Baustein im Konzept der Leistungen gehören die frühen und rechtzeitigen Hilfen und Leistungen nach §7 KiSchG. Als Grundlage dienten dabei die Erfahrungen und Erkenntnisse, die aus dem in Schleswig-Holstein bereits bestehenden Konzept „Schutzengel" (zu den positiven Wirkungen siehe Schleswig-Holsteinischer Landtag Drucksache 16/830, 29ff) gewonnen werden konnten. §7 KiSchG Abs. 1 nennt die Zielgruppen, für die die frühen und rechtzeitigen Hilfen und Leistungen von besonderer Bedeutung sind: Es sind Menschen in schwierigen Lebenslagen, sei es aufgrund sozialer Benachteiligung oder aufgrund individueller Beeinträchtigung. Primär geht es um die Verknüpfung gesundheitlicher und sozialer Hilfen durch Personen, die in besonderer Weise unkomplizierten Zugang zu Eltern in schwierigen Lebenslagen haben. Dies können Familienhebammen, Gemeindeschwestern, aber auch niedergelassene Gynäkolog/inn/en, Kinderärzt/inn/e/n und Entbindungskliniken sein. Durch die Regelung soll erreicht werden, dass die Personen, die diesen niedrigschwelligen Zugang zu den Eltern haben, frühzeitig auf solche Hilfen hinweisen bzw., wenn sie selbst dazu in der Lage sind (z.B. Familienhebammen, Gemeindeschwestern), solche Hilfen gemeinsam mit den Betroffenen organisieren. §7 Abs. 2 KiSchG macht dabei deutlich, dass es in vielen Fällen ausreichend ist, dass Personen, zu denen die Menschen in ihren schwierigen Lebenslagen Kontakte und in besonderer Weise auch Vertrauen haben, unkompliziert dafür sorgen, dass eine „Ankoppelung" an Hilfen und Leistungen stattfindet. Deswegen ist auch – immer im Einverständnis mit den Betroffenen – eine unbürokratische Kontaktaufnahme mit entsprechenden Leistungsträgern, Einrichtungen, Diensten möglich. In §7 Abs. 3 KiSchG wird dann klargestellt, dass derartige frühe und rechtzeitige Hilfen und Leistungen durch das Land gefördert werden. Die Förderung bezieht sich auf die unmittelbare und konkrete Hilfe selbst, nicht etwa auf die Förderung von Vernetzung und Infrastruktur.

Um zu erreichen, dass Hilfen und Leistungen des Kindesschutzes früh und rechtzeitig erbracht werden, ist es grundsätzlich notwendig, dass es entsprechende Strukturen und Netze gibt. Hiermit befasst sich §8 KiSchG, der die lokalen Netzwerke für Kinderschutz anspricht. Auch hier fließen Erfahrungen aus Modellvorhaben ein, die die Erkenntnis erbracht haben, dass sich die lokalen Netze als besonders hilfreich erweisen, die von einem ganzheitlichen Ansatz ausgehen, sich auf die Lebenswelt der Betroffenen beziehen und häufig durch ihr informelles Handeln sicherstellen, dass die entsprechenden Hilfen und Leistungen aus den verschiedenen Feldern (sei es aus der Jugendhilfe, der Gesundheitshilfe, der Behindertenhilfe usw.) zur Verfügung stehen. Im Rahmen des landesweiten Modellprogramms „Schutzengel für Schleswig-Holstein" sind solche Netzwerke bereits in unterschiedlicher Form entstanden bzw. im Aufbau; hier gibt das Gesetz nicht eine bestimmte, gar einheitliche Struktur von lokalen Netzwerken vor, sondern überlässt dies den lokalen Bedingungen vor Ort. §8 KiSchG überträgt in Abs. 1 dort, wo es noch keine lokalen Netzwerke Kinderschutz gibt, die Initiativ- und Steuerungsaufgabe auf das Jugendamt. Wie aber dann im Einzelnen die Zusammenarbeit und die Organisation gestaltet werden, überlässt §8 Abs. 4 KiSchG den jeweiligen lokalen Absprachen. Welche Aufgaben diese lokalen Netzwerke Kinderschutz vorrangig haben und wer bei diesen Netzwerken regelmäßig beteiligt werden soll, regeln §8 Abs. 2 und Abs. 3 KiSchG.

Über diese Regelungen hinaus konkretisieren schließlich §9 und §10 KiSchG die bundesgesetzlichen Vorgaben des §8a Abs. 2 und des §72a SGB VIII:

In §9 KiSchG werden konkretisierend und weiterführend Gegenstände genannt, die in den Vereinbarungen nach §8a Abs. 2 SGB VIII zwischen den Trägern der öffentlichen Jugendhilfe und den Trägern von Einrichtungen und Diensten hinsichtlich der Kindesschutzaufgaben geregelt werden sollen. §9 KiSchG von Schleswig Holstein geht aber über die bundesgesetzliche Regelung des §8a SGB VIII hinaus, indem er in Abs. 1 bereits bei den Betriebserlaubnissen die Träger von Einrichtungen verpflichtet, im Rahmen der von ihnen vorzulegenden Konzeption ebenfalls Verfahren und Maßnahmen zum Schutz von Kindern und Jugendlichen in ihrer Einrichtung darzulegen.

Auch §10 KiSchG geht über die bundesrechtlichen Vorgaben des §72a SGB VIII hinaus, indem er mit Abs. 2 dafür sorgt, dass bei der von den Trägern der öffentlichen Jugendhilfe vermittelten Kindertagespflege dafür gesorgt wird, dass andere Personen als die Kindertagespflegeperson (z. B. Haushaltsmitglieder usw.), die mit den Kindern oder Jugendlichen im ständigen Kontakt stehen, nicht wegen der in §72a Satz 1 SGB VIII genannten Straftaten verurteilt sind.

Teil 4: Die Maßnahmen bei Kindeswohlgefährdung
Das letzte Kapitel der inhaltlich genannten Aufgaben (4. Teil KiSchG §§11 bis 13) signalisiert schon durch den Titel „Maßnahmen" bei Kindeswohlgefährdung, dass zum Schutze von Kindern und Jugendlichen nicht nur Angebote und Leistungen, sondern bisweilen auch Interventionen eine Rolle spielen. In der Kinder- und Jugendhilfe sind solche Interventionen keinem ordnungsrechtlichen Programm verpflichtet, sondern inhaltlich und methodisch sozialpädagogisch auszurichten. Zentrales Instrumentarium der unmittelbaren Intervention in der Kinder- und Jugendhilfe ist die in §11 KiSchG präzisierend gegenüber §42 SGB VIII geregelte Inobhutnahme. §11 KiSchG, der dem Konzept einer ziel- und zeitgerichteten, zügigen sozialpädagogischen Intervention verpflichtet ist, benennt die geeigneten Formen der Unterbringung von Kindern und Jugendlichen sowie die Grundsätze der fachlichen Arbeit während der Inobhutnahme.

So werden in §11 Abs. 1 KiSchG zunächst die geeigneten Unterbringungsformen beispielhaft genannt: Ausgehend von der Tatsache, dass von der Vernachlässigung insbesondere jüngere Kinder (im Alter bis zu drei, vier Jahren) betroffen sind, werden familienanaloge Betreuungsformen (z. B. in familienähnlichen Einrichtungen wie Kinderdörfern oder in Bereitschaftspflegestellen) angesprochen. Für ältere Minderjährige (insbesondere Jugendliche) werden Zufluchtstätten exemplarisch erwähnt. Damit wird verdeutlicht, dass bei der Unterbringung im Rahmen der Inobhutnahme speziell auf die konkrete Problematik derselben eingegangen wird.

Die Inobhutnahme ist eine Krisenintervention. Fachlich besonderes Kennzeichen einer solchen kriseninterventionistischen Arbeit ist die

Notwendigkeit einer zügigen Klärung der weiteren Unterstützungen und Leistungen. Das wird als besonderer inhaltlicher Schwerpunkt in §11 Abs. 2 KiSchG beschrieben. Dabei wird unterstrichen, dass diese Abklärung nicht über die Köpfe der Kinder und Jugendlichen hinweg, sondern mit diesen gemeinsam zu erfolgen hat.

Die sozialpädagogische Ausrichtung der Krisenintervention wird auch in §11 Abs. 3 KiSchG deutlich, wo es um die Information der Personensorgeberechtigten geht. Hier muss versucht werden, entsprechende Hilfe und Leistungen zu realisieren, die von den Betroffenen, d. h. den Kindern, Jugendlichen und deren Eltern, nach Möglichkeit mitgetragen werden. Aber dort, wo dies nicht möglich ist und es zur Abwendung der Gefahr für das Wohl des Kindes oder Jugendlichen erforderlich ist, Maßnahmen ggf. auch gegen den Willen der Sorgeberechtigten zu realisieren, macht §11 Abs. 3 KiSchG deutlich, dass hier eine zügige Information und eine entsprechende Einholung einer Entscheidung des Familiengerichts angesagt ist.

Auch im Kontext der Maßnahmen bei Kindeswohlgefährdung setzt das Gesetz die Erkenntnis um, dass entsprechende Kooperationsstrukturen das erforderliche krisenterventionistische, zügige Handeln unterstützten können. Deswegen sieht §12 KiSchG die Schaffung von sogenannten Kooperationskreisen vor. Über diese soll (so §12 Abs. 3 KiSchG) eine effektive und schnelle Zusammenarbeit bei einer möglichen Kindeswohlgefährdung erreicht werden. Durch die in §12 Abs. 2 KiSchG bezeichneten Teilnehmer der Kooperationskreise wird erkennbar, dass es sich bei den dort genannten Behörden und Dienststellen um Organisationen handelt, die in besonderer Weise über Erkenntnisse hinsichtlich der Gefährdung von Kindern und Jugendlichen verfügen.

Um es aber nicht nur bei der fallunabhängigen Verbesserung der Zusammenarbeit durch solche Kooperationskreise zu belassen, wird in §13 KiSchG die fallbezogene Zusammenarbeit und der Informationsaustausch bei Kindeswohlgefährdung geregelt. Hier sind die Stellen in besonderer Weise angesprochen, die als „Frühinformationsstellen" für eine mögliche Kindeswohlgefährdung in besonderer Weise Bedeutung haben: die Schule, die Polizei, die Staatsanwaltschaft und die Zivilgerichte (insbesondere das Familiengericht). Hier gibt es bereits in vielen Fällen eine regelhafte Zusammenarbeit, die (z.B. bei der Zusammenarbeit mit der Staatsanwaltschaft) zum Teil auch auf einer untergesetzlichen Ebene geregelt ist. Durch die nunmehr ausdrücklichen Bestimmungen im KiSchG wird die Bedeutung einer solchen Zusammenarbeit und einer entsprechenden Informationsweitergabe betont und klargestellt, womit auch ein höherer Verbindlichkeitsgrad erreicht wird. Aufgrund vorliegender Erkenntnisse (Bindel-Kögel/Hessler/Münder 2004, 271ff) ist bekannt, dass die Qualität der Meldungen an das Jugendamt etwa von Seiten der Schule oder der Polizei wesentlich davon abhängig ist, dass diesen Stellen erkennbar wird, dass ihre Meldungen von Bedeutung sind und welche Inhalte Bedeutung haben. Dies aufgreifend sieht §13 Abs. 2 KiSchG vor, dass auch seitens der öffentlichen Träger der Jugendhilfe eine „Rückmeldung" erfolgt, um so dauerhaft die inhaltliche Qualität der Meldungen dieser Stellen sicherzustellen.

Weiterentwicklung des Kinderschutzes

Der fünfte Teil KiSchG bildet die Grundlage dafür, dass Kinder- und Jugendschutz nicht statisch betrachtet wird, sondern als eine Aufgabe, die sich in ständiger Weiterentwicklung befindet. Eine besondere Bedeutung für die Weiterentwicklung kommt dabei dem in §14 KiSchG geregelten Landeskinderschutzbericht zu. Der Landeskinderschutzbericht soll nicht nur eine Situationsanalyse und Darstellung der Aufgabenwahrnehmung liefern, sondern zugleich Vorschläge zur Verbesserung und Weiterentwicklung des Kinderschutzes in Schleswig-Holstein enthalten. Deswegen ist es nicht zufällig, dass dieser Landeskinderschutzbericht von einer interdisziplinär zusammengesetzten Kommission erstellt werden soll.

Bedauerlich, wenn auch wohl unter dem Gesichtspunkt des „politisch Machbaren" kaum anders zu erwarten, ist der in §15 KiSchG festgelegte Haushaltsvorbehalt. Die in §§4 bis 6 KiSchG geregelten Angebote der Information, Aufklärung und Förderung stehen ebenso wie die in §7 KiSchG geregelten frühen und rechtzeitigen Hilfen unter dem Vorbehalt des jeweiligen Landeshaushaltes und sind damit abhängig von den entsprechenden, Jahr für Jahr neu zu treffenden Haushaltsentscheidungen des Landesparlaments.

Früherkennungsuntersuchungen im Gesetz über den Öffentlichen Gesundheitsdienst

Im Verlauf des Gesetzgebungsvorgangs wurden die zunächst in §7 KiSchG vorgesehenen Regelungen über die Früherkennungsuntersuchungen aus dem Kinderschutzgesetz ausgegliedert. Es wurde entschieden, diese im GDG zu belassen und dort existierende Regelungen lediglich entsprechend zu ändern. Die Wirkweise dieser Normen verändert dies nicht.

Ziel ist es, die Teilnahme an den Früherkennungsuntersuchungen für Kinder zu erhöhen. Zwar wäre es irrig anzunehmen, dass allein durch Teilnahme an Früherkennungsuntersuchungen Kindesvernachlässigungen oder Kindesmisshandlungen unterbunden werden können. Nichtsdestotrotz ist auch die Erkenntnis richtig, dass die Nichtteilnahme an Früherkennungsuntersuchungen insbesondere dann, wenn nochmals eine Einladung zur Teilnahme erfolgt, ein mögliches Anzeichen dafür sein kann, dass diese Familien entsprechende Unterstützung, Hilfen und Leistungen benötigen. Gleichzeitig wissen wir – insbesondere aus der Arbeit mit Familien mit Migrationshintergrund –, dass Gruppen der Bevölkerung tendenziell davon ausgehen, dass bei „hoheitlichen Maßnahmen und Angeboten" durch die entsprechenden Stellen eine Aufforderung erfolgt. Und dass sie dieser, wenn eine solche Aufforderung (hier in Form der Einladung) vorliegt, ohne größere Vorbehalte nachkommen (Kinderschutz-Zentrum Kiel/ Deutscher Kinderschutzbund – Landesverband Schleswig-Holstein, Schleswig-Holsteinischer Landtag Umdruck 16/777, S. 5). Vor diesem Hintergrund sieht §7a GDG nun ein differenziertes Regelungswerk vor, um zunächst erfassen zu können, ob überhaupt eine Teilnahme an Früherkennungsuntersuchungen stattgefunden hat, um dann im Falle der Nichtteilnahme mit einer entsprechenden Einladung zu reagieren. Falls auch danach noch keine Teilnahme an den Früherkennungsuntersuchungen stattfindet, wird dies den Kreisen und kreisfreien Städten mitgeteilt. Diese bieten eine Beratung zum Inhalt sowie die Durchführung der ausstehenden Früherkennungsuntersuchung durch einen Arzt/eine Ärztin an. Gegebenenfalls stellen sie hierzu mit dem Einverständnis der Personen die notwendigen Kontakte her. Besteht weiterhin keine Bereitschaft die Untersuchungen durchführen zu lassen, wird hierüber das Jugendamt informiert. Für das Jugendamt bedeutet dies natürlich nicht, dass damit von einer Kindeswohlgefährdung ausgegangen werden kann. Die Meldung muss aber Anlass sein, sich mit dem Fall zu befassen. Gegebenfalls hat das Jugendamt möglicherweise noch Informationen von anderer Seite.

Um dafür zu sorgen, dass Früherkennungsuntersuchungen nach wie vor dem Zweck der Sicherung des gesunden Aufwachsens und der Vermeidung der Gefährdung von Kindern dienen, mussten die Regelungen genau überlegt und abgestimmt werden. Insbesondere der Schutz des Persönlichkeitsrechts der Betroffenen war zu beachten. Zusammenfassend lässt sich zudem festhalten, dass das verbindliche Einladungswesen aus verfassungsrechtlicher Sicht wesentlich unproblematischer ist, als die in einigen anderen Bundesländern eingeführten verpflichtenden Früherkennungsuntersuchungen (ausführlich Smessaert 2007, 389ff). Die jetzt gefundene Lösung stellt somit einerseits die Persönlichkeitsrechte der Betroffenen sicher, wird aber andererseits dazu beitragen, dass die Teilnahme an Früherkennungsuntersuchungen künftig ansteigt.

Die Notwendigkeit des KiSchG

Das verabschiedete Gesetz zum Schutz von Kindern und Jugendlichen in Schleswig-Holstein enthält verschiedene Regelungsbereiche mit unterschiedlicher gesetzlicher Relevanz. Grundsätzlich stellt sich die Frage, ob es sinnvoll und notwendig ist, die vorgesehenen Bereiche auf gesetzlicher Grundlage zu regeln. Entsprechend der jeweils unterschiedlichen inhaltlichen Materien des Gesetzes ist hier zunächst im Einzelnen zu differenzieren.

Schaffung einer gesetzlichen Grundlage

Zu einem nicht unwesentlichen Teil sieht das Gesetz Inhalte vor, die einer gesetzlichen Grundlage bedürfen. Ohne eine entsprechende gesetzliche Grundlage wären die geplanten Regelungen nicht möglich. Zu diesem Komplex gehören insbesondere:
- §7a GDG: Regelungen über die Meldung der Nichtteilnahme an den Früherkennungsuntersuchungen, das verbindliche Einladungswesen bei nicht wahrgenommenen Früherkennungsuntersuchungen und die Übermittlung der entsprechenden Informationen an das Jugendamt;
- §9 KiSchG: Regelungen für Einrichtungen und Dienste, insbesondere die Verpflichtung im Rahmen von §45 Abs. 2, 3 SGB VIII, Aussagen über das Verfahren und über die Maßnahmen zum Schutz von Kindern und Jugendlichen in Einrichtungen zu treffen, sowie präzisierende Regelungen bezüglich des Abschlusses von Vereinbarungen zwischen den öffentlichen Trägern der Jugendhilfe und Einrichtungen und Diensten (vgl. §8a SGB VIII);
- §10 KiSchG: differenzierte Aussagen hinsichtlich der Zuständigkeit für die Regelungen nach §72a SGB VIII sowie für die in §10 Abs. 2 KiSchG verabschiedeten Regelungen hinsichtlich von Haushaltsmitgliedern bei der Betreuung in Kindertagespflege;
- §13 KiSchG: detaillierte Regelungen über die Zusammenarbeit und die wechselseitigen Informationen zwischen den dort genannten Stellen;
- §14 KiSchG: Durch diese Bestimmung wird die Verpflichtung zu einem Landeskinderschutzbericht eingeführt.

All diese Regelungen umfassen Inhalte, die aus rechtsstaatlichen Gründen einer gesetzlichen Regelung durch den parlamentarischen Gesetzgeber bedürfen, so dass für diesen Bereich die Notwendigkeit einer gesetzlichen Regelung besteht.

Fassung in Gesetzesform aus Gründen der Anregung und Etablierung

Darüber hinaus enthält das Gesetz verschiedene Regelungen, die über den bisherigen Ist-Zustand hinausgehen. Durch diese sollen gesetzliche Regelungen angeregt und verbindlich etabliert werden. Hierzu gehören folgende Regelungen:
- §7 KiSchG: ressortübergreifende frühe und rechtzeitige Hilfen, auf die in niederschwelliger Weise betroffene Eltern von Personen, die mit ihnen in Kontakt stehen, hingewiesen werden und – mit deren Einverständnis – entsprechende Zugänge eröffnet werden;
- §8 KiSchG: verbindliche Verankerung und – sofern erforderlich – Initiierung lokaler, fallunabhängiger Netzwerke zum Kinderschutz, durch die zügiges und vernetztes Handeln realisiert werden soll;
- §11 KiSchG: Präzisierungen und altersdifferenzierende Maßnahmen bei der Inobhutnahme von Kindern und Jugendlichen;
- §12 KiSchG: Etablierung bzw. Schaffung von Kooperationsstrukturen, um in Kindeswohlgefährdungssituationen zügiges, kriseninterventionistisches Verhalten realisieren zu können.

Mit diesen Bestimmungen werden zum Teil vorhandene Angebote aufgegriffen, bzw. entsprechende Impulse gegeben, um in Schleswig-Holstein flächendeckend die entsprechenden Regelungen realisieren zu können. Grundsätzlich – und sehr abstrakt betrachtet – wäre es möglich, dass derartige Regelungen von den betroffenen Stellen ohne gesetzliche Regelungen selbst initiiert und umgesetzt werden. Mit ihrer Einführung wird sichergestellt, dass derartige Vorhaben flächendeckend in Schleswig-Holstein etabliert werden.

Fassung in Gesetzesform ohne eigentliche Änderung

Schließlich enthält das beabsichtigte Gesetz Regelungen, die vorhandene Strukturen, vorhandene Angebote und Leistungen in Gesetzesform fassen. Dies ist z.B. der Fall bei:
- §3 KiSchG: Hier werden den Jugendämtern obliegende Aufgaben hinsichtlich des Kinderschutzes konzentriert dargestellt; allerdings

finden zugleich darüber hinausgehend verbindliche Regelungen statt (z. B. §3 Abs. 5 KiSchG);
- §§4 bis 6 KiSchG: Die dort geregelte Information, Aufklärung und Förderung ist (insbesondere unter Berücksichtigung von §15 KiSchG) ein bereits jetzt bestehendes Angebot des Landes Schleswig-Holstein. Diese Materien sind bisher auf untergesetzlicher Ebene geregelt (Erlasse, Verordnungen, usw.). Mit der neuen Regelung wird rechtstechnisch ein höherer Verbindlichkeitsgrad erreicht.

Zusammenfassendes Ergebnis und eine kritische Anmerkung

Das Gesetz zur Weiterentwicklung und Verbesserung des Schutzes von Kindern und Jugendlichen in Schleswig-Holstein ist ein wichtiges Element zum Schutze von Kindern und Jugendlichen vor Vernachlässigung, Misshandlung und Missbrauch. Inhaltlich liegt die besondere Qualität des Gesetzes darin, dass es nicht dem – bisweilen medienpolitisch aufgeheizten – Ruf nach einer sicherheitspolitischen Ausrichtung folgt, sondern stringent an einer sozialpädagogischen Orientierung festhält. Es befördert flächendeckend die Anknüpfung an bestehende Netze und Angebote und macht diese für den Kindesschutz in besonderer Form (überinstitutionell und überprofessionell) nutzbar.

Gesichert wird dies durch ein Konzept, das folgende aufeinander abgestimmte, sozialpädagogische Elemente enthält:
- eine höhere Verbindlichkeit von Angeboten und Förderungen;
- die Schaffung neuer Elemente wie z. B. die Erhöhung der Teilnahme an Früherkennungsuntersuchungen sowie insbesondere die jugendhilfeübergreifenden frühen und rechtzeitigen Hilfen und Leistungen, die durch die Schaffung entsprechender Rahmenstrukturen (lokale Netzwerke, Vereinbarungen mit Einrichtungen und Diensten) flankiert werden;
- eine konsequent sozialpädagogisch ausgerichtete Krisenintervention, insbesondere im Rahmen der Inobhutnahme, die wiederum durch Zusammenarbeit mit für die Kindeswohlgefährdung wichtigen Stellen und Kooperationskreisen flankiert wird.

Damit ist eine breite und solide Basis für einen den entwickelten und fortgeschrittenen fachlichen Standards entsprechenden Schutz von Kindern und Jugendlichen vor Gefahren für ihr Wohl geschaffen. Zugleich sorgt das Gesetz (insbesondere durch den Landeskinderschutzbericht) dafür, dass nicht der einmal erreichte Status Quo zementiert bleibt, sondern kontinuierlich neue Erfahrungen und Erkenntnisse einbezogen werden können und so auf konzeptionell-fachlicher, auf inhaltlicher und methodischer Ebene der Kinderschutz weiterentwickelt werden kann.

Von daher ist der in Schleswig-Holstein gewählte Weg, die verschiedenen Materien zum Schutz von Kindern und Jugendlichen auf gesetzlicher Ebene zusammenzufassen und inhaltlich zu regeln, ausdrücklich zu begrüßen.

Bedauerlich, wenn auch mit der „politischen Machbarkeit" erklärbar, ist der starke Haushaltsvorbehalt in §15 KiSchG. Hier wäre es wünschenswert gewesen, der Förderung des Kinderschutzes zu einer höheren Verbindlichkeit zu verhelfen. Dies wäre entweder durch eine Streichung des Vorbehalts oder zumindest durch eine Kopplung an bestimmte Parameter möglich. So ist z. B. in Berlin der nach §79 Abs. 2 S. 2 SGB VIII durch den Bundesgesetzgeber festgelegt zur Verfügung zu stellende „angemessene Anteil" für die Jugendarbeit konkretisiert worden, indem im Landesgesetz (§45 Abs. 2 AG KJHG) vorgesehen ist, dass 10% der Mittel der Jugendhilfe für die Jugendarbeit zur Verfügung zu stellen sind. Wenn auch durch die Streichung des Schleswig-Holsteinischen §15 KiSchG und/oder die Koppelung an einen fachlich geeigneten Parameter keine subjektiven Ansprüche begründet werden können (so VG Berlin, Urt. v. 14.6.1999-20 A 2399, ZfJ 2000, 194ff) – was in diesem Bereich auch rechtlich problematisch wäre –, würde die Etablierung einer objektivrechtlichen Bestimmung doch dafür sorgen, dass bei Haushaltsentscheidungen, die den Kinder- und Jugendschutz in Schleswig-Holstein betreffen, ein erhöhtes Maß an Sorgfalt notwendig wäre, da entsprechende Entscheidungen nicht nur unter Haushaltsprämissen ergehen könnten, sondern eben auch die (sicherlich niedrige) Schwelle der möglichen Verletzung objektiv-rechtlicher Normen beachten müssten.

Literatur

Bindel-Kögel, G./ Hessler, M./ Münder, J.: Kinderdelinquenz zwischen Polizei und Jugendhilfe (Berliner Studien zur Kriminologie), Hamburg/Münster/London 2004.

Kinderschutz-Zentrum Kiel/ Deutscher Kinderschutzbund – Landesverband Schleswig-Holstein: Gemeinsame Stellungnahme zum Gesetzesentwurf Drs. 16/519, Schleswig-Holsteinischer Landtag Umdruck 16/777, einsehbar unter http://www.sh-landtag.de/infothek/wahl16/umdrucke/0700/umdruck-16-0777.pdf.

Rabe, H./Kavemann, B.: Kinder und häusliche Gewalt – Ausmaß, Auswirkungen und rechtliche Interventionsmöglichkeiten. In: Unsere Jugend, 58. Jg., H. 6, S. 242ff.

Schleswig-Holsteinisches Gesetz zur Weiterentwicklung und Verbesserung des Schutzes von Kindern und Jugendlichen, Drucksache 16/1705, einsehbar unter http://www.sh-landtag.de/infothek/wahl16/drucks/1700/drucksache-16-1705.pdf

Gesetzentwurf vom 11.06.2007, Drucksache 16/1439, einsehbar unter http://www.sh-landtag.de/infothek/wahl16/drucks/1400/drucksache-16-1439.pdf.

Smessaert, A.: Ist die Einführung einer Meldepflicht zu den Früherkennungsuntersuchungen verfassungsgemäß? In: Unsere Jugend 2007, 389ff.

Das Institut für soziale Arbeit in den Jahren 2007/2008

Dirk Nüsken

„Wo früher die Familie Hesselbach, der Bergdoktor und nur ab und zu Horst Eberhard Richter und Franz Alt zu vernehmen waren, da machen sich nun raumgreifend die Sozialarbeiter stark. Es ist kaum möglich, das Fernsehen anzumachen, ohne auf einen Vertreter dieses Gewerbes zu treffen." Das von Hendryk M. Broder in seinem Essay (1994, S. 24) polemisch thematisierte Verhältnis von Sozialer Arbeit und Öffentlichkeit zeigte sich zuletzt nicht nur in der kommerziell-medialen Aufbereitung von Erziehungs- oder Schuldnerberatung. Berichterstattungen über Kinderarmut, über Missstände im Bildungssystem über (misslungenen) Kindesschutz oder über familienpolitische Themen standen deutlich im Fokus der öffentlichen Aufmerksamkeit. Lesbar sind diese Entwicklungen (auch) als „Veralltäglichung" und damit als „Normalisierung" sozialpädagogischer Leistungen. Dieser „sozialpädagogischen Erfolgsgeschichte" stehen jedoch zugleich auch Anzeichen der zunehmenden Funktionalisierung und der „Reintegration" Sozialer Arbeit in andere gesellschaftliche Systeme gegenüber (vgl. Thole 2002, S. 48 ff.).

Die skizzierten Aspekte einer zunehmenden öffentlichen Kommunikation (einiger Gesichtspunkte) der Sozialen Arbeit und die Auseinandersetzung wie das Zusammenwirken Kinder- und Jugendhilfe mit anderen Systemen sozialer Sicherung oder dem Schulsystem finden sich auch in der Arbeit des ISA in den letzten Jahren zunehmend wieder. Die selbst gewählte Aufgabenstellungen des ISA, Beiträge zur Entwicklung, Qualifizierung und Forschung der Sozialen Arbeit zu leisten, verändert sich dadurch nicht prinzipiell, sie erfährt jedoch gestiegene Anforderungen und macht zeitweilige Perspektivenwechsel notwendig.

Die Artikel dieses Jahrbuches, die alle im Zusammenhang mit aktuellen ISA-Projekten stehen, wollen auch in dieser Hinsicht Einblicke in die derzeitigen Themenfelder und Fragestellungen des ISA geben. Darüber hinaus möchten wir mit diesem abschließenden Kapitel einen Einblick in die Organisation, wie auch in aktuelle Entwicklungen und Perspektiven unserer Arbeit geben.

1. Das Institut

Ergebnisse aus der Forschung mit Erfahrungen der Praxis zu verknüpfen und daraus Handlungsorientierungen für eine fachlich versierte Soziale Arbeit zu entwickeln, ist seit der Gründung 1979 der Anspruch des Wirkens des Instituts für soziale Arbeit. Der ISA e.V. hat aktuell 46 Mitglieder. Darunter befinden sich Fach- und Leitungskräfte von freien und öffentlichen Trägern genauso wie Hochschulangehörige. Dem Vorstand des gemeinnützigen Vereins gehören im Herbst 2008 folgende Personen an: Dr. Erwin Jordan (1. Vorsitzender), Prof. Dr. Bernd Seidenstücker (2. Vorsitzender), und als Beisitzerinnen und Beisitzer: Christa Höher-Pfeifer, Prof. Dr. Johannes Münder, Dr. Ute Projahn, Dagmar Schulze-Oben und Wolfgang Rüting.

Die Leitung der Geschäftsstelle des Vereins liegt bei Dr. Erwin Jordan als geschäftsführendem Vorstandsmitglied und bei Dr. Dirk Nüsken als stellv. Geschäftsführer. Die ISA Planung und Entwicklung GmbH mit dem Schwerpunkt auf Beratung, Management sowie Planungs- und Organisationsentwicklungsprojekte leitet Dr. Erwin Jordan, der zudem für die Leitung des Arbeitsbereiches Frühe Kindheit und Familie verantwortlich ist. Dr. Dirk Nüsken leitet den Arbeitsbereich Erziehungshilfen und Jugendsozialarbeit und Uwe Schulz den Arbeitsbereich Jugendhilfe und Schule.

Auch in den Jahren 2007/2008 haben eine Reihe von beruflichen Veränderungen bei den Mitarbeiterinnen und Mitarbeitern des ISA stattgefunden. In den Hochschuldienst aufgebrochen sind zuletzt Dr. Eva Stuckstätte (Katholische Fachhochschule Münster) und Dr. Stephan Maykus (Fachhochschule Osnabrück). Auch an dieser Stelle möchten wir der frischgebackenen Professorin und dem frischgebackenen Professor herzlich gratulieren. Ende 2007 zog es Pascal Bastian, Karin Sprenger und Janine to Roxel und in 2008 Sabine Wegener zu neuen Ufern. Wir bedanken uns bei allen Kolleginnen und Kollegen für die gute und erfolgreiche Zusammenarbeit in den letzten Jahren und verbinden diesen Dank mit den besten Wünschen für die persönliche und berufliche Zukunft.

Im Jahr 2007 stießen Katharina Groß, Désirée Frese und Ursula Peveling als wiss. Mitarbeiter/innen und Nadine Seyrek als Auszubildende zum ISA. In 2008 konnten wir Monika Althoff, Birgit Schröder, André Altermann und Stefan Eberitzsch begrüßen.

Als wissenschaftliche und pädagogische Mitarbeiterinnen und Mitarbeiter gehören dem ISA im Herbst 2008 an: André Altermann, Monika Althoff, Dr. Sigrid Bathke, Herbert Bosshammer, Annerieke Diepholz, Stefan Eberitzsch, Georg Fischer, Désirée Frese, Manfred Grimm, Ramona Grothues, Katharina Groß, Dr. Eva Lindner, Susanne Rinke, Birgit Schröder, Uwe Schulz, Sylvia Szacknys-Kurhofer sowie im Bereich Sekretariat, EDV und Service: Christian Dox, Doris Niebuhr, Andrea Kuktin, Margret Rieken und Nadine Seyrek. Neben den engagierten Vorstandsmitgliedern werden zudem aus einem etablierten Stamm freier Mitarbeiterinnen und Mitarbeitern projektspezifisch weitere qualifizierte Fachkräfte in die Arbeit des ISA eingebunden. In Seminar- und Beratungszusammenhängen zuletzt besonders Ilona Heuchel und Johannes Schnurr als wissenschaftliche Fachkräfte, Regina Dankert unterstützte insbesondere das Veranstaltungsmanagement der zahlreichen Großveranstaltungen.

2. Arbeitsbereiche und Selbstverständnis

Seit 1979 befasst sich das ISA im Auftrag von Bundes-, Landes- und Kommunalbehörden sowie öffentlichen und freien Trägern mit unterschiedlichsten Fragestellungen der Jugendhilfe. Darüber hinaus bearbeitet das ISA aus eigener Initiative aktuelle Themen der Jugendhilfe im Rahmen etwa von Stiftungsprojekten. Diese unterschiedlichen Projektprofile ermöglichen dem ISA, die unabhängige und fachspezifische Auseinandersetzung mit aktuellen Entwicklungen der Jugendhilfe und die Entwicklung von fachpolitischen Diskursen. Die fachliche Weiterentwicklung der Jugendhilfe und die Sicherung des Ergebnistransfers zur Erarbeitung neuer Handlungsstrategien in Politik und Praxis sind dabei in der Arbeit des ISA stets zielführend. Aufgrund der immer vielfältigeren Lebensentwürfe und der damit einhergehenden komplexen Herausforderungen für die Jugendhilfe ist die Kooperation mit Akteuren aus angrenzenden Arbeitsfeldern in den vergangenen Jahren bedeutsamer geworden. Dementsprechend sind die Arbeitsfelder Jugendhilfe und Schule, Jugendhilfe und Gesundheitswesen sowie Jugendhilfe und Arbeitsmarktpolitik zu Schwerpunktthemen in der Arbeit des ISA geworden.

Zugleich behalten jugendhilfespezifische Themen wie Wirkungsorientierung, Qualitätsentwicklung, Kinderschutz oder Jugendhilfeplanung und -steuerung ihren hohen Stellenwert. Der selbst gestellte Anspruch des ISA ist die fachliche Weiterentwicklung der Jugendhilfe im Kontext von Theorie, Praxis und Politik. Dies konkretisiert sich auch in den Arbeitsmethoden des Instituts: Forschung, Praxisentwicklung und Beratung sind die zentralen Bausteine der Arbeit des ISA, die im Folgenden kurz vorgestellt werden, bevor anschließend einige Einblicke in die drei Arbeitsschwerpunkte des ISA gegeben wird.

2.1 Forschung und Evaluation

Zu den Kernaufgaben des ISA zählen Forschungsaktivitäten in unterschiedlichen Handlungsfeldern der Sozialen Arbeit. Ein Teil dieser Forschung ist primär dem Erkenntnisinteresse verpflichtet, z.B. hinsichtlich der Wahrnehmung von individuellen Förderbedarfen in Ganztagsschulkontexten oder die weitere Entwicklung von Grundschulen hin zu offenen Ganztagsschulen. Es überwiegen jedoch Forschungsprojekte, die sich an konkreten Bedarfslagen der Praxis orientieren. Das Ziel dieser praxisorientierten Forschung ist es, die bedarfskonstituierenden Faktoren Sozialer Arbeit zu untersuchen, sozialpolitische Instrumentarien und institutionelle Handlungsmöglichkeiten zu beschreiben, Methoden und Verfahren der Sozialen Arbeit einer wissenschaftlichen Überprüfung zu unterziehen sowie fachliche Alternativen aufzuzeigen. Die thematische

Ausrichtung der Forschungs- und Evaluationsprojekte ist vielfältig und umfasst beispielsweise Themen aus dem Komplex der Zusammenarbeit von Jugendhilfe und Schule oder die Analyse der Nutzung von Elternbriefen im Rahmen der Elternbildung. Die Evaluation verschiedener arbeitsmarktspezifischer oder sozialpädagogischer Programme zählt ebenfalls zu diesem Projekttypus. Oftmals sind diese Forschungs- und Evaluationsaktivitäten integriert in Planungs- und Programmentwicklungsverfahren.

2.2 Planungsberatung und Programmentwicklung

Seit 1990 führt das ISA vielfältige Planungsberatungen und Projekte zur Programmentwicklung in den Arbeitsfeldern der Jugend-, Sozial- und Altenhilfe durch. Auftraggeber für diese Projekte sind überwiegend Kommunen, überörtliche oder freie Träger sowie Wohlfahrtsverbände, für deren spezifische Fragestellungen individuelle Beratungskonzepte entwickelt werden. Darüber hinaus berät und begleitet das ISA Entwicklungs- und Implementationsprozesse, wie z.B. bei der Neuausrichtung und/oder Optimierung von Hilfeangeboten, bei der Durchführung von Maßnahmen zur Qualitätsentwicklung oder im Prozess des Aufbaus von Kooperationen und verbindlichen Netzwerken. Trotz der Unterschiedlichkeit der Projekte haben sich über die Jahre Merkmale der Planungsberatung herausgebildet, die den spezifischen Planungsansatz des Instituts kennzeichnen. Hierzu zählen:

- die Beteiligung von Kindern, Jugendlichen und Eltern als Adressatinnen und Adressaten Sozialer Arbeit,
- die Berücksichtigung geschlechtsspezifischer Interessen und Lebenslagen,
- die verbindliche Aushandlung von Planungsergebnissen zwischen Nutzern, Fachkräften und Politik,
- die Verbindung von fachlichen, fachpolitischen und kommunalpolitischen Beratungs- und Entscheidungsebenen und
- die Integration von Fach- und Finanzplanung.

2.3 Organisationsberatung und -entwicklung

Ein weiterer Arbeitsschwerpunkt des Instituts ist die Beratung und Unterstützung von Trägern der Sozialen Arbeit bzw. ihrer Fach- und Leitungskräfte bei der Optimierung interner Organisationsstrukturen. In diesem Arbeitsfeld kann das Institut ebenfalls auf eine lange Tradition verweisen. In der Regel handelt es sich im Bereich der Organisationsberatung und -entwicklung um gutachterliche Tätigkeiten, aus denen ein abgestimmter Katalog von Handlungsempfehlungen hervorgeht. Darüber hinaus berät und begleitet das ISA häufig auch im Prozess der Verfahrensoptimierung, z. B. durch die Entwicklung und Durchführung integrierter Fortbildungsbausteine für die Mitarbeiter/innen der Einrichtungen.

Folgende charakteristische Beratungsmerkmale des ISA haben sich in den letzten Jahren herausgebildet:
- größtmögliche Transparenz gegenüber allen Prozessbeteiligten,
- möglichst umfassende Einbeziehung der Prozessbeteiligten bei der Suche nach tragfähigen Konzepten und Lösungsansätzen,
- Berücksichtigung von funktionierenden Kooperationsbezügen innerhalb und außerhalb des Amtes/Dienstes oder der Einrichtung und
- die gleichzeitige Qualifizierung der Mitarbeiterinnen und Mitarbeiter für ihre neuen Aufgaben.

2.4 Fortbildung und Information

Seit Gründung sieht es das ISA als seine Aufgabe, die interessierte Fachöffentlichkeit auf wichtige fachpolitische Themen der Sozialen Arbeit aufmerksam zu machen. In diese Tradition gehören z. B. die vom ISA ausgerichteten Fachkongresse, die sich an eine breite fachpolitische Öffentlichkeit richten. Zudem liefert das ISA mit dem Ziel des Transfers von Projektergebnissen Beiträge zu Fachtagungen und Kongressen mit bundesweiter Relevanz, wie z. B. dem Bundeskongress Soziale Arbeit, den Jahrestagungen der Internationalen Gesellschaft für erzieherische Hilfen, den Deutschen Fürsorgetagen oder den Jugendhilfetagen der Arbeitsgemeinschaft für Kinder- und Jugendhilfe. Neben dieser breiten

Streuung von Fachwissen führt das ISA regelmäßig Tagungen und Fortbildungen „vor Ort" durch. Diese haben das Ziel, einem ausgewählten Kreis von Interessenten spezifische Informationen zur Aktualisierung ihres beruflichen Fachwissens und ihrer Handlungskompetenz zukommen zu lassen. Außerdem eröffnen diese Veranstaltungen Raum für individuelle Lernprozesse und fachliche Reflexion. Als ein weiterer erfolgreicher Weg des Wissenstransfers hat sich in den letzten Jahren der Einsatz vielfältiger Medien erwiesen. Neben der Verantwortung des ISA für unterschiedliche Publikationen und Informationsbroschüren dienen regelmäßige Newsletter, Internetauftritte, Arbeitshilfen, CD- und Filmprojekte diesem Ergebnistransfer. Der besondere Nutzen dieser Instrumente liegt in ihrer Anwendungsorientierung. Abhängig vom Informationsbedarf im Einzelnen werden Projekte und Projektergebnisse – je nach gewähltem Informationsmedium – knapp, präzise oder umfassend beschrieben.

Neben dem institutsspezifischen Internetauftritt www.isa-muenster.de über den mittlerweile auch umfangreiche download- und Anmeldemöglichkeiten bestehen, betreut das ISA folgende projektspezifische Seiten:
- www.wirkungsorientierte-jugendhilfe.de
- www.familienzentrum.nrw.de
- www.kindesschutz.de
- www.ganztag.nrw.de
- www.soziales-fruehwarnsystem.de
- www.kommaff.de
- www.integrierte-berichterstattung.de
- www.mehrchancen.de.

2.5 Arbeitsschwerpunkt Erziehungshilfen und Jugendsozialarbeit

Die Sozialisationsbedingungen von Kindern und Jugendlichen sind heute geprägt durch vielfältige Möglichkeiten der individuellen Lebensgestaltung. Nicht jeder junge Mensch bewegt sich jedoch in einem sozialen Umfeld, das ihm in seinem Entwicklungsprozess ausreichend Orientierungshilfe bietet. Die erzieherischen Hilfen sowie die Angebote der

Jugendsozialarbeit greifen bei Unterstützungsbedarf mit entsprechenden Hilfen ein. Ihr Ziel ist die berufliche und gesellschaftliche Integration Jugendlicher und junger Erwachsener.

Die gegenwärtigen Projekte des ISA zum Themenschwerpunkt „Erziehungshilfen und Jugendsozialarbeit" verfolgen das Ziel, aktuelle Herausforderungen der Arbeitsfelder zu analysieren. Die Ergebnisse dieser Analysen bilden die Grundlage zur Entwicklung bedarfsorientierter Handlungsstrategien für Akteure aus Politik und Praxis. Bedeutsames Thema im Arbeitsfeld der Jugendsozialarbeit ist derzeit das Übergangsmanagement von Schulabgängerinnen und Schulabgängern in die Berufsvorbereitung und Ausbildung. Hinsichtlich des Handlungsfeldes der erzieherischen Hilfen stehen aktuell die Themen Wirkungsorientierung, Qualitätsentwicklung und Partizipation im Mittelpunkt der Arbeit des ISA.

Projektbeispiel 1:
Qualifizierung der Hilfen zur Erziehung durch wirkungsorientierte Ausgestaltung der Leistungs-, Entgelt- und Qualitätsentwicklungsvereinbarungen nach §§ 78a ff SGB VIII
Auftraggeber: Bundesministerium für Familie, Senioren, Frauen und Jugend (BMFSFJ)
Laufzeit: 01/2006–06/2009
AnsprechpartnerInnen: Dr. Erwin Jordan, Dr. Dirk Nüsken, Désirée Frese und Stefan Eberitzsch

Projektanlass: Mit der Einführung der §§ 78 a-g in das SGB VIII zum 01.01.1999 wurden die Leistungserbringung, die Weiterentwicklung der Qualität und die Finanzierung der stationären und teilstationären Hilfen zur Erziehung auf eine neue rechtliche Grundlage gestellt. Die 2002/2003 im Auftrag des BMFSFJ durchgeführten Untersuchungen zum Stand der Umsetzung dieser gesetzlichen Neuregelung haben gezeigt, dass einerseits die ursprünglichen Erwartungen des Gesetzgebers im Hinblick auf Transparenz der Leistungsangebote und Kostendämpfung bislang nicht hinreichend erfüllt werden. Andererseits werden die fachlichen Möglichkeiten zugunsten der Leistungsempfänger (Kinder und Jugendliche) und im Hinblick auf eine gemeinsame Qualitätsentwicklung von öffentlichen und freien Trägern der Jugendhilfe kaum erkannt und genutzt. Der mit der gesetzlichen Neuregelung verbundene Paradigmenwechsel vom Prinzip der Selbstkostenerstattung zur Aushandlung prospektiver Pflegesätze wurde bisher in der Praxis nicht hinreichend vollzogen.

Ziele: Ziel des vom BMFSFJ initiierten Programms ist die Verbesserung der Wirkung erzieherischer Hilfen, die als Leistungen der Kinder- und Jugendhilfe auf Grundlage der §§ 27 ff SGB VIII erbracht werden. Das ISA koordiniert und steuert den Programmverlauf durch eine Regiestelle.

Das Modellprogramm soll insbesondere den pädagogischen Auftrag und die Finanzierungsstruktur der Hilfen zur Erziehung besser als bisher miteinander in Einklang bringen und die Leistungserbringung und deren Qualität auf die intendierte Wirkung der Hilfe ausrichten. Mit Vereinbarungen gemäß §§ 78a ff SGB VIII sollen Regelungen und Instrumente ausgehandelt werden, die zu einer effektiveren und effizienteren Leistungserbringung beitragen. Die elf Tandems des Modellprogramms (bestehend aus öffentlichen Jugendhilfeträgern als Kostenträger und Trägern von Einrichtungen als Leistungsanbieter) erhalten dabei eine qualifizierte Beratung und Moderation ihres Aushandlungsprozesses. Die praktische Umsetzung der Vereinbarungen wird im Hinblick auf wirkungssteigernde Effekte durch die Universität Bielefeld evaluiert.

In dem Modellprogramm sollen Vereinbarungen nach §§ 78 a ff ausgehandelt und erprobt werden, die durch geeignete Regelungen dazu beitragen,

1. die Hilfepraxis zu qualifizieren (Fachcontrolling und Qualitätsentwicklung),
2. die Ergebnisse der Leistungserbringung und die Wirkung der Hilfe zu fördern (Effektivität),
3. die Beteiligung, Mitwirkungsbereitschaft und Eigenverantwortung des Hilfeempfängers zu stärken,
4. Diskrepanzen zwischen pädagogischem Auftrag und Wirtschaftlichkeit der Einrichtungen zu minimieren (Struktur- und Prozessoptimierung),
5. zielführende und kostengünstige Hilfen zu realisieren (Effizienz).

Informationen: www.wirkungsorientierte-jugendhilfe.de

Projektbeispiel 2:
Wissenschaftliche Analyse der Elternbriefe für Nordrhein-Westfalen
Förderer: Ministerium für Generationen, Familie, Frauen und Integration des Landes NRW (MGFFI)
Laufzeit: 06/2007–11/2007
Ansprechpartner: Dr. Dirk Nüsken, Dr. Eva Lindner

Projektanlass: Familiale Lebensformen erfüllen – insgesamt gesehen – nach wie vor in hohem Maß die gesellschaftlich von ihnen erwartete Leistung der Erziehung und Sozialisation von Kindern und Jugendlichen. Die Bedingungen für das Aufwachsen von Kindern und die Mobilitäts- und Flexibilitätsanforderungen von Familien haben sich in den letzten Jahrzehnten jedoch deutlich gewandelt. Ergänzungs- und Unterstützungsangeboten wie etwa Familienberatung und Elterninformation kommt deshalb eine wachsende Bedeutung zu. Das Land Nordrhein-Westfalen unterstützt mit unterschiedlichen Angeboten und Maßnahmen die Stärkung der Elternkompetenz, die frühkindliche Förderung und eine gelingende Sozialisation von Kindern und Jugendlichen. Hierzu gehören auch Elternbriefe als Bestandteil der Familienbildung im Rahmen des § 16 SGB VIII (Kinder- und Jugendhilfegesetz), die Eltern Informationen, Rat und Unterstützung geben. Im Rahmen einer wissenschaftlichen Analyse wurden für das MGFFI Erkenntnisse über die Qualität, die Nutzung, die Akzeptanz und über den Bedarf sowie über die Verteilerwege von Elternbriefen gewonnen.

Ziele: Ziel der Analyse ist die Schaffung einer empirisch verlässlichen Basis für die Weiterentwicklung von Elternbriefen und anderen präventiv orientierten Unterstützungsangeboten. Folgenden Fragestellungen wurde mittels einer Sekundäranalyse, einer Erhebung in Jugendämtern und bei Eltern und einer internationalen Recherche nachgegangen:
Welche tatsächliche Akzeptanz und Nutzung erfahren Elternbriefe in Nordrhein-Westfalen? Wie ist die Qualität der unterschiedlichen Elternbriefe zu bewerten? Über welche Wege gelangen Elternbriefe an Mütter und Väter und in welchem Maße entsprechen die Inhalte und die Art der Aufbereitung den Bedarfen von Eltern in NRW? Welche Elternbriefkonzepte gibt es in europäischen und nordamerikanischen Ländern?

Link zum Abschlussbericht:
www.mgffi.nrw.de/pdf/familie/2008_03_13_MGFFI_WissAnalyse_
Elternbriefe_Abschlussbericht.pdf

Projektbeispiel 3:
Individuelle Förderung in Ganztagsschulen – inwiefern gelingt sie bei Kindern in schwierigen Lebens- und Bildungssituationen? Studie zu Chancen und Problematiken besonderer erzieherischer Förderung in Ganztagsschulen

Förderer: Bundesministerium für Bildung und Forschung
Laufzeit: 03/2008–02/2010
Kooperationspartner: Universität Münster, FB 06 Erziehungswissenschaft und Sozialwissenschaften, Institut für Erziehungswissenschaft Abt. II Sozialpädagogik, Erwachsenenbildung Bereich Qualitätsentwicklung, Evaluierung
Ansprechpartner: Prof. Dr. Wolfgang Böttcher (Uni Münster), Dr. Dirk Nüsken, Timm Liesegang (Uni Münster)

Projektanlass: Kinder in schwierigen Lebens- und Bildungssituationen (häufig „schwierige Kinder" genannt) sind die praktische Nagelprobe für die Realisierung von Chancengleichheit, für die Erlangung des Leitziels der individuellen Förderung in Ganztagsschulen und gleichzeitig auch für eine damit unmittelbar verbundene Voraussetzung: Multiprofessionalität und im speziellen Kooperation zwischen Schul- und Sozialpädagogik. Das vorgelegte Forschungsvorhaben geht von einer zielgruppenbezogenen Perspektive – hier die Kinder mit besonderem erzieherischem Förderbedarf – aus und will diesen pädagogischen Kontext in der Praxis von Ganztagsschulen Im Rahmen einer qualitativen Studie empirisch erfassen und analysieren. Die zentralen Fragestellungen der Studie sind demnach: Inwiefern ist die für ganztägig organisierte Schulen konstitutive fachliche Maxime der individuellen Förderung anschlussfähig an das fachliche Handeln und die ihnen zugrunde liegenden Förderkonzepte der Lehr- und weiteren pädagogischen Fachkräfte? Und: Inwiefern gelingt aus Sicht der Professionellen vor diesem Hintergrund die individuelle Förderung von Schülerinnen und Schülern in schwierigen Lebens- und Bildungssituationen (mit besonderem erzieherischem Förderbedarf)?

Ziele: Ausgehend von den zu erwartenden Forschungsbefunden, der Erhellung von Bedingungsgefügen, Kontexten, Deutungs- und Wahrnehmungsmustern, sollen Empfehlungen für die Realisierung integrierter Förderkonzepte und -praxis formuliert werden. Schließlich sollen Ansatzpunkte für die konsequente Umsetzung von individueller Förderung, nicht nur dieser hier betrachteten Zielgruppe, in kooperativen Strukturen an Ganztagsschulen aufgezeigt werden.

Projektbeispiel 4:
Zertifikatskurs Kinderschutzfachkraft (§ 8a SGB VIII)
Förderer: Eigenmittel der Teilnehmer/innen
Laufzeit: fortlaufend
AnsprechpartnerInnen: Dr. Dirk Nüsken, Katharina Groß, Désirée Frese, Monika Althoff

Projektanlass: Mit der Novellierung des SGB VIII (KICK – Kinder- und Jugendhilfeweiterentwicklungsgesetz vom 01.10.2005) ist der Schutzauftrag des Jugendamtes und der freien Träger der Kinder- und Jugendhilfe konkretisiert worden.
Mit der Gesetzesänderung wird das Jugendamt bei Vorliegen gewichtiger Anhaltspunkte für eine Kindeswohlgefährdung verpflichtet, eine konkrete Einschätzung des Gefährdungsrisikos in Zusammenarbeit mit entsprechenden Fachkräften zu geben und notwendige Maßnahmen einzuleiten. Gleichzeitig soll über Vereinbarungen gesichert werden, dass alle Träger von Einrichtungen und Diensten, die Leistungen nach dem SGB VIII erbringen, diesen Schutzauftrag entsprechend wahrnehmen (§ 8a Abs. 2 SGB VIII). Wenn der intendierte Gesetzesauftrag in der Praxis effektiv umgesetzt werden soll, bedarf es differenzierter rechtlicher, organisatorischer, verfahrensbezogener und inhaltlicher Festlegungen, wie freie und private Träger diesen Anforderungen gerecht werden können und vergleichbare Maßstäbe im praktischen Handeln zu setzen sind.

Ziele: Zur Qualifizierung für die Umsetzung des Schutzauftrags bietet das ISA in Kooperation mit dem Deutschen Kinderschutzbund – Landesverband NRW e.V. (DKSB) und den Landesjugendämtern Westfalen-Lippe (LJA-WL) und Rheinland (LVR) als berufsbegleitende Zusatzqualifikation eine Fortbildung zur „Kinderschutzfachkraft (§ 8a SGB VIII)" an.

Das Angebot besteht aus drei Seminarblöcken (drei mal zwei Tage). Die Teilnehmenden müssen zudem eine kursbegleitende Falldokumentation erstellen.

Im Zentrum der Zertifikatskurse stehen die fachliche Ausgestaltung des Schutzauftrags bei Kindeswohlgefährdung (trägerintern) und der Aspekt der verbindlichen Abstimmung und Kooperation der Träger der freien Jugendhilfe mit dem Jugendamt.
Informationen: www.kindesschutz.de

2.6 Arbeitsschwerpunkt Frühe Kindheit und Familie

Die moderne Informations- und Wissensgesellschaft stellt Kinder und Eltern im Sozialisationsprozess vor große Herausforderungen. Nicht allen Eltern gelingt es, ihre Kinder durch eine angemessene Förderung auf das anspruchsvolle Leben im 21. Jahrhundert vorzubereiten. In der Folge fordern unterschiedliche Fachdisziplinen immer stärker präventive Angebote und frühe familienunterstützende Hilfen.

Soziale Frühwarnsysteme, Familienzentren und Maßnahmen zum Kinderschutz bilden derzeit den Rahmen der thematischen Auseinandersetzung des ISA in diesem Arbeitsfeld. Das ISA begleitet mehrere Projekte, die neuere Forschungserkenntnisse in die Praxis transferieren und auf dieser Grundlage Handlungsstrategien erarbeiten und implementieren. Ziel ist hierbei, aktuelle fachliche und politische Impulse aufzugreifen, um das Thema „Familie" sowie die Interessen von Familien in gesellschaftliche Gestaltungsprozesse einfließen zu lassen.

Projektbeispiel 1:
Landesprojekt Familienzentren NRW
Auftraggeber: Ministerium für Generationen, Familie, Frauen und Integration des Landes NRW (MGFFI)
Laufzeit: 07/2006–12/2009
AnsprechpartnerInnen: Dr. Erwin Jordan, Ilona Heuchel, Dr. Eva Lindner, André Altermann,

Projektanlass: Das Land Nordrhein-Westfalen will die Leistungen und Angebote im Bereich der Tagesbetreuung von Kindern und der familienbezogenen Leistungen weiter entwickeln. Dabei sollen bis 2012 in Nordrhein-Westfalen 3000 Familienzentren entstehen.

Ziele: Kindertageseinrichtungen sollen zu Knotenpunkten eines familienunterstützenden Netzwerkes mit vielfältigen Leistungen und Funktionen weiterentwickelt werden, die sich vorrangig auf die Bildung, Betreuung und Beratung von Kindern und ihren Eltern beziehen. Mit diesem Ziel wurden in der Pilotphase (2006/07) 251 Tageseinrichtungen nach fachlichen Kriterien ausgewählt, die auf ihrem Weg zum Familienzentrum begleitet wurden. Zusätzlich wurden sechs Kindertagesstätten als Bestpractice-Modelle ausgewählt, die als Referenzprojekte Impulse für die Weiterentwicklung der Piloteinrichtungen setzen sollten.
In der Pilotphase erhielten die ausgewählten Einrichtungen Beratung und Unterstützung durch ein externes Coaching sowie durch gezielte Fortbildungsangebote. Weitere Aufgaben des ISA-Projektmanagements waren die Betreuung der vier regionalen Kompetenzteams, die Organisation von zentralen Großveranstaltungen wie die Info-Börse und die Abschlussveranstaltung, die Pflege der Homepage www.familienzentrum.nrw.de sowie die Betreuung einer projektinternen Hotline. Insgesamt stellte das ISA-Projektmanagement die Kommunikationsabläufe zwischen allen Projektbeteiligten sicher.
Die wissenschaftliche Begleitung des Projektes erfolgt durch PädQUIS (Berlin).
Informationen: www.familienzentrum.nrw.de

Projektbeispiel 2:
Frühe Hilfen für Familien – Soziale Frühwarnsysteme in Nordrhein-Westfalen
Förderer: Ministerium für Generationen, Familie, Frauen und Integration des Landes NRW (MGFFI)
Laufzeit: 09/2001–12/2009
AnsprechpartnerInnen: Dr. Erwin Jordan, Annerieke Diepholz, Dr. Eva Lindner

Projektanlass: Soziale Frühwarnsysteme helfen, riskante Entwicklungen und Probleme von Kindern und ihren Familien frühzeitig zu erkennen, um Hilfen frühzeitig und passgenau vor Ort anbieten zu können. In NRW wurde dieses Verfahren an sechs Modellstandorten erprobt und vom ISA wissenschaftlich begleitet. Nach den Vorbildern der Projekte aus der Modellphase (Laufzeit 2001 – 2004) sollen die Ideen und Methoden Sozialer Frühwarnsysteme nun möglichst weite Verbreitung finden.

Ziele: Seit zwei Jahren fördert das MGFFI das ISA als Service- und Koordinierungsstelle für die landesweite Implementierung von Sozialen Frühwarnsystemen. Das ISA übernimmt dabei u. a. die Aufgabe, Materialien und Informationen zu entwickeln und bereit zu stellen, Fachkongresse und Workshops für den fachlichen Austausch zu organisieren sowie konkrete Beratungsleistungen für die lokale Umsetzung anzubieten. Die Zahl der kommunalen Sozialen Frühwarnsysteme ist seit dem Start der Transferphase von sechs auf aktuell 42 gestiegen. Mit der Landesförderung sollen künftig alle Jugendämter in Nordrhein-Westfalen erreicht und dort Frühwarnsysteme entwickelt werden.
Informationen: www.soziale-fruehwarnsysteme.de

Projektbeispiel 3:
Modellprojekt „Koordinierungszentrum Kinderschutz – Kommunale Netzwerke früher Hilfen"
Förderer: Niedersächsisches Ministerium für Soziales, Frauen, Familie und Gesundheit
Laufzeit: 03/2007–12/2010
Ansprechpartner/innen: Dr. Dirk Nüsken, Dr. Erwin Jordan, Ilona Heuchel, Johannes Schnurr, Stefan Eberitzsch

Projektanlass: Verbesserung des Kinderschutzes in Niedersachsen durch Aufbau und Verstetigung verbindlicher interdisziplinärer Kooperationen auf kommunaler Ebene.

Ziele: Durch eine Weiterentwicklung und eine systematische Zusammenführung der einzelnen Institutionen sollen die vorhandenen Angebote in ein „Kommunales Netzwerk früher Hilfen" eingebracht werden. Damit soll die Verbindlichkeit lokaler Strukturen erhöht und die Verlässlichkeit der Angebote vorangebracht werden. Erprobt werden unterschiedliche Vernetzungsschwerpunkte und Strukturen an vier Standorten in Niedersachsen: Stadt Braunschweig, Stadt und Region Hannover, Stadt Lüneburg, Stadt Oldenburg in Kooperation mit den Landkreisen Lüneburg und Oldenburg.

Das ISA begleitet diese kommunalen Standorte beratend, dokumentiert die Ergebnisse und stellt einen Informationstransfer (Politik und Fachöffentlichkeit) unter anderem durch Fachtagungen und andere Veranstaltungen sicher.

Informationen: www.kinderschutz-niedersachsen.de (Kinderschutz in Niedersachsen, Koordinierungszentren Kinderschutz – Kommunale Netzwerke früher Hilfen)

Projektbeispiel 4:
Präventionsprogramm „Elternbeteiligung in der Gesundheitsförderung von Kindern"
Förderer: Allgemeine Ortskrankenkasse Rheinland/Hamburg
Laufzeit: 03/2008–09/2009
Ansprechpartner/innen: Ursula Peveling, Dr. Erwin Jordan

Projektanlass: Maßnahmen der Gesundheitsförderung sollten bereits zu einem frühen Zeitpunkt ansetzen und die gesamte Familie einbeziehen, um diese zu einem gesundheitsförderlichen Lebensstil zu motivieren. Gerade Eltern, die bedingt durch ihre soziale Situation und ihren Bildungsstand eher gesundheitsfern sind, werden allerdings häufig von Angeboten der Gesundheitsförderung nicht erreicht.

Ziele: Vor diesem Hintergrund soll das Programm „Elternbeteiligung in der Gesundheitsförderung von Kindern" durch kreative Zugangswege insbesondere Eltern aus sozial benachteiligten Schichten und Familien mit Migrationshintergrund ansprechen und zur Teilnahme an Angeboten zu den Themen Ernährung, Bewegung und alternative Freizeitgestaltung motivieren.

2.7 Arbeitsschwerpunkt Jugendhilfe und Ganztagsschule

Schule und Jugendhilfe gehen vermehrt eine Allianz ein. Vor allem die verstärkte Einführung von Ganztagsschulen liefert neue Möglichkeiten der Zusammenarbeit unter einem Dach. Denn Schulen, die ganztägiges Lernen ermöglichen wollen, öffnen sich: Gemeinsam mit Partnern aus dem Schulumfeld und auch überörtlichen Trägern können sie das anspruchsvolle Ziel, Kindern einen vielfältigen Schulalltag als Lern- und Lebensraum zu bieten, besser in die Praxis umsetzen. Damit die Potentiale der beteiligten Professionen zum Tragen kommen, bearbeitet das ISA in Kooperation mit externen Partnern im Schwerpunkt „Jugendhilfe und Ganztagsschule" Fragen der Entwicklung und Etablierung von Kooperation im Kontext der (Ganztags-) Schule. Die Unterstützung auf der kommunalen Ebene sowie auf der Ebene von einzelnen Schulen und Trägern der Jugendhilfe ist dabei ebenso im Blick wie das übergreifende Ziel, die Kompetenzen der Jugendhilfe bei der Gestaltung von schulischen und sozialräumlichen Bildungsbedingungen junger Menschen zu verbessern.

Projektbeispiel 1:
Serviceagentur „Ganztägig lernen in Nordrhein Westfalen"
Förderer: Ministerium für Schule und Weiterbildung (MSW) des Landes NRW / Ministerium für Generationen, Familie, Frauen und Integration (MGFFI) des Landes NRW / Deutsche Kinder- und Jugendstiftung gGmbH (DKJS)
Laufzeit: 01/2007–12/2009
AnsprechpartnerInnen: Dr. Sigrid A. Bathke, Wilhelm Barnhusen, Herbert Boßhammer, Oliver Decka, Georg Fischer, Manfred Grimm, Ramona Grothues, Susanne Rinke, Birgit Schröder, Uwe Schulz, Sylvia Szacknys-Kurhofer

Projektanlass: Die Gemeinschaftsinitiative Serviceagentur „Ganztägig lernen in Nordrhein Westfalen" ist ein Beitrag zur landesweiten Entwicklung und Qualifizierung der offenen Ganztagsschulen. Beim Auf- und Ausbau der offenen Ganztagsschule soll die Initiative u. a. den Einbezug der spezifischen Kompetenzen der Kinder- und Jugendhilfe in die Qualitätsentwicklung und -sicherung fördern.

Ziele: Die Serviceagentur erbringt Leistungen mit dem Ziel der Qualitätsentwicklung und Qualitätssicherung in Ganztagsschulen. So werden Qualifizierungs- und Fortbildungsmodule für unterschiedliche Multiplikatoren entwickelt und durchgeführt, die für die Kooperation von Jugendhilfe und Schule sowie für den Ausbau ganztägiger Angebote von Bedeutung sind. Dabei spielen auch die Fortbildungsmodule aus dem Verbundprojekt „Lernen für den GanzTag" eine wichtige Rolle, für das das ISA bis zum Projektende im August 2008 für die Projektleitung und Koordination zuständig war. Die aus dem Verbundprojekt hervorgegangenen Fortbildungsmaterialien helfen dabei, die neuen Herausforderungen für Ganztagsschulen zu gestalten, Entwicklungsprozesse anzuregen und die beteiligten Professionen bei der Teamentwicklung zu unterstützen.

Zudem entwickelt die Serviceagentur Arbeitshilfen zu Fragen der Qualitätsentwicklung in der offenen Ganztagsschule. Sie bereitet Forschungsergebnisse und Ganztagsmaterialien aus der Jugendhilfe anwendungsorientiert auf und macht sie über unterschiedliche Medien nutzbar (z. B. durch die Internetpräsenz www.ganztag.nrw.de). Darüber hinaus werden Praxishilfen zu bewährten Kooperationsverfahren überarbeitet bzw. neu erstellt. In diesem Rahmen erscheint auch die ISA-Broschürenreihe: „Die offene Ganztagsschule in NRW – Beiträge zur Qualitätsentwicklung".

In Abstimmung mit dem MSW und dem MGFFI werden landesweite Tagungen und Fachkongresse zu Themen wie „Kooperation von Schule und Jugendhilfe" und „Gestaltung von offenen Ganztagsschulen" sowie Fachmessen zur „Qualität im offenen Ganztag" konzipiert und durchgeführt. Durch die Förderung von landesweit 50 Qualitätszirkeln durch die Serviceagentur wird vor Ort die Weiterentwicklung der offenen Ganztagsschule beraten und vorangetrieben. Diese Zirkel führen Vertreter/innen der Schulträger, der örtlichen Jugendhilfe und weiterer Kooperationspartner (zum Beispiel aus den Bereichen Kultur oder Sport) zusammen und bieten die Möglichkeit für eine Vernetzung von Jugendhilfe und Schule.

Ein für Schulkinder in Tageseinrichtungen entwickeltes Verfahren zur Qualitätsentwicklung wurde für die offene Ganztagsschule modifiziert, übertragen und erprobt. Dieses Qualitätsentwicklungsinstrument „Qualität in Ganztagsschulen" (QUIGS) wird auch in den Jahren 2008/09 gemeinsam mit Expert(inn)en aus Schule und Jugendhilfe weiterentwickelt und zukünftig auch auf die Sekundarstufe 1 angepasst. Informationen: www.ganztag.nrw.de, www.ganztag-blk.de

Projektbeispiel 2:
Wissenschaftliche Begleitung der offenen Ganztagsschule im Primarbereich in NRW
Förderer: Ministerium für Schule und Weiterbildung des Landes NRW (MSW) / Ministerium für Generationen, Familie, Frauen und Integration des Landes NRW (MGFFI)
Laufzeit: Vertiefungsstudie 04/2007–12/2009
Ansprechpartner/innen: Dr. Sigrid Bathke, Ramona Grothues, Uwe Schulz

Durchführende Institute: Das ISA führt die wissenschaftliche Begleitung der offenen Ganztagsschule im Primarbereich im Rahmen eines Kooperationsverbundes durch. Diesem Verbund gehören folgende Institute an: Die Bergische Universität Wuppertal, das Sozialpädagogische Institut (SPI) in Köln und die Technische Universität Dortmund im Forschungsverbund mit dem Deutschen Jugendinstitut e.V. (DJI).

Ziele: Ziel der Pilotphase (2003-2005) der wissenschaftlichen Begleitung war es, ein differenziertes Bild der unterschiedlichen strukturellen Praxis- und Kooperationsformen der offenen Ganztagsschulen im Primarbereich zu erhalten, sowie zentrale Herausforderungen und Spannungsfelder der OGS abzubilden. Die Hauptstudie (2005-2007) zielte auf eine repräsentative Bestandsaufnahme und differenzierte Analyse der Entwicklungsprozesse und Strukturmerkmale ab, um durch systematisches Orientierungs- und Steuerungswissen die qualitative Weiterentwicklung des offenen Ganztags voranzutreiben. Die Bedarfe und Entwicklungserfordernisse, die in der Hauptphase herausgearbeitet werden konnten, werden in der aktuell laufenden Vertiefungsstudie (2007-2009) differenzierter betrachtet. Hierzu zählt u.a. eine vertiefte empirische Auseinandersetzung mit dem Themenbereich „Lernen und Fördern". Als weiterer Schwerpunkt wird in der Vertiefungsstudie untersucht, ob Schulentwicklungsprozesse initiiert werden konnten, die zur Weiterentwicklung der Qualität in den offenen Ganztagsschulen geführt haben. Neben der Profil- und Strukturanalyse der offenen Ganztagsschulen, einer Akzeptanzbefragung von Eltern, einer Befragung von am offenen Ganztag teilnehmenden Kindern sowie von pädagogischen Fach- und Lehrkräften wurde erstmalig auch der Untersuchungsschwerpunkt „Trägerstrukturen und -bedingungen" in die Studie aufgenommen.

Publikationen aus dem Projekt:
- Beher, K./ Haenisch, H./ Hermens, C./ Liebig, R./ Nordt, G./ Schulz, U. (2005): Offene Ganztagsschule im Primarbereich. Begleitstudie zu Einführung, Zielsetzungen und Umsetzungsprozessen in Nordrhein-Westfalen. Juventa. ISBN: 978-3-7799-1684-0
- Beher, K./ Haenisch, H./ Hermens, C./ Nordt, G./ Prein, G./ Schulz, U. (2007): Die offene Ganztagsschule in der Entwicklung. Empirische Befunde zum Primarbereich in Nordrhein-Westfalen. Juventa. ISBN: 978-3-7799-1697-0

Schluss

In welchem Maße sich diese Arbeitsschwerpunkte des ISA zukünftig verfestigen und weiterentwickeln lassen, wird sich – neben den immer wieder zu akquirierenden Ressourcen – auch an der Frage entscheiden, ob es gelingt, fachlich fundierte zukunftstaugliche Antworten auf die Herausforderungen des Aufwachsens von Kindern und Jugendlichen in unserer Gesellschaft zu finden. Wegweisend ist für uns dabei insbesondere die in den geschilderten Schwerpunkten zu erkennende Stärkung der Sozialen Arbeit, insbesondere der Kompetenz der Kinder- und Jugendhilfe in Kooperation mit anderen Politikfeldern etwa der Schule, dem Gesundheitswesen oder der Familienpolitik.

Literatur

Broder, H.M. (1994): Die Diktatur der Sozialarbeiter. In TAZ, 3. Dezember 1994, S. 24

Thole, W. (2002): Soziale Arbeit als Profession und Disziplin. Das Sozialpädagogische Projekt in Praxis, Theorie, Forschung und Ausbildung – Versuch einer Standortbestimmung. In: Thole, W. [Hg.]: Grundriss Soziale Arbeit, S. 13–62, Opladen

Zu den Autorinnen und Autoren

Pascal Bastian
Dipl.-Päd., Wissenschaftlicher Mitarbeiter an der Westfälischen Wilhelms-Universität Münster, Abteilung Qualitätsentwicklung und Evaluation

Ulrich Deinet
Dr. rer. soc., Dipl.-Päd., Professur für Didaktik/Methoden, Verwaltung und Organisation der Sozialpädagogik an der Fachhochschule Düsseldorf, davor Referent für Jugendarbeit beim Landesjugendamt Westfalen-Lippe in Münster, langjährige Praxis in der Offenen Kinder- und Jugendarbeit

Désirée Frese
Wissenschaftliche Mitarbeiterin im Institut für soziale Arbeit

Manfred Grimm
Mitarbeiter der Serviceagentur „Ganztägig lernen in Nordrhein-Westfalen", Qualitätsentwicklung, Sozialraumorientierung und Öffnung von Schule

Katharina Groß
Wissenschaftliche Mitarbeiterin im Institut für soziale Arbeit

Gregor Hensen
Dipl.-Päd., wissenschaftlicher Mitarbeiter am Institut für Erziehungswissenschaft der Westfälischen Wilhelms-Universität Münster

Dr. Erwin Jordan
Geschäftsführender Vorsitzender des Instituts für soziale Arbeit

Dr. Eva Lindner
Dipl.-Päd., wissenschaftliche Mitarbeiterin im Institut für soziale Arbeit

Dr. Stephan Maykus
Ehem. Leiter im Arbeitsbereich „Jugendhilfe und Schule" im Institut für soziale Arbeit; nun Professor an der Fachhochschule Osnabrück (Methoden und Konzepte der Sozialen Arbeit)

Prof. Dr. Johannes Münder
Lehrstuhl für Sozial- und Zivilrecht an der Technischen Universität Berlin, Vorstandsmitglied ISA e.V.

Dr. Dirk Nüsken
Stellvertretender Geschäftsführer des Instituts für soziale Arbeit

Ursula Peveling
Wissenschaftliche Mitarbeiterin im Institut für soziale Arbeit

Dr. Stephan Rietmann
Dipl.-Psych., Leiter der Psychologischen Beratungsstelle des Caritasverbandes Borken

Uwe Schulz
Wissenschaftlicher Mitarbeiter im Institut für soziale Arbeit, Leiter im Arbeitsbereich „Jugendhilfe und Schule"

Britta Sievers
Dipl.-Sozialarbeiterin (FH), M.A., Mitarbeit beim Institut für Sozialpädagogische Forschung Mainz e.V. (ism) im Arbeitsbereich Jugendhilfe – Familie – Migration, zudem freiberufliche wissenschaftliche und Dozententätigkeit. Arbeitsschwerpunkte: internationale Aspekte der Kinder- und Jugendhilfe. Kinderschutz. Migration

Angela Smessaert
Wissenschaftliche Mitarbeiterin am Lehrstuhl für Sozial- und Zivilrecht an der Technischen Universität Berlin bei Prof. Dr. Münder

Dr. Eva Christina Stuckstätte
Ehem. wissenschaftliche Mitarbeiterin im Institut für soziale Arbeit; nun Professorin an der Katholischen Hochschule NRW, Abteilung Münster

■ Pascal Bastian
Annerieke Diepholz
Eva Lindner (Hrsg.)

Frühe Hilfen für Familien und soziale Frühwarnsysteme

Soziale Praxis
2008, 232 Seiten, br., 19,90 €, ISBN 978-3-8309-2014-4

Ein zentraler Aspekt des Diskurses um frühe Hilfen ist, wie die Zusammenarbeit der ansonsten getrennt agierenden Hilfssysteme, beispielsweise des Gesundheitswesens und der Jugendhilfe, verbessert werden kann.

Im Rahmen dieser Publikation werden sowohl die theoretischen Grundlagen früher Hilfen als auch die Möglichkeiten ihrer praktischen Umsetzung dargestellt. Basierend auf Erkenntnissen der Entwicklungspsychologie und der Bindungsforschung entwickeln die Autorinnen und Autoren eine Theorie der sozialen Frühwarnsysteme. Zentrale Fragen hierbei sind: Welche Unterstützung wünschen sich Eltern und was benötigen sie, um ihren Erziehungsaufgaben nachzukommen? Welche Effekte haben frühe Hilfsangebote auf die elterlichen Erziehungskompetenzen?

Den Kern des Praxisteils bilden sieben Berichte, in denen etablierte Projekte früher Hilfen aus Nordrhein-Westfalen ihre eigenen Erfahrungen mit sozialen Frühwarnsystemen darstellen.

■ Wolfgang Böttcher
Pascal Bastian
Virginia Lenzmann

Soziale Frühwarnsysteme

Evaluation des Modellprojekts
in Nordrhein-Westfalen

Soziale Praxis
2008, 148 Seiten, br., 18,90 €, ISBN 978-3-8309-2006-9

Um für Kinder und deren Familien in schwierigen Lebenssituationen Hilfe besser, früher und wirkungsvoller anbieten zu können, wurden in NRW bereits in den Jahren 2001 bis 2004 Modellvorhaben zum Aufbau „Sozialer Frühwarnsysteme" auf den Weg gebracht. Hier wird die Evaluation der sechs Modellstandorte des Projekts vorgestellt.

Nach einem Einblick in die Konzeptidee wird ein Überblick zum Forschungsstand gegeben. Aus den Ergebnissen der Evaluation der einzelnen Standorte konnten gemeinsame Faktoren gefunden werden, die für das Gelingen für soziale Frühwarnsysteme charakterisiert werden, und so gleichsam Empfehlungen dafür sind. Weiter werden Herausforderungen vorgestellt, die sich für Projektentwickler beim Aufbau eines sozialen Frühwarnsystems ergeben können und praxisrelevante Fragen diskutiert.